元脫脫等撰

宋史

第一四册

卷一八七至卷一九八（志）

中華書局

宋史卷一百八十七

志第一百四十

兵一 禁軍上

宋之兵制，大概有三：天子之衞兵，以守京師，備征戍，曰禁軍；諸州之鎭兵，以分給役使，曰廂軍；選於戶籍或應募，使之團結訓練，以爲在所防守，則曰鄉兵。又有蕃兵，其法始於國初，具籍塞下，團結以爲藩籬之兵；其後分隊伍，給旗幟，繕營堡，備器械，一律以鄉兵之制，今因舊史纂脩兵志，特置于熙寧保甲之前，而附之鄉兵焉。

其軍政，則有召募、揀選、廩給、訓練、屯戍、遷補、器甲、馬政八者之目，條分而著之，以見歷朝因革損益之不同，而世道之盛衰亦具是矣。

嗟乎！三代遠矣。秦、漢而下得寓兵於農之遺意者，惟唐府衞爲近之。府衞變而召募，因循姑息，至於藩鎭盛，而唐以亡。更歷五代，亂亡相躡，未有不由於兵者。太祖起戎行有天下，收四方勁兵，列營京畿，以備宿衞，分番屯戍，以捍邊圉。于時將帥之臣入奉朝請，獷暴之民收隸尺籍，雖有桀驁恣肆，而無所施於其間。凡其制，爲什長之法，階級之辨，使之內外相維，上下相制，截然而不可犯者，是雖以矯累朝藩鎭之弊，而其所懲者深矣。咸平以後，承平旣久，武備漸寬。仁宗之世，西兵招刺太多，將驕士惰，徒耗國用，憂世之士屢以爲言，竟莫之改。神宗奮然更制，於是聯比其民以爲保甲，部分諸路以隸將兵，雖不能盡拯其弊，而亦足以作一時之氣。時其所任者，王安石也。元祐、紹聖遵守成憲。迨崇寧、大觀間，增額日廣而乏精銳，故無益於靖康之變。時其所任者，童貫也。建炎南渡，收潰卒，招羣盜，以開元帥府。其初兵不滿萬，用張、韓、劉、岳爲將，而軍聲以振。及秦檜主和議，士氣遂沮。孝宗有志興復而未能。光、寧以後，募兵雖衆，土宇日蹙，況上無馭將之術，而將有中制之嫌。然沿邊諸壘，尙能戮力効忠，相與維持至百五十年而後亡。雖其祖宗深仁厚澤有以固結人心，而制兵之有道，綜理之周密，於此亦可見矣。

禁兵者，天子之衞兵也，殿前、侍衞二司總之。其最親近扈從者，號諸班直；其次，總於御前忠佐軍頭司、皇城司、騏驥院。餘皆以守京師〔一〕、備征伐。其在外者，非屯駐、屯泊，則就糧軍也。太祖鑒前代之失，萃精銳於京師，雖曰增損舊制，而規橅宏遠矣。

建隆元年，詔殿前、侍衞二司各閱所掌兵，揀其驍勇升爲上軍，老弱怯懦置剩員以處之；詔諸州長吏選所部兵送都下，以補禁旅之闕。又選強壯卒定爲兵樣，分送諸道；其後代以木梃，爲高下之等，散給諸州軍，委長吏、都監等召募教習，俟其精練，即送闕下。二年，改左右雄捷、左右驍武軍並爲驍捷，左右備征爲雲騎，左右平遠爲廣捷，左右懷德爲懷順。四年，賜河東樂平縣歸降卒元威以下二百六十六人衣服、錢絹有差，立爲効順指揮。

乾德二年，詔遂州降軍宜以効順、懷恩爲名。三年四月，詔改西川感化、耀武等軍並爲虎捷。九月，上御講武殿閱諸道兵，得萬餘人，以騎兵爲驍雄，步軍爲雄武，並隸侍衞司，且命王繼勳主之，給緡錢俾娶妻。繼勳縱之白日掠人妻女，街使不能禁。帝聞大怒，捕斬者百人，小黄門閻承翰見而不奏，亦杖數十。

開寶七年，泰寧軍節度使李從善部下及江南水軍凡千三十九人，並黥面隸籍，以歸化、歸聖爲額。

太平興國二年，詔改簇御馬直曰簇御龍直，鐵騎曰日騎，龍捷曰龍衞，控鶴曰天武，虎捷曰神衞，骨鍱子直曰御龍骨鍱子直，寬衣控鶴曰寬衣天武，雄威曰雄勇，龍騎曰雄猛。八年，改濮州平海指揮爲崇武。

雍熙四年，改殿前司日騎鈿直指揮爲捧日鈿直，日騎改爲捧日，驍猛改爲拱辰，雄勇改爲神勇，上鐵林改爲殿前司虎翼，腰弩改爲神射，侍衞步軍司鐵林改爲侍衞司虎翼。

至道元年，帝閱禁兵有挽彊弩至一石五斗，連二十發而有餘力者，顧謂左右曰：「今宇內阜安，材武間出，弧矢之妙，亦近代罕有也。」又令騎步兵各數百，東西列陣，挽彊彀弩，視其進退發矢如一，容止中節，因曰：「此殿庭間數百人爾，猶兵威可觀，況堂堂之陣數萬成列者乎！」

咸平三年，詔定州等處本城廳子、無敵、忠銳、定塞指揮，已並升充禁軍馬軍雲翼指揮，依逐州軍就糧，令侍衞馬軍司管轄。定州揀中廳子第一充雲翼第一，第二充雲翼第二；相州廳子第一充雲翼第三，第二充雲翼第四；保州無敵第一充雲翼第五，第二充雲翼第六，忠銳充雲翼第七；威勇軍無敵第一充雲翼第八，第二充雲翼第九，忠銳充雲翼第十；靜戎軍無敵充雲翼第十一；寧邊軍無敵充雲翼第十二；北平塞無敵充雲翼第十三；深州無敵充雲翼第十四。北面諸處應管本城、定塞指揮已下鎭定州、高陽關路都總管，並充禁軍馬軍雲翼指揮，纔候升立訖，分析逐指揮員兵士人數、就糧州府、本指揮見在去處以聞。

四年，詔陝西沿邊州軍兵士先選中者，並升爲禁軍，名保捷。五年正月，置廣捷兵士五指揮。五月，命使臣分往邠、寧、環、慶、涇、原、儀、渭、隴、鄜、延等州，於保安、保毅軍內，與逐處官吏選取有力者共二萬人，各於本州置營，升爲禁軍，號曰振武指揮。既而帝曰：「邊防闕兵，朝廷須爲制置，蓋不得已也。俟邊鄙乂寧，卽可銷弭。」六月〔二〕，以河東州兵爲神銳二十四指揮、神虎十指揮，又升石州廳子軍爲禁軍，又以威虎十指揮隸虎翼。

景德四年，詔河東廣銳、神銳、神虎軍以見存爲定額，缺則補之。

大中祥符元年，詔侍衞步軍司閱保寧軍士，分爲四等，其第一等徙營亳州永城縣，餘聽歸農；無家可還者，隸諸州爲剩員。四年，宣示永安縣永安指揮兵八千餘人以奉諸陵，其軍額猶隸西京本城廂軍〔三〕，可賜名奉先指揮，升爲禁軍，在清塞之下。八年，置禁軍左右清衞二指揮，在雄武弩手之上，散卒月給鐵錢五百，以奉宮觀。

仁宗卽位，海內承平，而留神武備，始幸安肅教場觀飛山雄武發砲，命捧日、天武、神衞、虎翼四軍爲戰陣法，拔其擊刺騎射之精者，稍遷補之。由天聖至寶元間，增募諸軍：陝西蕃落、廣銳，河北雲翼，京畿廣捷、虎翼、効忠，陝西、河東清邊弩手，京西、江、淮、荊湖歸遠，總百餘營。

康定初，趙元昊反，西邊用兵，詔募神捷兵，易名萬勝，爲營二十。所募多市井選愞，不足以備戰守。是時禁兵多戍陝西，並邊土兵雖不及等，然驍勇善戰；京師所遣戍者，雖稱魁頭〔四〕，大率不能辛苦，而摧鋒陷陣非其所長。又北兵戍及川峽、荆湘、嶺嶠間〔五〕，多不便習水土，故議者欲益募土兵爲就糧。於是增置陝西蕃落、保捷、定功，河北雲翼、有馬勁勇，陝西、河北振武，河北、京東武衞，陝西、京西壯勇，延州青澗，登州澄海弩手，京畿近郡亦增募龍騎、廣勇、廣捷、虎翼、步鬥、步武，復升河北招收、無敵、廳子馬，陝西制勝，并州克戎、騎射，麟州飛騎，府州威遠，秦州建威，慶州有馬安塞，保州威邊，安肅軍忠銳，嵐、府州建安，登州平海，皆爲禁兵，增內外馬步凡數百營。又京東西、河北、河東、江、淮、荆湖、兩浙、福建路各募宣毅，大州二營，小州一營，凡二百八十八〔六〕。岢嵐軍別置床子弩砲手。時吏以所募多寡爲賞罰格，諸軍子弟悉聽隸籍，禁軍闕額多選本城補塡，故慶曆中外禁廂軍總一百二十五萬，視國初爲最多。西師既罷，上患兵冗，帑庾不能給，乃詔省兵數萬人。皇祐二年，川峽增置寧遠。五年，江、淮、荆湖置教閱忠節，州一營，大州五百人，小州三百人。於是宣毅寖廢不復補，而荆湖、廣南益募雄略。至和二年，廣、桂、邕州置有馬雄略。明年，併萬勝爲十營。其後，議者謂東南雖無事，不宜弛備。嘉祐四年，乃詔荆南江寧府、揚廬洪潭福越州〔七〕募就糧軍，號威果，各營於本州；又益遣禁軍駐泊，長吏兼本路兵馬鈐轄，選武臣爲都監，專主訓練。於是東南稍有備矣。

七年，宰相韓琦言：

祖宗以兵定天下，凡有征戍則募置，事已則併，故兵日精而用不廣。今二邊雖號通好，而西北屯邊之兵，常若待敵之至，故竭天下之力而不能給。不於此時先慮而豫備之，一旦邊陲用兵，水旱相繼，卒起而圖之，不可及矣。

又三路就糧之兵雖勇勁服習，然邊儲貴踴，常苦難贍；若其數過多，復有尾大不掉之患。京師之兵雖雜且少精，然漕於東南，廣而易供設〔八〕，其數多，得彊幹弱枝之勢。祖宗時，就糧之兵不甚多，邊陲有事，則以京師兵益之，其慮深而其費鮮。願詔樞密院同三司量河北、陝西、河東及三司榷貨務歲入金帛之數，約可贍京師及三路兵馬幾何，然後以可贍之數立爲定額；額外罷募，闕卽增補；額外數已盡而營畸零，則省併之。既見定額，則可以定其路馬步軍一營，以若干爲額。仍請覈見開寶、至道、天禧、慶曆中外兵馬之數。蓋開寶、至道之兵，太祖、太宗以之定天下服四方也；天禧之兵，眞宗所以守成備豫也；慶曆之兵，西師後增置之數也。以祖宗之兵，視今數之多少，則精冗易判，裁制無疑矣。

於是詔中書、樞密院同議。樞密院奏：開寶之籍總三十七萬八千，而禁軍馬步十九萬三千；至道之籍總六十六萬六千，而禁軍馬步三十五萬八千；天禧之籍總九十一萬二千，而禁軍馬步四十三萬二千；慶曆之籍總一百二十五萬九千，而禁軍馬步八十二萬六千。視前所募兵寖多〔九〕，自是稍加裁制，以爲定額。

英宗卽位，詔諸道選軍士能引弓二石、彍弩四石五斗送京師閱試，第升軍額。明年，併萬勝爲神衞。三年，京師置雄武第三軍。時宣毅僅有存者，然數詔諸路選廂軍壯勇者補禁衞，而退其老弱焉。蓋治平之兵一百十六萬二千，而禁軍馬步六十六萬三千云。

熙寧元年十二月，詔：「京東武衞四十二指揮並分隸河北都總管司，六指揮隸大名府路，三十六指揮均隸定州、高陽關兩路更戍；其休番者，還差兵官三人依河北教閱新法訓練，仍差使臣押教。」又詔京東路募河北流民，招置教閱廂軍二十指揮，以忠果爲額。青、鄆、淄、齊州各三指揮，濟、兗、曹、濮州各兩指揮。

三年十二月，樞密使文彥博等上在京、開封府界及京東等路禁軍數，帝亦參以治平中兵數而討論焉。遂詔：殿前虎翼除水軍一指揮外，存六十指揮，各以五百人爲率，總三萬四百人；在京增廣勇五指揮，共二千人；開封府界定六萬二千人，京東五萬一千二百人，兩浙四千人，江東五千二百人，江西六千八百人，湖南〔10〕八千三百人，湖北萬二千人，福建四千五百人，廣南東、西千二百人〔11〕，川峽三路四千四百人爲額。在京其餘指揮幷河東、陝西、京西、淮南路既皆撥併，唯河北人數尚多，乃詔禁軍以七萬爲額。初，河北兵籍比諸路爲多，其緣邊者且仰給三司，至是而撥併畸零，立爲定額焉。是時，京東增置武衞軍，分隸河北四路，後又以三千人戍揚杭州、江寧府，其後又團結軍士置將分領，則謂之將兵云。

七年正月，詔頒諸班直禁軍名額：

殿前司　諸班：殿前指揮使、內殿直、散員、散指揮、散都頭、散祗候、金槍、東西、招箭、散直、鈞容直。諸直：御龍、御龍骨朶、御龍弓箭、御龍弩直。諸軍：捧日鍽直、捧日左射、捧日、寬衣天武、鍽直天武、左射天武、歸明渤海、拱聖、神勇、吐渾、驍騎、驍勝、宣武、虎翼水軍、寧朔、龍猛、捧日第五軍、捧日第七軍、天武第五軍、天武第七軍、契丹直第一、契丹直第二、神騎、廣勇、步鬥、龍騎、驍猛、雄勇、太原府就糧吐渾、潞州就糧吐渾、左射清朔、擒戎、廣捷、廣德、驍雄、雄威。

侍衞馬軍司　龍衞鍽直、龍衞左射、龍衞、恩冀州員僚直、忠猛、定州散員、驍捷、雲騎、武騎、龍衞第十軍、揀中龍衞、新立驍捷、飛捷、驍武、廣銳、雲翼、禁軍有馬勁勇、廳子馬、無敵、克勝、飛騎、威遠、克戎、萬捷、雲捷、橫塞、慶州有馬安塞、蕃落、有馬雄略、員僚剩員直。

侍衞步軍司　神衞、虎翼水軍、神衞第十軍、步武、武衞、牀子弩雄武、飛山雄武、神衞〔二二〕、振武、來化、雄武弩手、上威猛、招收、雄勝、澄海水軍弩手、神虎、保捷、捉生、淸邊弩手、制勝、定功、靑澗、平海、雄武、効忠、宣毅、建安、威果、川效忠、揀中雄勇、懷順、懷恩、勇捷、威武、靜戎弩手、忠遠、寧遠、忠節、教閱忠節、川忠節、神威、歸遠、雄略、下威猛、彊猛、壯勇、橋道、淸塞、武嚴、宣效、神衞剩員、奉先園、揀中六軍、左龍武、右龍武、左羽林、右羽林、左神武、右神武。御營喝探、新團立揀中剩員。

諸班直資次相壓　殿前指揮使、御龍直、御龍骨朶子直、內殿直、散員、散指揮使、散都頭、散祗候、金槍、東西班、御龍弓箭直、御龍弩直、招箭班、散直〔二三〕、鈞容直。

諸軍資次相壓　捧日鍋直、捧日左射、捧日、寬衣天武、天武鍋直、天武左射、天武、龍衞鍋直、龍衞左射、龍衞、神衞、歸明渤海、拱聖、神勇、恩冀州員僚直、忠猛、定州散員、吐渾、驍騎、驍捷、雲騎、驍勝、宣武、武騎、殿前司虎翼、殿前司虎翼水軍、寧朔、龍猛、步軍司虎翼、步軍司虎翼水軍、捧日第五軍、捧日第七軍、天武第五軍、天武第七軍、龍衞第十軍、揀中龍衛、神衛第十軍、契丹直第一、契丹直第二、神騎、廣勇、步鬥、龍騎、驍猛、雄勇、太原府就糧吐渾、潞州就糧吐渾、清朔、擒戎、新立驍捷、飛捷、驍武、廣鋭、雲翼、禁軍有馬勁勇、步武、武衛、牀子弩雄武、飛山雄武、神鋭、振武、來化、雄武弩手、上威猛、廳子馬、無敵、招收、雄勝、廣捷、廣德、克勝、飛騎、威遠、澄海水軍弩手、克戎、驍雄、雄威、萬捷、雲捷、橫塞、神虎、保捷、慶州有馬安塞、蕃落、捉生、清邊弩手、制勝、定功、有馬雄略、靑澗、平海、雄武、效忠、宣毅、建安、威果、川效忠、揀中雄勇、懷順、懷恩、勇捷、威武、下威武〔四〕、靜戎弩手、忠勇、寧遠、忠節、教閱忠順〔五〕、川忠節、神威、歸遠、雄略、下威猛、強猛、壯勇、員僚剩員直、橋道、川橋道、步軍司清塞、武嚴、宣効、神衛剩員、奉先園、揀中六軍、御營喝探、新團立揀中剩員。

諸禁軍名額係捧日、天武、龍衛、神衛爲上軍，五百文已上料錢見錢爲中軍，不滿五百文料錢見錢并捧日天武第五第七軍、龍衛神衛第十軍、驍猛、雄勇、驍雄、雄威爲下軍。元豐五年十月，詔諸路教閱廂軍，於下禁軍內增入指揮名額，排連並同禁軍。蓋熙寧之籍，天下禁軍凡五十六萬八千六百八十八人；元豐之籍，六十一萬二千二百四十三人。

哲宗卽位，四方用兵，增戍益廣。元祐元年三月，寄招河北路保甲，充塡在京禁軍闕額。龍、神衞以年二十以下，中軍以下以年二十五以下者，雖短小一指並招刺焉。二年，詔西關堡防拓禁軍和雇入役。復置河北、河東、陝西、府界馬步軍。七年，河東、陝西路諸帥府敢勇以一百人爲額，專隸經略司。

紹聖四年，陝西路增置蕃落馬軍。是年，蘭州金城置步軍保捷、馬軍蕃落。元符元年，利州路興元府、閬州各增置就糧武寧；又湖北〔一六〕、江東各增置有馬雄略。涇原路新築南牟會〔一七〕，賜名西安州，戍守共以七千人爲額，仍招置馬軍蕃落、步軍保捷；天都、臨羌砦戍守各以三千人爲額，仍各置馬軍蕃落、步軍保捷；永興軍等路創置蕃落；河北大名府等二十二州共創置馬軍廣威、步軍保捷，以河北大水，招刺流民故也。

二年正月，環慶增置敢勇二百人。四月，環慶路都總管司言：「本路新展定邊城，比之橫山、興平等處城砦尤深〔一八〕，乞增置住營馬軍蕃落、步軍保捷。」六月，環慶路都總管司言：「展築慶州白豹城，合增置住營馬步軍。」又鄜延路都總管司言：「本路新築米脂等八堡砦，合增置土兵、馬步軍。」皆從之。三年，樞密院奏：「河北增置馬軍廣威、步軍保捷二萬餘人，欲令揀選升換在京闕額軍分。」從之。自紹聖以來，陝西、河東連用兵六年，進築未已，覆軍殺將，供給不可勝紀。

徽宗崇寧元年九月，荆湖北路增置禁軍，以靖安名。十月，川峽置安遠軍。三年三月，隴右都護奏：乞於鄯州置水軍，守河浮橋；又樞密院乞增置府界、京東西等路步軍，荆湖南路雄略。皆從之。十月，京東西、河東北、開封府界創置馬步軍五萬人，馬軍以崇捷、崇銳名，步軍以崇武、崇威名，合用緡錢二百八十萬有奇，以常平、封椿等錢支，用蔡京之請也。京又言：「今拓地廣，戍兵少，當議添置兵額，以爲邊備。」從之。

四年十一月，廣西路置刀牌手三千人，於切要州軍更戍，以寧海名。十二月，詔：「四輔屛翰京師，兵力不可偏重，可各以二萬人爲額。」五年，環慶路進築徐丁臺城，賜名安邊，置馬軍蕃落、步軍保捷。

大觀元年五月，延安置錢監兵。閏十月，靖州置宣節。十一月，兩浙東、西路各增置禁軍。宣和三年，內侍、制置使譚稹奏〔一九〕，以方臘既平，乞節鎭增添禁軍兩指揮，餘州軍一指揮；又乞除溫、處、衢、婺外，將禁軍更招置戍十指揮；又乞增置嚴州威果禁軍。並從之。五年二月，尙書省言：「古者，六軍爲王之爪牙，羽林則禁衞之總名也。今臣僚使令兵卒所居營分曰六軍，而復有左右羽林之名，稱謂失當。若將揀中六軍幷六軍指揮並改爲廣効〔二〇〕，內揀中六軍作第一指揮，左龍武第二，左羽林第三，左神武第四，右龍武第五，右羽林第六，右神武第七。」從之。

靖康元年，詔：「廣西宜、融二州實爲極邊，舊置馬軍難議減省，且依元降指揮招置。」自元豐而後，民兵日盛，募兵日衰，其募兵闕額，則收其廩給，以爲民兵教閱之費。元祐以降，民兵亦衰。崇寧、大觀以來，蔡京用事，兵弊日滋，至於受逃亡，收配隸，猶恐不足。政和之後，久廢蒐補，軍士死亡之餘，老疾者徒費廩給，少健者又多冗占，階級既壞，紀律遂亡。童貫握兵，勢傾內外，凡遇陣敗，恥於人言，第申逃竄。河北將兵，十無二三，往往多仕招闕額，以其封樁爲上供之用。陝右諸路兵亦無幾，种師道將兵入援，止得萬五千人。故靖康之變，雖畫一之詔，哀痛激切，而事已無及矣。

高宗南渡，始建御營司，未幾，復併御營歸樞密院。建炎四年，改御前五軍爲神武軍，御營五軍爲神武副軍〔三〕，並隸樞密院。五年，上以祖宗故事，兵皆隸三衙，乃廢神武中軍，隸殿前司，於是殿司兵柄始一。乾道元年，詔殿前兵馬權以七萬三千人爲額。

諸屯駐大軍則皆諸將之部曲，高宗開元帥府，諸將兵悉隸焉。建炎後，諸大將兵寖盛，因時制變，屯無常所。如劉光世軍或在鎭江、池州、太平，韓世忠軍或屯江州、江陰，岳飛一軍或屯宜興、蔣山，王彥八字軍隨張浚入蜀，吳玠兵多屯鳳州、大散關、和尙原。是時合內外大軍十九萬四千餘，川、陝不與焉。及楊沂中將中軍總宿衞，江東劉光世、淮東韓世忠、湖北岳飛、湖南王𤫊四軍共十九萬一千六百，亦未嘗有屯〔二〕。

紹興十一年，范同以諸將握兵難制，獻謀秦檜，且以柘皋之捷言於上，召張俊、韓世忠、岳飛入覲，張俊首納所部兵。分命三大帥副校各統所部，自爲一軍，更銜曰統制御前軍馬。罷宣撫司，遇出師取旨，兵皆隸樞密院，屯駐仍舊。而四川大將兵曰興成階鳳文龍利閬〔三〕金洋綿房西和州、大安軍、興元隆慶潼川府凡十七郡〔四〕，亦分屯就糧焉。

乾道之末，各州有都統司領兵：建康五萬，池州一萬二千，鎭江四萬七千，楚州武鋒軍一萬一千，鄂州四萬九千，荆南二萬，興元一萬七千，金州一萬一千。其後分屯列戍，增損靡常。所可考者，統制、統領、正將、副將、準備將之目也。

至於水軍之制，則有加於前者，南渡以後，江、淮皆爲邊境故也。建炎初，李綱請於沿江、淮、河帥府置水兵二軍，要郡別置水兵一軍，次要郡別置中軍，招善舟楫者充，立軍號曰凌波、樓船軍。其戰艦則有海鰍、水哨馬、雙車、得勝、十棹、大飛、旗捷、防沙、平底、水飛馬之名。隆興以後至于寶祐、景定間，江、淮沿流堡隘相望，守禦益繁，民勞益甚。迨咸淳末，廣東籍蜑丁，閩海拘舶船民船，公私俱弊矣。

其禁軍將校，則有殿前司都指揮使、副都指揮使、都虞候各一人，諸班有都虞候、指揮使〔二五〕、都知、副都知、押班；御龍諸直有四直都虞候，本直各有都虞候、指揮使、副指揮使、都頭、副都頭、十將、將虞候；馬步軍有捧日、天武左右四廂都指揮使，捧日、天武左右各有都指揮使，每軍有都指揮使、都虞候，每指揮有指揮使、副指揮使，每都有軍使、步軍謂之都頭。副兵馬使、步軍謂之副都頭。十將、將虞候、承局、押官。

所領諸班直、指揮。騎兵、步兵之額敍列如左。以其前後之異同者分爲建隆以來之制，熙寧以後之制，而將兵、水兵之制可考者，因附著于後云。

建隆以來之制

騎軍

殿前指揮使左右班二。宋初，以舊府親從帶甲之士及諸班軍騎中選武藝絕倫者充。

內殿直左右班四。周制，簡軍校暨武臣子弟有材勇者立。又有川班內殿直〔二六〕，乾德三年平蜀得奇兵，簡閱材貌魁偉便習騎射者凡百二十人立，開寶四年廢〔二七〕。

散員左右班四。周制，招置諸州豪傑立，散指揮、散都頭、散祗候凡十二班。又於北面驍捷員僚直及諸軍內簡擢契丹直三。咸平、許、壽各一。後唐置，旋廢。開寶三年，以遼人內附之衆復置。太平興國中，因事復置，旋廢。

歸明渤海指揮二。京師。太平興國四年，征幽州，以渤海降兵立。

拱聖指揮二十一。京師。乾德中，選諸州騎兵送闕下，立爲驍雄，後改驍猛。雍熙四年，又改拱辰。未幾改今名。

吐渾小底舊指揮五，治平中併爲二。京師。太平興國四年，平太原，獲吐渾子弟，又選監牧諸軍中所有者充。

驍騎指揮二十三。京師。太平興國四年置，後又選掉揭索兵及左右教駿兵增置。雍熙四年，改殿前司步門弩手爲驍騎弩手。淳化四年，選壯勇超絕者爲上驍騎，在本軍之上。咸平五年，分左、右廂。舊又有殿前小底。至道二年，選驍騎馬直及善射者充，後廢。

驍勝左右指揮各五。京師。咸平三年，選教駿、驍騎諸軍備征子弟材勇者立。

寧朔指揮十。京師、尉氏各三，雍丘、渭、河陽、河陰各一。咸平三年，選教駿諸軍備征及外州兵立。

龍猛指揮八。京師。太平興國中，揀閱龍騎及諸州部送招獲羣盜，取其材勇者立。淳化四年，又擇精悍者爲教閱龍猛以備禽盜，在本軍之上。景德四年，又選龍騎、驍騎兵增之。

飛猛指揮二。咸平二年，選龍猛、驍騎兵子弟之材勇者立。

驍猛指揮四。尉氏三，太康一。舊號驍雄，太平興國中改。雍熙四年，以拱聖年多者爲拱辰軍，其次等者如故。景德四年，以拱聖年多者隸之。

神騎指揮十八。雍丘十三，咸平五。端拱二年，選驍雄新配人及教駿、借事等兵立。淳化二年，廢掉揭索軍隸塡補。咸平五年，定州路都部署王超言〔三六〕：「緣邊有強梁藿常居四界，擾動邊境，請厚給金帛募充散員。」從之。

散指揮左右班四。

散都頭左右班二。

金槍班左右班二，舊名內直。太平興國初，改選諸軍中善用槍槊者增補。

東西班弩手、龍旗直、招箭班共十二，舊號東西班承旨。淳化二年，改爲殿前侍，東西各第一第二弩手、龍旗直班六，並帶甲，選諸班及不帶甲班增補。其東第二茶酒及第三、西第四班不帶甲，並以諸軍員、使臣及沒王事者子弟爲之。又擇善弓箭者爲招箭班。

散直左右班四。雍熙四年，以諸道募置藩鎭廳頭軍將及詣登聞院求試武藝者立。咸平元年，選諸節度使從人、騎御馬小底增補。

鈞容直班二。太平興國三年，選諸軍諳曉音樂、騎御馬小底立。淳化二年，改之。

外殿直班一。諸班衞士中年多者號看班外殿直，後削看班之號；或詣諸道攝軍校之職部分州兵，謂之權管。國初又有內員僚直，開寶中廢。太平興國四年，征太原，得上軍。天禧四年，併入此班。

捧日幷左射、騙直、弩手、左第五軍，總指揮三十五。京師三十三，雍丘、鄭各一。舊號小底，周改爲鐵騎，太平興國二年改爲日騎，雍熙四年改今名。分左、右廂，各四軍。雍熙三年，選善槍槊者充騙直。淳化三年，選善左射者爲左射。咸平五年，選天武、拱聖、驍騎善弩射者爲弩手。

之。咸平二年，又擇教駿、備征及外州增之。

驍雄指揮四。咸平、陳留各二。太平興國八年，選驍猛中次等者立。景德中，以驍騎、驍勝、寧朔軍年多者隸之。

吐渾直指揮三。太原二，潞一。太平興國八年，太原選雲州及河界吐渾立，屯幷、代州。雍熙三年，又得雲、朔歸明吐渾增立，屯潞州。

安慶直四。太原一，潞三。太平興國四年，遷雲、朔及河東歸明安慶民分屯幷、潞等州，給以土田。雍熙四年立。

三部落指揮一。太原。太平興國四年，親征幽州，遷雲、朔、應等州部落於幷州，因立。

清朔指揮四。西京二，許、汝各一。太平興國四年，遷雲、朔州民於內地，得自置馬以爲騎兵，謂之家戶馬。雍熙四年立。

擒戎指揮五。西京、許各二，汝一。太平興國四年，遷雲、朔州民於西京、許汝等州，給以土田，充家戶馬。端拱二年立。

新立內員僚直五。端拱二年，成德軍節度使田重進言：「易州靜塞兵先屯鎮州，賊陷勇路谷，盡俘其家，請以其軍備宿衞。」因而立此直。後廢，天聖後無。

散祗候左右班二。天聖前無。

步鬥指揮六。尉氏、太康各一，蔡四。慶曆中增置，天聖前無。

步軍

御龍直左右二。舊號簇御馬直〔三九〕，太平興國二年改爲簇御龍直，後改今名。

御龍骨朶子直左右二。舊號骨朶子直，太平興國二年改爲御龍散手直，後改今名。

御龍弓箭直五。選天武諸軍材貌魁傑者充。

御龍弩直五。

天武并寬衣、錮直、左射，總指揮三十四。京師三十三，咸平一。

神勇上下共二十一指揮。乾德中，揀閱諸軍壯實而大體者立爲雄威。太平興國二年，改爲雄勇。雍熙四年改今名。淳化四年，選武藝超絕者立爲上神勇，以備擒盜。

宣武上下共二十指揮。京師。太平興國二年，併效節、忠猛二軍立，又選諸軍及鄉兵增之。至道二年，又選軍頭司步直善用槍槊掉刀者立殿前步直，後廢。

虎翼太平興國中，揀雄武弩手立爲上鐵林，又於雄武、定遠、寧勝床子弩手、飛山雄武等軍選勁兵以增其數。雍熙四年，改分左右四軍。淳化四年，選本軍精銳者爲上虎翼，以備禽盜。咸平二年，併廣勇軍隸之。大中祥符六年，詔在京諸軍選江、淮士卒善水者習戰於金明池，立爲虎翼水軍。舊指揮六十二，景德中增六。京師。

雄勇舊號雄威，太平興國二年改今名。雍熙四年，改神勇，復於本軍選退入次等者爲之。舊指揮五，至和五年增爲八。咸平三，鄆二，許、鄭、滑各一。

廣德開寶四年，平廣南，以其兵隸殿前司，次等隸八作司，闕則選廣南諸州兵補之。雍熙三年，選八作司之彊壯者爲揀中。總指揮十。咸平、尉氏、陽武、河陽、滄、鞏、白波各一，西京三。

廣勇 淳化二年，選神射、鞭箭、雄武、效忠等軍彊壯善射者立爲廣武，大中祥符二年改今名。舊指揮二十三，慶曆中增爲四十三，每指揮十爲一軍。京師五，陳留二十二，咸平、東明、太原、胙城、南京各二，襄邑、陽武、鄆各一，滑三。

廣捷 舊名左右平遠，建隆二年改。咸平五年，又選廣德、神威等軍教以標槍旁牌補之。舊指揮五，景祐中增五，明道中增十，慶曆增三十六，總五十六。陳留八，咸平六，雍丘四，襄邑、尉氏、許各三，太康、扶溝、南京、亳、河陰、潁、寧陵各二，陳六，滑、曹、鄧、蔡、廣濟、穀熟、永城、襄城、葉各一。

雄威 雍熙四年，選神勇兵退入第二等立爲神威，後改今名。指揮十。考城〔三〇〕、襄邑、陳留各一，南京四，陳二。

宣威 雍熙四年，選神勇、宣武兵退入次等者立。上下指揮二。咸平、襄邑各一。

龍騎 建隆間以諸道招致及捕獲羣寇立，號有馬步人，見陣卽步鬥。淳化三年，選本軍年多者爲帶甲剩員。咸平以後，又以本軍及龍猛退兵增之。舊指揮八，康定中，取配隸充軍者增置爲指揮二十，分三軍。京師四，尉氏、雍丘、咸平、鄭各二，南京、陳、蔡、河陽、潁、單、四波〔三一〕各一。

神射 兩浙州兵，舊號腰弩。雍熙四年改今名。淳化元年，部送闕下，選其彊者爲廣武，次等復爲本軍。指揮五。陳留三，雍丘二。

步鬥 雍熙三年，選諸州廂軍之壯勇者立，後廢。此下二軍，天聖後無。

鞭箭 雍熙三年，選兩浙兵爲鞭箭，次等者爲忠節鞭箭。端拱二年併爲一。至道元年，發此兵援靈州芻粟，喪車重兵器於滹洛河，詔免死，後廢。

侍衞司　侍衞親軍馬步軍都指揮使、副都指揮使、都虞候各一人。馬軍都指揮使、副都指揮使、都虞候各一人，步軍亦如之。自馬步軍都虞候已上，其員全闕，卽馬、步軍都指揮使等各領其務，與殿前號爲三司。馬步軍有龍衞神衞左右四廂都指揮使、都虞候。每指揮有指揮使〔三〕、副指揮使。餘如殿前司之制。所領騎兵步兵之額敍列如左：

騎軍

員僚直顯德中，周平三關，召募強人及選高陽關馳捷兵爲北面兩直。建隆初，選諸州騎兵及蕃鎭廳頭召募人等爲左三直。太平興國四年，平太原，選其騎兵爲右三直。北面兩直，營貝、冀，隸高陽關都部署。大中祥符中，改爲貝州左直、冀州右直，後改四直。京師二，恩、冀各一。

龍衞舊號護聖，周廣順中，改龍捷。建隆二年，揀去衰老，以諸州所募精勁者補之。太平興國二年，改分左、右廂。四年，平太原，選其降兵爲揀中龍衞。雍熙二年，又揀善槍槊者爲鉦直。淳化三年，選剩員堪披甲者爲帶甲剩員。五年，又揀善左射者爲左射。指揮四十四。京師三十八，雍丘、尉氏、河陽各一，澶三。

忠猛咸平一年置。指揮一。定州。

散員咸平五年置。指揮一。定州。

驍捷周顯德中，平三關，揀諸州士卒壯勇者爲河北驍捷。宋初，隸高陽關都部署。建隆二年，廢左右驍武，以其兵來隸。乾德中，又選備征及嵐州歸附之兵爲河南驍捷，其後止以驍捷爲名。太平興國四年，平太原，揀閱降兵爲揀中驍捷。淳化四年，又置新立驍捷。至道三年，分驍捷爲左、右廂。咸平五年，以其年多者爲帶甲剩員。指揮二十六。尉氏新立、陳揀中各一，恩十四，冀十。

雲騎舊號左右備征，建隆二年改。開寶以後，募子弟爲雲騎，以其次爲武騎，又選騎兵之次等爲武騎，又選本軍年多者爲帶甲剩員。指揮十五。京師十一，陳留、西京各一，鞏二。

歸明神武太平興國四年，親征幽州，以其降兵立此軍。初指揮一，後增爲四。雍丘。

克勝本潞州騎兵，端拱初升。指揮二。潞〔三三〕。

驍銳舊名散員指揮，咸平四年改。指揮四。莫三，冀一。

驍武本河北諸州忠烈、威邊、騎射等兵。淳化四年，揀閱其材，與雲騎、武騎等立，得自置馬，分左、右廂。指揮二十。北京七，眞定三，定六，相、懷、洺、邢各一。

廣銳本河州忠烈〔三四〕、宣勇能結社買馬者，馬死則市補，官助其直。至道元年立。咸平以後選振武兵增之，老疾者以親屬代。景德二年詔：非親屬願代者聽。大中祥符五年，以其退兵爲帶甲剩員。舊河東指揮三十一，陝西七。景祐、康定中，增爲四十二。太原、代、幷各三，汾五，嵐、石、岢嵐各二，晉、熙〔三五〕、慈、絳、澤、隰、憲、寧化、威勝、平定、火山各一，涇、原、鄜各二，秦、渭、環、邠、寧各一。

武清晉州騎兵。端拱二年，以其久在北鄙，有屯戍之勞，選勇悍者就升。指揮一。晉。

有馬勁勇咸平四年，選江東諸州兵立。慶曆中，分置第六、第七。總指揮七。太原二，代、嵐各一，磁三。

雲翼舊指揮三十三，景祐以後，增置二十三，分左、右廂，總五十六。眞定、雄、瀛、深、趙、永寧各三，定、冀各六，保五，滄、北平、永靜、順安、保定各二，莫、邢、霸各一，廣信、安肅各四〔三六〕。

廳子本石州城立。景德元年，改徙營相州。慶曆初，升禁軍。指揮六。定一，相五。

萬捷開寶中，募趙、相、滄、冀州民立。大中祥符中，以驍武、雲騎退兵隸之。指揮七。相、冀、遼〔三七〕各二，滄一。

雲捷太平興國四年，選諸軍中應募子弟及教駿、借事、備征等有武幹者立。大中祥符五年，以寧朔退兵隸之。指揮十二。尉氏、咸平、西京、北京、澶各二，汝、懷各一。

橫塞咸平三年，選諸軍威邊、騎射及在京借事立。指揮七。雍丘、咸平、考城、襄邑、寧陵各一，衞二。

員僚剩員直禁軍員僚以罪責降者充。此下至騎捷凡六軍，天聖後，無。

清塞周立，指揮二。其一北蕃歸附之衆，營壽州；其一破淮南紫金山砦所得騎軍，營延州。宋初，選本軍子弟補其缺。太平興國三年，又得泉州、兩浙兵以益之。

飛捷本威虜軍、保州、易州靜塞兵、定州廳子軍立。淳化元年，詔赴闕揀閱，以靜塞爲三等，廳子爲一等，改今名，指揮四。

驍駿本壽州咸聖軍，咸平三年改。指揮一。

揀中夏州廳子本夏州家戶。淳化五年，河西行營都部署李繼隆遣部送京師立，指揮一。

騎捷本雍州強人指揮，咸平三年改。分營瀛、莫。指揮四。

武騎指揮一十一。京師、雍丘各一〔三八〕，尉氏三，陳留、考城、咸平、鄭各一，西京二。此下至有馬雄略凡十二軍，三朝志無。

驍騎指揮一，太原。

無敵河北沿邊廂兵，慶曆二年升禁軍。總指揮六。定、北平各二，安肅、廣信各一。

忠銳廣信廂兵有馬者，慶曆二年升禁軍。指揮一。

威邊諸州廂兵，惟保州教戰射，隸巡檢司。慶曆初，升禁軍。指揮二。定、保各一。

飛騎麟州廂兵，慶曆初，升禁軍。指揮二。

威遠府州廂兵，本胡騎之精銳，慶曆初，升禁軍。指揮二。

克戎并州廂軍有馬者，康定中，升禁軍。指揮一。

有馬安塞慶州廂軍，慶曆中，升禁軍。指揮一。

蕃落陝西沿邊廂兵有馬者，天禧後，升禁軍，極邊城砦悉置。至慶曆中，總指揮八十三。環五，延、慶各四，秦并外砦十七，原、渭并外砦各十二，德順并外砦〔三九〕十二，鳳翔、涇并外砦、儀、保安各二，隴外一。

并州騎射諸道廂軍惟并州路有馬備征役，慶曆五年升禁軍。指揮一。

有馬雄略至和二年，置指揮三。廣、桂、邕各一。

步軍

神衞舊曰奉國軍，周改虎捷。建隆二年，揀閱諸州所募禁軍增補。乾德三年，西川行營都部署王全斌僞署感化、耀武等軍平寇者功〔四〇〕，請備禁旅，詔並爲虎捷。太平興國二年改。舊水虎翼即軍中習水戰者，是歲改爲神衞水軍；又於剩員中選可備征役者立爲揀中神衞。大中祥符後，剩員又有帶甲、看倉草場、看船之名，凡四等，皆選本軍年多者補。宋初，指揮四十六，仁宗後，止存指揮三十一。京師。

步武本鄉軍選充神勇、宣武，雍熙三年，揀其次等者立。慶曆中，增指揮六。陳。

虎翼宋初，號雄武弩手。太平興國二年，選壯勇者爲上鐵林，其次爲下鐵林。雍熙四年，改爲左、右廂，各三軍。咸平五年，以威虎軍來隸。景德三年，選效順兵補其缺。大中祥符五年，擇本軍善水戰者爲上虎翼，六年又選江、淮習水卒於金明池，按試戰棹，立爲虎翼軍。江、浙、淮南諸州，亦准此選置。七年，改爲虎翼水軍。舊指揮七十五，慶曆中，增置二十一，總九十六。京師九十并水軍一，襄邑、東明、單各一，長葛一。

奉節乾德三年平蜀，得其兵立爲奉議〔四一〕，後改今名。景德三年，又選立上奉節。指揮五，京師。

武衞太平興國中，募河北諸州兵立。舊指揮十六，慶曆中，河北增置爲指揮六十七。南京、眞定、淄各四，北京、澶、相、邢、懷、趙、棣、洺、德、祁、通利、乾寧、廣濟各一，青五，鄆、徐、兗、曹、濮、沂、濟、單、萊、濰、登、淮陽、瀛、博各二，齊、密、滄各三。

雄武并雄武弩手、床子弩雄武、揀中雄武、飛山雄武、揀中歸明雄武，總指揮三十四。京師十三，太原、尉氏、南京、鄭、汝、寧陵各二，咸平、東明、雍丘、襄邑、許、曹、廣濟、穀熟、長葛各一。

川効忠太平興國三年，選諸州廂兵歸京師者立。淳化四年，又選川峽威棹、克寧兵部送京師者立爲川效忠。景德六年，以德清廂軍及威遠兵增之。舊指揮二十八，後減爲七。南京六，寧陵一。

効順宋初，征潞州，以降卒立。指揮一。襄邑。

雄勝開寶中，以剩員立。太平興國中，選入上鐵林，餘如故，又有雄勝剩員。指揮三。峽、冀、濟各一〔四二〕。

揀中雄勇開寶中立，以常寧雄勇、效順等軍剩員中選其強者立爲揀中。大中祥符二年，又選歸遠軍爲新立。舊指揮四，後損爲一。襄邑。

懷勇開寶四年，揀蜀兵之在京師者立，指揮三。雍丘二，陳一。

威寧淳化中，部送西川賊帥王小波脅從之兵歸京師立。咸平元年，又以散員直增補。指揮一。許。

飛虎本虎翼、廣武兵屯西川無家屬者，太平興國中，歸京師。指揮三。陳留二，咸平一。

懷順本淮南兵，舊號懷德。建隆二年改。指揮一。霸。

歸聖開寶七年，以李從善所領兵及水軍立。八年，平江南，又以其降兵增補。指揮一。雍丘。

順聖太平興國中，部送兩浙兵歸京師立。指揮一。鞏。

懷恩乾德三年，平蜀，得其軍立。指揮三。荆南二，鄂一。

揀中懷愛本蜀兵，與懷恩同立，又拔精銳者爲揀中。淳化四年，又選川峽威棹、克寧兵次等者立爲牽船，以給河漕之役。舊指揮三，後損爲一。寧陵。

勇捷太平興國四年，征太原立，分左、右廂，以諸州廂兵補左廂，廣濟、開山兵補右廂。指揮二十六。襄邑、北京、澶、陳、壽、汝、曹、宿各二，咸平、西京、南京、亳、寧、洪、河陰、鞏、長葛、韋城各一。

威武太平興國四年，征太原立，分左、右廂，以江南歸化兵補左廂，兩浙順化兵補右廂。大中祥符五年，又立下威武。共指揮十三。西京、河陽、鄭、鄆、澶、滑、濮、通利、鞏、河陰、永城各一，曹二(四三)。

靜戎弩手選江南歸化兵及諸州廂兵壯實者立。指揮四。河陽、澶、衞、通利各一。

平塞弩手本兩浙順化軍，揀其強壯立爲弩手，又以江、浙逋負官物隸窯務徒役者爲揀中平塞。指揮四。咸平、亳、河陽、白波各一。

新立弩手本勁勇兵，太平興國中，選其善弩者立。指揮一。廣濟。

忠勇咸平五年，以易州兵能禽賊者立。指揮一。成都。

寧遠大中祥符六年，選西川克寧、威棹兵立。舊指揮五，皇祐及至和中，增置爲八。戎三，遂、梓、嘉、雅、江安各一。

忠節太平興國三年，選諸州廂軍之強壯者立。淳化四年，又選川峽威棹、克寧兵立爲川忠節。舊指揮二十四，後增教閱忠節總爲六十(四四)。雍丘、襄邑、寧陵各三，陳留、咸平、東明、亳、河陰、永城各二，南京五，太康、陽武、許、江寧、揚、廬、宿、壽、楚、眞、泗、泰、滁、岳、澧、池、歙、信、太平、饒、宣、洪、虔、吉、臨江、興國、廣濟、南康、廣德、長葛各一，合流四。

神威咸平三年，選京師諸司庫務兵立。上下指揮十三。陳留三，許、鞏各二，雍丘、考城、咸平、河陽、廣濟〔四五〕、白波各一。

歸遠雍熙三年，王師北征，拔飛狐、靈丘，得其降卒立。咸平二年，選諸州雜犯兵增之。舊指揮三，天聖中，增置爲十六。陳、許、亳、壽、宿、鄧、襄、鼎各一，荆南、澧、潭、洪各二。

雄略咸平六年，選諸州廂兵及香藥遞鋪兵立。舊指揮十五，皇祐五年，增置爲二十五。荆南五，潭四，鼎、澧各二，廣、辰、桂各二，許、全、邵、容各一。

威猛咸平三年，選諸州廂兵及召募者立。上下指揮十。襄邑四，咸平、許、長葛各二。

神銳咸平六年，料簡河東兵立。大中祥符五年，以本軍及神虎兵年多者爲帶甲剩員。指揮二十六。太原六，潞、晉各三，澤、汾、隰、平定各二，代、絳、忻、遼、邢、威勝各一。

神虎咸平五年，選陝西州兵馬立。六年，又料簡河東州兵立，以西路河東兵之〔四六〕。指揮二十六。永興六，鳳翔、河中、忻、晉、威勝各二，太原、秦、延、鄜、華各一，潞州三。

保捷咸平四年，詔陝西沿邊選鄉丁保毅升充。舊指揮四十五，慶曆中，揀鄉弓手增置，總一百三十五。永興十二，同九，秦八，河中、汾、涇各七，渭、寧、耀各六，鳳翔、延、儀、華、隴、解、乾各五，陝、原、鄜各四，成三，慶、鳳、坊、晉、鎮戎各二，環、丹、商、虢、階、慶成、德順各一。

振武舊指揮四十，慶曆後，河北增置爲指揮四十二，陝西增置爲指揮三十九，總八十一。北京、澶、相、懷、衞、霸、莫、祁、棣、趙、濱、洺、保安、永寧、通利、安肅、儀各一，眞定、定、瀛、保、恩、邢、深、博、永靜、乾寧、陵、涇各二〔四七〕，延六，邠、隴各七，鄜、寧各五，磁四，滄、原各三。

橋道太平興國三年，選諸州廂兵次等者立。淳化四年，又選川峽威棹、克寧爲川橋道。總指揮十八。襄邑、咸平、陽武各二，陳留、東明、尉氏、太康、西京、河陽、濮、鄆、鞏、河陰、白波、寧陵各一。

清塞太平興國初立。左、右廂，舊指揮二十三，嘉祐中，併爲十三。曹二，鄭、鄆、滑、通利、鞏、河陰、白波、汜水、長葛各一。

招收端拱中，獲通州大沙洲賊衆立，缺則以江、浙招致海賊補之。又收端拱中逃軍來復者，原其罪爲德壽軍，後改今名，隸保州巡檢司，慶曆初，升禁軍，爲指揮十七。保四，霸、信安各三，定、軍城砦〔四八〕各二，廣信、安肅、順安各一。

壯勇本招獲羣盜配近京徒役者揀拔立，咸平三年，選諸雜犯兵增之。至道三年，江、浙發運使楊允恭禽海賊送闕下增補，旋廢。舊指揮三，慶曆中，增置爲七。耀、解、滑各二，許一。

宣効咸平三年，選六軍、窯務、軍營務、天駟監効役、店宅務、州兵立。景德元年，又揀本軍材勇者爲揀中宣効。舊指揮五，後損爲二。京師。

來化雍熙中，以飛狐、靈丘歸附之衆立，又以朔州內附牽攏兵立，後廢。舊指揮三，後損爲二。寧陵。

歸恩雍熙中，平塞陷邊之民黥面放還立，分有家屬者隸左廂，無者隸右廂。指揮二。亳。

順化太平興國三年，以兩浙兵之次等者立。指揮二。河陽、鄆各一。

左右清衞大中祥符八年立，以奉諸宮觀洒掃之役。指揮二。此下至強壯軍員凡八軍，天聖後無。

川員僚直本西蜀賊全師雄所署將領，乾德中立。

造船務乾德初，平荆湖，選其軍善治舟楫者立。

歸明羽林太平興國四年，征幽州，獲其兵立。

新立清河緣河舊置鋪兵以備河決，後揀閱立。指揮二。

保寧大中祥符元年，馬步軍都虞候王超請以病軍經行陣者立。

新立歸化開寶七年，以江南李從善所領部曲水軍立，八年，平江南，又以降兵增之。指揮一。

強壯軍員咸平六年置，指揮一。

澄海弩手慶曆二年置，隸海州都巡檢司。指揮二。登。此下至武嚴凡十三軍。

捉生延州廂兵，天聖五年升禁軍，指揮二。

清邊弩手寶元初，選陝西、河東廂軍之伉健者置，以弩手名。指揮四十三。太原九，秦五，涇四，河中、隴各三，永興、代、潞、晉各二，慶、環、滑〔四九〕、同、坊、鎮戎、慈、丹、隰、汾、憲各一。

制勝陝西廂兵，慶曆中，升禁軍。指揮九。永興、華各二〔五〇〕，鳳翔、耀、同、解、乾各一。

定功陝西廂軍，慶曆四年，升禁軍增置，爲指揮十。永興、秦、慶、原、渭、涇、儀、鄜、延、鎮戎各一。

清澗慶曆初，募土人精悍者充，因其地名。指揮二。

建威秦州廂兵，慶曆八年升禁軍。指揮一。

効勇〔五一〕景祐中，募川峽流民增置，爲指揮二十七。陳留三，太康、尉氏、襄邑、河陽、曹、合流各二，咸平、鄭、亳、衞、許、單、澶、磁、廣濟、河陰、寧陵、白波各一〔五二〕。

宣毅慶曆中，京東、京西、河北、河東、淮南、江南、兩浙、荆湖、福建九路募健勇或選廂軍爲之。指揮二百八十八，至治平中，管一百七十四。京東路：南京、鄆、徐、曹、齊各二，青、兗、密、濮、沂、單、濟、淄、萊、濰、登、淮陽、廣濟各一；京西路：西京、滑、許、河陽、陳、襄、鄭、潁、蔡、汝、隨、信陽各一，鄧二；河北路：眞定〔五三〕、德、棣、博、邢、祁、恩、磁、深、定、濱、通利、永靜、乾寧各一；河東路：太原、汾各六，晉四，澤、絳、石、代各三，潞、嵐、忻、遼、威勝、平定各二，慈、隰、寧化各一；淮南路：揚、亳各二，廬、宿、壽、楚、眞、泗、蘄、海、舒、泰、濠、和、光、黃、通、無爲、高郵、漣水各一；江南路：江寧、洪、虔、吉、撫、袁、筠、建昌、南安各一；兩浙路：杭二，越、蘇、明、湖、婺、潤、溫、衢、常、秀、處各一；荆湖路：潭、全、鼎各三，荆南、邵、衡、永、郴、道、安、鄂、岳、澧、復、峽、歸、辰、荆門、漢陽、桂陽各一；福建路：建二，泉、南劍、漳、汀、邵武、興化各一。

宣毅床子弩炮手慶曆中置。指揮一。岢嵐。

建安府州廂兵，慶曆二年升禁軍。指揮二。府、嵐各一。

威果嘉祐四年置，指揮二十五。荆南、江寧、杭、揚、廬、潭各三〔五四〕，洪、越、福各二，虔一。

武嚴指揮一。京師。

御前忠佐軍頭司　馬步軍都軍頭、副都軍頭，馬軍都軍頭、副都軍頭，步軍都軍頭、副都軍頭。其所轄散員，有副指揮使、軍使、副兵馬使、十將。馬步直自指揮使而下，皆如殿前司之制。

御前忠佐散員本許州員僚剩員，淳化中，立爲軍頭司散員一班。又五代以來，軍校立功無可門署者，第令與諸校同其飲膳，名健飯都指揮使，後唯被譴者居此。大中祥符二年，改爲散指揮使。班一。

馬直雍熙四年置，指揮一。

步直端拱元年置，指揮一。

備軍一千九百六十人。

皇城司　親從官太平興國四年，分親事官之有材勇者爲之，給諸殿洒掃及契勘巡察之事。指揮三。

入內院子天聖元年，揀親事官年高者爲之。九年，選輦官六十以上者充。治平二年，詔以五百人爲額。

騏驥院　騎御馬直太平興國二年置，分左右番。八年，分爲二直。其後增置八直。

左右教駿舊名左右備征，建隆二年改。指揮四。

校勘記

〔一〕餘皆以守京師　「餘」字原脫，據編年綱目卷一九補。羣書考索後集卷四〇引長編逸文作：「餘軍皆以守京師，備征戍。」

〔二〕六月　承上文，當指咸平五年六月，玉海卷一三九作咸平五年六月四日，但長編卷五四、太平治蹟統類卷三〇都作咸平六年四月。

〔三〕其軍額猶隸西京本城廂軍　「其」下原衍「知」字，據高承事物紀原卷一〇軍伍名額部奉先條刪。

〔四〕魁頭　通考卷一五五兵考作「魁碩」，「頭」字當爲「碩」字之訛。

〔五〕北兵戍及川峽荊湘嶺嶠間　「兵」字原脫，據同上書同卷補。

〔六〕二百八十八　原作「二百八十人」，據下文宣毅軍注和玉海卷一三九改。

〔七〕荊南江寧府揚廬洪潭福越州　「越」字原脫，據下文威果軍駐地、長編卷一八九、編年綱目卷一六補。

〔八〕漕於東南廣而易供設　「南」原作「西」，據通考卷一五二兵考改。按上文說「兵日精而用不廣」，疑「廣而易供設」前脫「用」字。

〔九〕視前所募兵寖多　「前」原作「其」，據玉海卷一三九、通考卷一五二兵考改。

〔一〇〕湖南　原作「湖廣」，據長編卷二一八、通考卷一五三兵考改。

〔一一〕廣南東西千二百人　長編卷二一八、玉海卷一三九「東西」下都有「各」字，疑是。

〔一二〕神衞　當作「神鋭」。按上文已見「神衞」，此處不應重出；下文資次相壓條有神鋭，排列在床子弩雄武、飛山雄武之下，次序和此處相當，而本條又別無神鋭軍額，「衞」字當是「鋭」字之訛。

〔一三〕散直　「直」字原脱，按志文體例，凡列舉諸班直、諸軍名額及資次，都用全稱，此處不應例外，據上文諸班直名額補。

〔一四〕下威武　「下」原作「丁」，據下文和下一卷熙寧以後之制「威武」條注改。按本軍係大中祥符五年立，熙寧三年廢，至六年又復，見下一卷「平塞弩手」條注。上文諸軍名額中未列本軍，當係失載。

〔一五〕教閲忠順　上文侍衞司步軍名額中有「忠節、教閲忠節、川忠節」，而無「教閲忠順」。疑此處「順」字爲「節」字之誤。

〔一六〕湖北　下一卷本軍駐地和長編卷四九四都作「荆湖南路」。

〔一七〕南牟會　「牟」原作「年」。據本書卷八七地理志、宋會要方域一八之二〇改。長編卷五〇八作「鼐摩會」。按「南牟」、「鼐摩」聲近，「牟」、「年」以形近而訛。以南牟會爲西安州，三書都繫在元符二年。

〔一八〕比之横山興平　「比」原作「北」，長編卷五〇八作「比」。按本書卷八七地理志，横山在定邊城之南；又横山、興平都築於元符元年，而此處所記是元符二年事，則所謂「城砦尤深」者，當指新展的定邊城。「北」字顯爲「比」字之訛。據改。

〔一九〕制置使　「使」原作「所」，據本書卷四六八童貫傳、編年綱目卷二九改。

〔二〇〕若將揀中六軍並六軍指揮並改爲廣効　「若」，通考卷一五五兵考作「欲」。

〔二一〕建炎四年改御前五軍爲神武軍御營五軍爲神武副軍　「建炎」原作「紹興」，「御營」下「五軍」二字原脫，「副軍」二字原倒，據本書卷二六高宗紀、繫年要錄卷三四改補。又下文之「五年」當作「紹興五年」。

〔二二〕亦未嘗有屯　通考卷一五四兵考作「亦未有常屯」。

〔二三〕闐　原作「門」，據朝野雜記甲集卷一八、通考卷一五四兵考改。

〔二四〕凡十七郡　「十七」原作「十四」，按所列府名應爲「十七」，據朝野雜記甲集卷一八關外軍馬錢糧數條改。

〔二五〕諸班有都虞候指揮使　「有」原作「直」，據上下文及本書卷一六六職官志改。又宋會要職官三二之四、通考卷五八職官考「有」下均作「都虞候、都虞候指揮使」。

〔二六〕川班內殿直　「內」原作「直」，據通考卷一五二兵考、長編卷一一二改。

〔二七〕開寶四年廢　「四年」原作「二年」，據同上書同卷改。

〔二八〕定州路都部署王超言　「王超」原作「王起」，據長編卷五二改。王超本書卷二七八有傳，咸平五年王超爲定州路都部署，見本書卷六眞宗紀。

〔二九〕簇御馬直　「馬」字原脫，據本卷上文、玉海卷一三九補。

〔三〇〕指揮十考城　「考城」原作「考成」，查宋無「考成」州縣名；下一卷「雄威」條注作「考城」，據改。「指揮十」和下列各地指揮總數不合，當有誤；以下類似情況不再出校。

〔三一〕四波　按下一卷「龍騎」條注作「白波」。白波是宋時交通樞紐，置有三門、白波發運司，見宋會要職官四二之五；又是一個軍事重地，本卷和下一卷兵志白波之名屢見。「四」字疑爲「白」字形近之訛。

〔三二〕指揮使　原刊上衍「都」字，據本書卷一六六職官志、宋會要職官三二之五刪。

〔三三〕潞　原作「路」，下一卷「克勝」條注作「潞」。按宋代無「路州」或「路縣」，本書卷八六地理志河東路有潞州；上文也說本軍「本潞州騎兵」，據改。

〔三四〕本河州忠烈　按熙寧以前河州並未入宋，此時當無本河州兵之廣銳；宋會要兵二二之一、二二四之五都記有河東廣銳結社買馬事，和此處所記相符，疑「河州」當爲「河東」之誤。

〔三五〕熙　按熙州置於熙寧五年，此時不當有，「熙」字疑誤。

〔三六〕安肅　「安」字原脫。按上文康定初增置河北雲翼，本書卷八六地理志河北路有安肅軍，下一卷「雲翼」條注正作安肅軍，據補。

〔三七〕遼　疑當作「趙」。按上文說本軍是「開寶中，募趙、相、滄、冀州民立。」下一卷「萬捷」條注，本軍駐地卽在此四州；此處有其他三州而無趙，「遼」當爲「趙」之訛。

〔三八〕指揮一十一京師雍丘各一　下一卷作「二十一。京師、雍丘各六。」按下一卷所載乃熙寧以前之制，和本句不應矛盾，必有一誤。又按本書體例，「一十一」都作「十一」，疑此處「一十一」爲「二十一」之誤；「各一」爲「各六」之誤。

〔三九〕德順并外砦　下一卷「蕃落」條注「外砦」下還有「七鎮戎并外砦」六字。按鎮戎指鎮戎軍，與德順軍鄰接，是宋代西北邊防重鎮，當屬上文所說「極邊城砦悉置」範圍。此處指揮駐地和指揮數疑有脫誤。

〔四〇〕王全斌僞署感化耀武等軍平寇者功　長編卷六記此事說：「改西川感化、耀武等軍並爲虎捷，王全斌奏諸軍平草寇有功，請備禁旅故也。」疑此處有脫誤。

〔四一〕奉議　長編卷六作「奉義」，宋人從正統觀出發，以歸宋爲奉義，似近是。

〔四二〕峽冀濟各一　「峽」，下一卷作「陜」，並說：「熙寧四年，分陜府雄勝隸他軍。」則熙寧四年之前陝州已有雄勝，疑此處「峽」字誤。

〔四三〕各一曹二　原作「各二曹一」，合計指揮總數爲二十三，與上文不符；按下一卷「威武」條作「各一曹二」，總數也作「十三」，據改。

〔四四〕敎閱忠節　「敎」原作「校」。按上文敍述沿革時已見此名，下一卷「忠節」條注也作「敎閱忠節」，據改。

〔四五〕河陽廣濟　「陽」字原脫，「河」字單獨當指河州。但河州熙寧六年方入宋，見本書卷八七地理志，此時神威軍不可能駐在河州。按下一卷「神威」條注「河」下有「陽」字，據補。

〔四六〕以西路河東兵之　此處疑有脫誤。

〔四七〕陵涇各二　按上文康定初，增置陝西、河北振武，則本軍以陝西、河北爲駐地，甚明。但陝西、河北都無「陵州」，下一卷「振武」條注「陵」作「慶」，慶州在陝西，疑是。

〔四八〕軍城砦　「軍」原作「鄆」。按鄆州屬京東西路，而本軍隸保州巡檢司，於地理上不合。本書卷八六地理志，河北路定州有軍城砦，下一卷本軍駐地也作「軍城砦」，據改。

〔四九〕滑　按上文本軍是「選陝西、河東廂軍之伉健者置」，本條所列駐地，除滑州外其他都在此兩路，滑州屬於京西路，疑誤。下一卷「清邊弩手」條注作「渭」，渭州正屬陝西，似較近是。

〔五〇〕永興華各二　「華」下原衍「永」字，按上文明說本軍由陝西廂軍升，但陝西無永州；且多一永州即增二指揮，和指揮總數也不合。下一卷「制勝」條注無「永」字，「永」字顯係衍文，據刪。

〔五一〕効勇　疑當作「効忠」。按本條說本軍置於景祐中，駐京畿附近及其周圍，和上文所記天聖至寶元間，增募京畿効忠語正合；本卷上文禁軍名額與諸軍資次相壓，都有「効忠」而無「効勇」；下一卷所載軍額同。下一卷「効忠」條注所載本軍駐地指揮數全同本條，本卷軍額似誤。

〔五二〕河陰寧陵白波各一　「各」字原脫，據本卷體例和下一卷「効忠」條注補。

〔五三〕眞定　原作「鎮定」，據下一卷「宣毅」條注、本書卷八六地理志改。

〔五四〕杭揚廬潭　「潭」原作「澤」，據上文沿革嘉祐四年條和下一卷「威果」條注改。

宋史卷一百八十八

志第一百四十一

兵二 禁軍下

熙寧以後之制

騎軍

殿前指揮使左右班二。

內殿直〔一〕左右班四。

散員左右班四。

散指揮左右班四。

散都頭左右班二。

散祗候左右班二。

金槍班左右二。元祐二年六月，密院言：「元豐七年，承旨司傳宣密院：殿前指揮使左右班槍手可各以五分爲額，餘悉改充弓箭手。切詳先爲在京馬軍全廢槍手，其諸班槍手有闕，無人揀塡，遂有此宣旨。近因殿前馬步軍司奏，諸在京馬軍復置一分槍手，諸班槍手並依舊教閱。」詔：「元豐七年宣旨，更不施行。」

東西班及弩手、龍旗直、招箭，總十一。中興後，東凡五班，西凡三班。

散直左右四。熙寧九年，併南散直隸北散直。中興後，名招箭班散直。

外殿直一。熙寧五年廢。

銀槍班左右班二。中興置。

茶酒舊班中興置。

茶酒新班中興置。

鈞容直國初一班。中興因之，後廢。已上爲諸班〔二〕。

捧日幷左射、錋直、弩手、左第五軍，總三十五。京師三十三，雍丘、鄭各一。熙寧五年，捧日三十三併爲二十二，廢弩手隸左射，餘留二十九。元第一，十月，以左射隸天武。二年，廢左射、錋直〔三〕。八月，廢第五軍，雍丘第二、南京第一並改爲新立驍捷。九月，詔勿改，惟闕勿補，俟其少廢併。

歸明渤海二。京師。元豐元年，撥塡拱聖一，餘撥隸驍騎右四。

拱聖二十一。京師。熙寧六年，併爲十一，廢左射。中興後，副指揮一員。

吐渾五。治平中，併爲二。熙寧二年，併爲一。元豐元年廢。中興後，屬步軍。

驍騎二十二。京師。熙寧六年，併爲十四，廢弩手、上驍騎。元豐元年，撥在京驍騎左第一隸神勇。

驍勝十。熙寧三年廢。

寧朔十。京師、尉氏各三，雍丘、滑、河陽、河陰各一。熙寧二年，併爲七。元豐元年，在京第二第三並撥隸第一。

龍猛八。熙寧三年，併爲六。

飛猛一。熙寧二年廢。

契丹直三。咸平、棣昌、壽各二〔四〕。熙寧九年廢。

神騎十八。雍丘十三，咸平五。熙寧二年，併爲十。中興後，副指揮一員。

步鬥六。尉氏、太康各一，蔡四。元豐元年，尉氏、太康各一、蔡州二皆撥隸步軍司虎翼。十一月，蔡州二改爲新立驍捷，其第二充擒戎第四，等四〔五〕，尉氏三、太康四第四充擒戎第五，太康一元豐元年併尉氏第三隸第一，太康第二改驍雄。二年，尉氏一勿塡闕。

吐渾直三。太原二，潞一。熙寧六年，廢潞州一。一年，廢太原二〔六〕。元豐二年，太原、潞州各一，勿塡闕。中興屬步軍。

安慶直四。太原一，潞三。熙寧六年皆廢。

三部落一。太原。熙寧三年廢。

清朔四。西京二，潁昌、汝各一。

擒戎五。西京、潁昌各二，汝一。元豐元年，蔡州置二。

驍雄舊六，治平四年併爲四。咸平、陳各二。熙寧初，以驍猛第四改充一。元豐六年，咸平、尉氏各一，闕勿補。

其馬軍行司新軍目：

選鋒中興置。　神策選鋒軍、左翼軍、右翼軍、摧鋒軍、遊奕軍、前軍、右軍、中軍、左軍、後軍、護聖馬步軍中興置。

步軍

御龍直左右二。

御龍骨朶子直左右二。

御龍弓箭直五。

御龍弩直五。中興，左右班二。

天武并寬衣、猵直、左射，總三十四。京師三十三，咸平一。熙寧二年，併三十三爲二十三。九年，廢左射。元豐元年，併陳留第七軍第一隸咸平第五軍第一。十月，廢寬衣天武。二年，廢第五軍，咸平第一改雄武弩手。九月，詔勿改，惟闕弗塡。四年，廢猵直。紹聖元年十一月，引進副使宋球言：「自立殿前司以來，有寬衣天武一指揮充駕出禁衞圍子，常守把在內諸門，熙寧中廢併，禁圍只差天武，皇城諸門更不差人。乞復置寬衣一指揮；或不欲添置，乞將天武本軍內以一指揮爲寬衣天武。」詔：禁圍子合用天武人兵，令殿前司今後並選定四十已上、有行止無過犯、不係新招揀到人充，遇闕選塡。

神勇幷上神勇二十一。京師。熙寧六年，併爲十四，廢上神勇。孝宗初，改爲護聖軍。

廣勇四十三，每十爲一軍。京師五，陳留二十二，咸平東明、太康、胙城〔七〕、南京各二，襄邑、陽武、鄆各一，滑三。熙寧九年，在京增置一。元祐二年八月，詔在京置左第三軍第一、右第三軍第一。

神射五。陳留三，雍丘二。熙寧三年廢。

龍騎二十，分三軍。京師四，尉氏、雍丘、咸平、鄭各二，南京、陳、蔡、河陽、棣、單、宿、白波各一。熙寧二年，併爲十三。熙寧一年〔八〕，在京第七隸第九。

雄勇八。咸平三，鄆二，潁昌、鄭、滑各一。元豐元年，併咸平第二第三隸第一，鄆州第五隸第四，改曰雄威併管城第七，白馬第八；潁昌一闕勿補。二年，咸平一闕勿補。

宣威上下二。咸平、襄邑各一。熙寧三年，以咸平一隸廣捷，以襄邑一隸威猛，四年廢。

廣捷五十六。陳留八，咸平六，雍丘四，襄邑、尉氏、潁昌各三，太康、扶溝、南京、亳、河陽、潁、寧陵各二，陳五，鄭、滑、曹、鄧、蔡、廣濟、穀熟、永城、襄城、萊各一。熙寧三年，亳州一併廣勇，永城縣一併隸亳州。元豐元年，併管城第四十隸本縣雄勇第七，併白馬縣第二十五隸本縣雄勇第八。

廣德幷揀中廣德，總十。咸平、尉氏、陽武、河陽、滄、鞏、白波各一，西京三。治平四年，併十四爲八。熙寧六年，廢揀中廣德，尉氏揀中廣德第一、陽武第二改爲廣德。

雄威十。考城、襄邑、陳留各一，南京四，陳三。治平四年，併十、三爲十。元豐元年，以南京第八分隸第三、第四、第七。二年，襄邑二闕勿補。

勝捷、威勝、威捷建炎初置，隸殿前司。

全捷、前軍、右軍、中軍、左軍、後軍自勝捷以下九軍，並中興後置。

侍衞司　侍衞親軍馬步軍都指揮使、副都指揮使、都虞候各一人。馬軍都指揮使、副都指揮使、都虞候各一人，步軍亦如之。自馬步軍都虞候以上，其員全闕，卽馬軍、步軍都指揮使等各兼領其務。馬步軍有龍衞、神衞左右四廂都指揮使，龍衞、神衞左右廂各有都指揮使，每軍有都指揮使、都虞候，每指揮有指揮使、副指揮使，餘如殿前司之制。其所領騎步軍之額如左。

騎軍

員僚直左右四。京師二，恩、冀各一。熙寧二年，併左直爲一，須人少撥隸如其軍省〔九〕。五年，廢恩、冀州左右直弗補。六年，撥隸龍衞。元豐三年廢。

龍衞并騸直、左射、帶甲剩員四十四。京師三十八，雍丘、尉氏、河陽幷揀中各一，澶二。熙寧元年，以澶州右第四軍第四隸第三，共并爲一。九年，陳留併帶甲剩員二爲一。熙寧元年，澶州、河陽、尉氏就糧四併隸別指揮。六年，三十九併爲二十。八年，置帶甲剩員二。十年，廢亳州一。元豐元年，陳留帶甲剩員闕勿補。二年五月，廢錮直、左射。八月，廢第十軍。十月，南京第十軍第一改新立驍捷左三。六年，廢帶甲剩員。中興，二十。

忠猛一。定。熙寧五年廢。

散員一。定。熙寧五年廢。

驍捷二十六。尉氏新立及揀中各一，恩十四，冀十。熙寧元年，廢帶甲剩員。三年，廢揀中。五年，瀛州三撥隸本州雲翼，冀州十、恩州十四各併爲五，莫州二併爲一。十年，併冀、恩驍捷各五各爲四。元豐元年，太康置新立驍捷一。

雲騎十五。京師十一，陳留、南京各一，鞏縣二。熙寧二年，併十五爲十。三年，第一至十二併爲七。七月，第八撥隸第一第二。八年，置帶甲剩員一。元豐二年闕，選雲捷第二軍補之。十月，雍丘帶甲剩員第一改爲橫塞第十。中興，七。

武騎二十一。京師、雍丘各六，尉氏三，陳留、考城、咸平、鄢各一，西京二。熙寧元年，廢咸平帶甲剩員爲剩員。二年，併二十作十五。八年，置帶甲剩員一。九年，以雍丘帶甲剩員一隸雲騎帶甲剩員，共爲一。十二月，在京四併爲三，尉氏二併爲一，考城一分隸雍丘寧朔，在京二併爲一。十年，廢帶甲剩員。元豐元年，併帶甲剩員亳州第一。中興，三。

驍銳四。莫三，冀一。熙寧五年，莫州三併爲二，冀州第三虛其闕，以存者補捷〔一〇〕。六年七月，莫州第一第二、冀州第三並改驍捷，是月廢。

歸明神武馬一。尉氏。熙寧六年，改新立驍捷，七月，廢。

飛捷四。雍丘。熙寧二年，併爲二。元豐元年廢。

驍武左右二十。北京七，眞定三，定六，相、懷、洛、邢各一〔一一〕。熙寧元年，廢帶甲剩員。二年，北京七併爲五。五年，眞定府三併爲二，定州六併爲四，邢州、雲翼各一須人少併爲一。十北京五併爲四〔一二〕，定州四須人少併爲三。元豐七年，以忠猛一分入驍武第七、第八、第九。

廣銳總四十四。太原、代、并各三，汾五，石、嵐、岢嵐各二，晉、潞〔一三〕、慈、絳、澤、隰、憲、寧化、威勝、平定、火山各一，涇、原、鄜各二，秦、渭、環、邠、寧各一。元豐二年，忻、嵐州各一闕勿補。三年，涇州二以下一補上一闕。五年，置蘭州二。中興，二十三。

雲翼分左右廂，左三十四，右二十二，總五十六。眞定、雄、瀛、深、趙、永寧各三，定、冀各六，保五，滄、北平、永靜、順安、保定各二〔一四〕，莫、邢、霸各一，廣信、安肅各四。熙寧五年，併滄州二爲一，冀州六爲三，眞定府三爲一，趙州三爲二，定州六爲四，順安軍二爲一，永寧軍三爲二〔一五〕，北平軍二須其闕併爲一，安肅軍第一分隸第三，深州三爲二，保州一分隸他軍。十年，莫州第十三分隸驍捷，眞定府第八分隸驍武，定州四須其闕併爲三，安肅軍三須其闕併爲二，廣信軍四併爲三。元祐元年，桂州二仍不廢〔一六〕。中興，三十三。

有馬勁勇七。太原二，代、嵐各一，磁三。熙寧五年，磁三併爲一。中興，五。

騎捷五。瀛三，莫二。熙寧六年廢。

廳子七。定二，相五。熙寧五年，併相廳子五爲三，定廳子馬二爲一。六年，相州廳子三并改廳子馬。十年，相州廳子馬第三分隸驍武廳子馬。中興，四。

驍駿一。太原。熙寧六年廢。

無敵六。定、北平各二，安肅、廣信各一。熙寧五年，北平二須人少併爲一，撥隸雲翼三；廣信軍一撥隸雲翼。

忠銳一。廣信。熙寧五年廢。

威邊二。定、保各一。熙寧五年廢。

克勝二。潞。

飛騎二。麟。

威遠二。府。

克戎二。并。

清塞一。延安。熙寧五年廢。

武清一。晉。熙寧六年廢。

萬捷七。相、冀、趙各二，滄一。熙寧五年，冀二併爲一，以隸雲翼；相二須人少併爲一。中興，七。

雲捷十二。尉氏、咸平、西京、北京、澶各二，汝、懷各一。

橫塞七。雍丘、咸平、考城、襄邑、寧陵各一，衞二。

有馬安塞一。熙寧五年廢。

蕃落八十三。環五，延、慶各四，秦併外砦十七，原、渭併外砦各十二，德順併外砦七，鎭戎併外砦十二，鳳翔、涇併外砦、儀、保安各二，隴一。熙寧三年，併外砦九爲七。八月，涇原路以新砦所減蕃落隸在州蕃落，定額以三萬二千人。五年，隴州添置招馬軍蕃落一。九年，併陝西土蕃落渭州八爲六，原州、秦州各五爲四。元豐四年，環州下蕃落未排定指揮，並爲禁軍。五年六月，葭蘆砦主乞置一。紹聖四年，詔，陝路增置馬軍十，各五百人爲額，於永興、河中、鳳翔、同、華各置二。元符元年，詔涇原路新築西安州置馬軍一，天都、臨羌砦各置馬軍一。六月，詔永興軍等路創置十指揮。二年，定邊城增置馬軍二，烏龍川、北嶺新砦各置馬軍一。崇寧五年，新築安邊城，置馬軍一。

并州騎射一。熙寧六年，太原騎射第一改克戎。元豐七年，成都府置馬軍騎射一。中興後無。

有馬雄略三。廣、桂、邕各一。熙寧三年，廣、桂、邕有馬雄略闕勿補。十年，以邕州住營兩指揮闕額移桂州，依舊置。紹聖元年，沅州增置有馬一。元符元年正月，詔荊湖南路、江南東路各增置有馬一。中興，二。

崇捷崇寧三年，詔於京東、京西、河北、河東、開封府界創置馬步軍五萬人，計一百七指揮。馬軍三十五，步軍七十二，合三萬六千人。馬軍以崇捷、崇銳爲名，步軍以崇武、崇威爲名。

崇銳崇寧三年，見上。以上二軍，中興後無。

清澗騎射二。

員僚剩員直以罪謫降者充立。

前軍、右軍、中軍、左軍、後軍以上七軍，並中興後置。

步軍

神衞并水軍總三十一。京師。熙寧二年，併三十一爲三十。三年，廢水軍。元豐二年，廢第九第十，南京第一改雄武弩手。中興，四十六。

虎翼九十六。京師九十，併水軍一，襄邑、東明、單各一〔一七〕，長葛二。熙寧二年，除水軍一外，併九十五爲六十。六年，廢上虎翼。元豐四年，詔改差殿前虎翼右一四指揮爲李憲親兵。

奉節并上奉節五。京師。熙寧二年，殿上奉節〔一八〕。九月，上奉節兩指揮隸虎翼。六年十月，廢奉節。

步武六。陳。

武衞七十一。南京、眞定、定、淄各四，北京、澶、相、邢、懷、趙、棣、洺、德、祁、通利、乾、廣濟各一，青五，鄆、徐、兗、曹、濮、沂、濟、單、萊、濰、登、淮陽、瀛、博各二，齊、密、滄各三。熙寧四年，帝諭文彥博等：「京東武衞軍素號精勇得力，不減陝西兵。」彥博曰：「京東之人沈鷙精悍，亦其性也。」五年，併滄三爲二，眞定府各四各爲三〔一九〕，趙州、振武各一共爲一。六年，詔岷州置一。元豐三年，河州武衞二爲一。

雄武并雄武弩手、床子弩雄武、揀中雄武、飛山雄武、揀中歸明雄武，總三十四。京十三，太原、尉氏、南京、鄭、汝、寧陵各二，咸平、東明、雍丘、襄邑、潁昌、曹、廣濟、穀熟、長葛各一。熙寧五年，廢揀中雄武。閏七月，併床子弩雄武、飛山雄武〔三〇〕各五爲二。六年，廢雄武。中興後，加「平海」字。

神銳二十六。太原六，潞、晉各三，澤、汾、隰、平定各二，代、絳、沂〔三一〕、遼、邢、威勝各一。元豐二年，潞州三闕勿補。

飛虎三。陳留二，咸平一。熙寧三年廢。

振武八十一。北京、澶、相、衞〔三二〕、霸、莫、祁、棣、趙、濱、洺、保安、永寧、通利、安肅、儀各一。眞定、瀛、保、恩、邢、深、博、永寧〔三三〕、乾寧、慶、涇各二，延六，邠、隴各七，鄜、寧各五，磁四，滄、原各三。熙寧五年，瀛州二爲一，滄州三爲二，眞定府二爲一，邢州二以一分隸武衞、神銳、鎭武，磁州四爲三。元豐三年，鄜州四爲三，邠州五以一補上四指揮闕，隴州四爲三。元祐七年，詔復置滄州第六十七、六十八。

來化一。寧陵。熙寧七年廢。

新立弩手二。廣濟。熙寧六年，定陶縣第二軍改雄武隊弩手。

懷勇三。雍丘二，陳一。熙寧三年廢。

威寧一。潁昌。熙寧二年廢。

威猛上下十。襄邑四，咸平、潁昌、長葛各二。熙寧三年，宣威併入。

雄勝三。陝、冀、濟各一。熙寧四年，分陝府雄勝隸他軍。中興，四。

歸恩左右二。毫。熙寧三年，左第一併右第一。六年，第一改爲雄勝。

澄海弩手二。登。熙寧八年，廣西經略司選澄海赴桂州，以新澄海爲名。中興，加「水軍」字。

神虎二十六。永興六，鳳翔、河中、忻、隰、晉、威勝〔三四〕各二，太原、秦、延、鄜、華各一，潞三。熙寧九年，秦州一闕勿補。

保捷一百三十五。永興十二，同九，秦八，河中、邠、涇各七，滑、寧、耀各六，鳳翔、延、儀、華、隴、解、乾各五，陝、原、鄜各四，成三，慶、鳳、坊、晉、鎮戎各二，環、丹、商、虢、階、慶成、德順各一。熙寧五年，鳳翔府添置三。六年，添置一。元豐三年，併同州七爲六；永興軍九爲八。五年，蘭州置步軍二。紹聖四年，蘭州金城關置步軍四。元符元年，新築西安州，置步軍一，天都、臨羌砦各置步軍一；又詔於河北路大名府二十二州軍共創置馬步軍，步軍二十九指揮以保捷爲名。二年，定邊城置步軍一。崇寧五年，安邊城置步軍一。中興後，增置一。

捉生二。延。紹聖三年，環、慶州各置一。

清邊弩手四十三。太原九，秦五，涇四，河中、隴各三，永興〔三五〕、代、潞、晉各二，慶、渭、環、同、坊、鎮戎、慈、丹、隰、汾、憲各一。熙寧六年，併鳳翔四爲三。八年，吉鄉併宜毅一來隸。九年，併秦州四爲三。元豐三年，以河中清邊弩手〔三六〕將兵一隸本府保捷、清邊弩手。

制勝九。永興、華各二，鳳翔、耀、同、乾、解各一。撥華一隸本州保捷，制勝，奉天一補其縣保捷闕。中興後增一。

定功十。永興、秦、慶、原、渭、涇、儀、鄜、延、鎮戎各一。

青澗二。中興後隸騎軍。

平海二。登。

建威一。秦。熙寧三年廢。

効忠二十七。陳留三，太康、尉氏、襄邑、河陽、曹、合流各二，咸平、鄭、亳、衞、潁昌、單、澶、磁、廣濟、河陰、寧陵、白波各一。熙寧九年，磁、衞各一須人少與武衞併爲一。

川効忠七。南京六，寧陵一。熙寧二年，南京六併隸上三。三年十二月，南京三併爲二。

宣毅一百七十四。隸京東西、河北、河東、淮南、江南、兩浙、荆湖、福建九路。京東路：南京、鄆、徐、曹、齊各二，青、兗、密、濮、沂、單、濟、淄、萊、濰、登、淮陽、廣濟各一；京西路：西京、滑、潁昌、河陽、陳、襄、鄭、潁、蔡、汝、隨、信陽各一，鄧二；河北路：眞定、德、棣、博、邢、祁、恩、磁、深、定、洺、濱、通利、永靜、乾寧、永寧各一；河東路：太原、汾各六，晉四，澤、絳、石、代各三，潞、嵐、忻、遼、威勝、平定各二，慈、隰、憲、寧化各一；淮南路：揚、亳各二，廬、宿、壽、楚、眞、泗、蘄、海、舒、泰、濠、和、光、黃、通、無爲、高郵、漣水各一；江南路：江寧、江、洪、虔、吉、撫、袁、筠、建昌、南安各一；兩浙路：杭二，越、蘇、明、湖、婺、潤、溫、衢、常、處、秀各一；荆湖路：潭、全、鼎各二，荆南、邵、衡、永、郴、道、安、鄂、岳、澧、復、峽、歸、辰、荆門、漢陽、桂陽各一；福建路：二〔三七〕，福、泉、南劍、漳、汀、邵武、興化各一。熙寧三年，宿、揚、廬、壽、楚、眞、泗、泰一併隸教閱忠節，各爲一；蘄、海、舒、濠、和、光、黃、通、無爲、高郵、漣水各一闕弗補。十二月，京東路三十三併爲十三，荆湖南路道永衡各一、潭二撥隸威果，全二、邵一撥隸雄略，郴、桂陽各一不充額，荆南一撥隸威果，鼎二、澧岳安復鄂各一皆改教閱忠節，荆門、漢陽、歸、峽各一不充額，江南東路江寧、江南西路虔各一撥隸威果、雄略，洪、吉、撫、建昌各一皆改教閱忠節，筠、袁、南安各一不充額，福建路福一隸威果，建二併爲一改威果，兩浙路杭二、越蘇潤各一皆改威果，湖、婺、溫、衢、常、處、秀各一不充額。熙寧五年，恩一、乾寧永靜眞定邢洺磁定祁〔二八〕深永寧各一闕弗補。八年，吉鄉軍〔二九〕宣毅一隸清邊弩手，潞復置一。九年，定、邢、深、祁、磁、永寧、永靜、乾寧各一皆効忠〔三〇〕。元豐元年，博二撥隸他州軍。

宣毅床子弩砲手一。岢嵐。熙寧三年廢。

建安二。府、嵐各一。

威果二十五。荆南、江寧、杭、揚、廬、潭各三，洪、越、福各二，虔一。宣和三年，嚴州增置一。

効順一。襄邑。熙寧六年，改雄武。

揀中雄勇一。襄邑。

懷順一。霸。

歸聖一。雍丘。熙寧六年，改雄武。

順聖一。鞏。中興已後無。

懷恩三。荆南二，鄂一。

揀中懷愛一。寧陵。熙寧六年廢。

勇捷左右二十六。襄邑、北京、澶、陳、壽、汝、曹、宿各二，咸平、西京、南京、亳、寧陵、虹、河陰、鞏、長葛、韋城各一。熙寧三年，併十隸九，右十二併右三。元豐二年，唐、汝州各置士兵一。

威武上下總十三。西京、河陽、鄭、鄆、澶、滑、濮、通利、鞏、河陰、永城各一，曹二。熙寧三年，廢下威武。九年，澶一隸効忠、勇捷。

靜戎弩手四。河陽、澶、衞、通利各一。熙寧七年廢。

平塞弩手并揀中平塞、新立平塞，總四。咸平、亳、河陰、白波各一。熙寧六年，廢弩手及新立、揀中平塞〔三一〕，亳平塞弩手及白波新立平塞、咸平揀中平塞並改下威武。

忠勇二。成都。

寧遠八。戎三，遂、梓、嘉、雅、江安各一。熙寧六年，瀘州增置一。

忠節并川忠節、教閱忠節，總六十。雍丘、襄邑、寧陵各三，陳留、咸平、東明、亳、河陰、永城各二，南京五，太康、陽武、潁昌、江寧、揚、廬、宿、壽、楚、眞、泗、泰、滁、岳、澧、池、歙、信、太平、饒、宣、洪、虔、吉、臨江、興國、廣濟、南康、廣德、長葛各一，合流四。熙寧三年，亳州第十四併勇捷，川忠節一併忠節。十二月，添置八。五年，蔡州置一。

神威上下十三。陳留三，潁昌、鞏各二，雍丘、考城、咸平、河陽、廣濟、白波各一。

歸遠十六。陳、潁昌、亳、壽、宿、鄧、襄、鼎各一，荆南、澧、潭、洪各二。元豐五年，成州置一。

雄略二十五。荆南五，潭四，鼎、澧各三，廣、辰、桂各二，許、全、邵各一〔三二〕。熙寧三年，衡增置一，吉增置三百人及置部軍雄略一〔三三〕。崇寧三年，荆湖南路置四。

招收十七。保四，霸、信安各三，定、軍城砦各二，廣信、安肅、順安各一。熙寧五年，霸、信安各二併爲一，定二爲一，安肅一、保二分隸振武、招收。八年，忻以保甲替罷揀充下禁軍。

壯勇七。耀、解、滑各二，潁昌一。

橋道并川橋道十八。襄邑、咸平、陽武各二，陳留、東明、尉氏、太康、西京、河陽、濮、鄆、鞏、河陰、白波、寧陵各一。熙寧三年，鄆川橋道改橋道，隸順化。

清塞十二。曹二，鄭、鄆、滑、通利、鞏、河陰、白波、汜水各一，長葛二。

崇武崇寧三年，置步軍京東西、河東北。

崇威崇寧三年，置步軍京東西、河東北。

敢勇元祐七年，詔河東、陝西路諸帥府募敢勇，以百人爲額。宣和四年，詔越州招到敢勇三百人，撥充兩浙提刑司捉殺差使。

靖安崇寧元年，詔荊湖北路添置禁軍五指揮，以靖安爲名，隸侍衞步軍司。

廣固崇寧三年，詔添置廣固兵四指揮，以備京城工役。政和五年，詔於四指揮各增置五百人入額，自今更勿差客軍。

通濟政和六年，詔增置通濟兵士二千人，牽挽御前綱運。自崇武至此六軍，中興後無。

清衞宣和七年，減清衞等軍，令步軍司撥塡一般軍分。

刀牌手崇寧中立。廣西桂州。

勁勇、壯武、靜江自勁勇以下三軍，舊隸廂軍。中興後，隸侍衞步軍。

振華五百人爲一軍。

安遠、奉先園四。

武寧、威勇、忠果、雄節、必勝六。

前軍、右軍、中軍、左軍、後軍自振華以下十三軍，並中興後立。

御前忠佐將校並與建隆以來制同

散員班一。

馬直指揮一。

步直指揮一。熙寧四年，馬步二直並廢，撥隸殿前、步軍司虎翼，其有馬者補雲騎。

備軍一千九百六十人。熙寧二年，罷九百六十人。

皇城司

親從官指揮四。政和五年，創置第五指揮，以七百人爲額。

親事官指揮三。元豐五年增置一，守奉景靈宮。政和五年，西京大內官一，以五百五十人爲額；又增置內園司一，以五百一十人爲額。

入內院子五百人。中興後，二百人。

快行、長行中興後置，一百人。

司圊三人。

曹司中興置，三十人。

將兵者，熙寧之更制也。先是，太祖懲藩鎮之弊，分遣禁旅戍守邊城，立更戍法，使往來道路，以習勤苦、均勞逸。故將不得專其兵，兵不至於驕墮。淳化、至道以來，持循益謹，雖無復難制之患，而更戍交錯，旁午道路。議者以爲徒使兵不知將，將不知兵，緩急恐不可恃。神宗卽位，乃部分諸路將兵，總隸禁旅，使兵知其將，將練其士，平居知有訓厲而無番戍之勞，有事而後遣焉，庶不爲無用矣。

熙寧七年，始詔總開封府畿、京東西、河北路兵分置將、副。由河北始，自第一將以下共十七將，在河北四路；自第十八將以下共七將，在府畿；自第二十五將以下共九將，在京東；自第三十四將以下共四將，在京西：凡三十有七。而鄜延、環慶、涇原、秦鳳、熙河又自列將焉。在鄜延者九，在涇原者十一，在環慶者八，在秦鳳者五，在熙河者九：凡四十有二。八年，又詔增置馬軍十三指揮，分爲京東、西兩路。又募教閱忠果十指揮，在京西，額各五百人，其六在唐、鄧，其四在蔡、汝。

元豐二年，又增置土兵勇捷兩指揮於京西，額各四百人，唐州方城爲右第十一，汝州襄城爲左第十二。凡馬軍十三指揮[三]，忠果及土軍共十二指揮。四年，又詔團結東南路諸軍亦如京畿之法，共十三將：自淮南始，東路爲第一，西路爲第二，兩浙西路爲第三，東路爲第四，江南東路爲第五，西路爲第六，荊湖北路爲第七，南路潭州爲第八，全、邵、永州應援廣西爲第九，福建路爲第十，廣南東路爲第十一，西路桂州爲第十二，邕州爲第十三。

總天下爲九十二將，而鄜延五路又有漢蕃弓箭手，亦各附諸將而分隸焉。凡諸路將各置副一人，東南兵三千人以下唯置單將；凡將、副皆選內殿崇班以上、嘗歷戰陳、親民者充，且詔監司奏舉；又各以所將兵多寡，置部將、隊將、押隊使臣各有差；又置訓練官次諸將佐；春秋都試，擇武力士，凡千人選十人，皆以名聞，而待旨解發，其願留鄉里者勿彊遣：此將兵之法也。

六年，熙河路經略制置李憲言：「本路雖有九將之名，其實數目多闕，緩急不給驅使。

又蕃漢雜爲一軍，嗜好言語不同，部分居止悉皆不便，今未出戰，其害已多，非李靖所謂蕃漢自爲一法之意。若將本路九將併爲五軍，各定立五軍將、副，及都、同總領蕃兵將，使正兵合漢弓箭手自爲一軍，其蕃兵亦各自爲一軍。臨敵之際，首用蕃兵，繼以漢兵，必有成效，兼可減併將、副及部隊將員，於事爲便。」詔從之。

元祐元年，司馬光言：「近歲災傷，盜賊頗多，州郡全無武備。長吏侍衞單寡，禁旅盡屬將官，多與州郡爭衡，長吏勢力遠出其下。萬一有李順、王倫、王均、王則之寇乘間竊發，攻陷郡縣，豈不爲朝廷憂！祖宗以來，諸軍少曾在營，常分番出戍〔三〕。蓋欲使之勞筋骨，知艱難，輕去其家，習知山川險阻也。自置將以來，惟是全將起發，然後與將官偕行，其餘常在本營，飲食嬉遊，養成驕惰，歲月滋久，不可復用。又每將下各有部隊將、訓練官等一二十人，而諸州又自有總管、鈐轄、都監、監押，設官重復，虛破廩祿。知兵者皆知其非。臣愚欲乞盡罷諸路將官，其禁軍各委本州長吏與總管、鈐轄、都監、監押等〔三六〕，如未置將已前，使州郡平居武備有餘，然後緩急可責以守死。」

諫議大夫孫覺亦以爲言，於是詔陝西、河東、廣南將兵不出戍他路，其餘河北差近裏一將更赴河東，而諸路逐將與不隸將之兵並更互出戍，稍省諸路鈐轄及都監員，仍以將官兼州都監職事，卒不能盡罷將、副，如光等言。其年八月，樞密院言，近邊州軍及邊使經由道路，而減本處兵官，非是。於是邊州及人使經由道路，將官仍不兼都監。

至紹聖間，樞密院言：「往時軍士犯法，將官得專決遣，故事無留滯。自州縣官預軍事以來，動多牽制，不得自裁。欲仍依舊法，及諸軍除轉排補，並隸將司，州縣無得輒預。其非屯駐所在，當俟將、副巡歷決之，餘委訓練官行焉。」詔從之。至是，州縣一無關預，兵愈驕，無復可用矣。

元符元年，章楶又請增置涇原第十二將。

宣和元年，詔非救護水火、收捕姦細妖人而輒差將兵者，坐之。後三年，知婺州楊應誠言：「諸路屯戍，當隸守臣，兵民之任一，然後號令不二。不然，將驕卒橫，侵漁細民，氣壓州郡，有不勝其憂者。」於是詔自今令隸守臣。無何，復詔曰：「將兵遵將官條教，除前隸守臣指揮。」其後，江、浙盜起，攻陷州邑，東南將兵，望風逃潰，無復能戰。寇平，童貫奏言：「東南三將，類皆孱弱，全不知戰，虛費糧廩，驕墮自恣。平時主領占差營私，大半皆習工藝〔三七〕。遂致寇盜橫行，毒流一方，重費經畫。今事平之後，當添將增兵，鎮遏綏馭。然南人怯弱，素失訓練，終不堪戰。今欲於內郡別置三將，並隨京畿將分接續排置，使陝西軍更互戍守，庶幾東南可得實戰之士，於計爲便。」詔從之。　其後南渡諸屯駐大軍即舊將兵之類，而其駐箚之所則異於前矣。

今撫建炎以後將兵列於屯駐大軍之次，而建炎水軍亦附見焉。

建炎後諸屯駐大軍　武鋒、精銳、敢勇、鎮淮、彊勇、雄勝、武定、江都振武、泰熙振武、忠勇、遊奕、淮陰前軍、副司左右軍、移戍左軍。

淮東滁州：雄勝、安淮、青平小雄邊。

淮東泰州：鎮江左軍。

淮西廬州：彊勇前軍、彊勇右軍、武定、遊奕、忠義、雄邊、全年。

淮西濠州：　武定選鋒軍、武定後軍、使効、威勝、遊擊、義士諸軍、定遠武定。

淮西安豐軍：武定前軍、武定右軍、防城戍軍、四色軍。

淮西無爲軍巢縣：池司右軍。

淮西黃州：雄關、飛虎軍。

臨安府屯駐諸軍：雄節、威果、全捷、龍騎、歸遠。

金州駐箚都統司兵。

成都路安撫副司駐箚兵。

四川大制司帳前飛捷軍。

利州節制司諸軍。

金州忠義軍。

閬州節制司諸軍。

潼川府制帳踏白軍。

隆慶屯駐遊奕軍。

潼川安撫司忠定軍。

夔州節制司軍。

興元節制軍事利州都統司兵。

四川制司帳前、信義兩軍。

興元都統司屯駐合州軍、沔州〔三〕乾道三年，三百人。

沿江水軍建炎置。

明州水軍紹興置。乾道元年，二千人，分左右兩將。

福州荻蘆、延祥砦〔三〕紹興置，百五十人。乾道七年添招，凡五千人。

鎮江駐箚御前水軍乾道三年，招三百人，淳熙五年增招千五百人。

沿海水軍乾道六年置，一千人。
潮州水軍乾道四年置，二百人。
江陰水軍乾道四年置，三百人。
廣東水軍乾道五年，增至二千人。
平江許浦水軍乾道七年，七千人，淳熙五年，增五百人。
江州水軍淳熙二年，招一千人。
池州都統司水軍淳熙元年千人，嘉定中增至三千人。
漳州水軍紹熙元年，漳、泉共六百人。
泉州水軍見上。
殿前瀲浦水軍開禧元年，一千五百人。
鄂州都統司水軍開禧十年置。
太平州采石駐箚御前水軍嘉定十四年，五千人。
建康都統司靖安水軍元隸都統司，嘉定中隸御前。
馬軍行司唐灣水軍元隸馬軍行司，嘉定中隸御前。
通州水軍乾道五年置。

池州清溪雁汊控海水軍建炎四年置，百五十人。

兩淮水軍紹興元年置，二千人。隆興元年，詔諸州斷配海賊刺隸。

校勘記

〔一〕內殿直　原作「內班直」，據本書卷一六六職官志、宋會要職官三二之四改。

〔二〕以上爲諸班　「班」下原衍「直」字，據本書卷一六六職官志、卷一八七兵志刪。

〔三〕元第一十月以左射隸天武二年廢左射騙直　按上文爲熙寧五年，下文爲「二年」，「元第一」疑爲「元豐元年」之誤，「二年」當爲元豐二年。長編卷三〇〇元豐二年九月，載有雍丘捧日第五軍及他軍減員事，並說：「自今闕額勿補，候人數不多即併廢。」與此條末句略同，疑即指此條之事。

〔四〕咸平棣昌壽各二　按宋有棣州而無「昌州」，亦無名「棣昌」的州縣。本書上一卷建隆以來之制，本軍駐地作「咸平、許、壽」，許州後升府，改名潁昌，疑「棣」字乃「潁」字之訛。又指揮數作「各二」，與總數作「三」不符。上一卷「契丹直」條「二」作「一」，總數雖符，而該條載太平興國中本軍已廢，則此或爲新置，「三」與「各二」，顯有一誤。

〔五〕等四　自此至「太康第一改驍雄」，文義不明，疑有脫誤。

〔六〕一年廢太原二　上文爲熙寧六年，下文爲元豐二年，「一年」疑誤。殿、局本改作「七年」。

〔七〕東明太康胙城　「東明」原作「東門」，「胙」字原脫。按本志體例，此處先述熙寧變革前體制，故各軍駐地多與上卷符合。上一卷「廣勇」條注作「東明」、「胙城」。今據改補，指揮總數亦相符合。

〔八〕熙寧一年　上文爲熙寧二年，此處又作熙寧一年，當誤；殿、局本改「一」爲「二」，亦重出。

〔九〕須人少撥隸如其軍省　語義不明，疑有脫誤。

〔一〇〕以存者補捷　據下文「冀州第三並改驍捷」，疑「補」字下脫一「驍」字。

〔一一〕相懷洛邢各一　按本軍係河北諸州兵。宋代河北路無洛州而有洺州，上一卷「驍武」條此作「洺」，「洛」、「洺」形近易訛，疑作「洺」是。

〔一二〕十北京五併爲四　「十」下疑脫「年」字，或「十」字乃衍文。

〔一三〕汾五石嵐岢嵐各二晉潞　「汾」原作「分」，「岢」下原脫「嵐」字，「潞」原作「路」。按本軍爲河東、陝西兵，河東、陝西無名「分」、「岢」、「路」州軍，據上一卷「廣銳」條改補。

〔一四〕順安保定各二　「各」字原脫。按上一卷「雲翼」條，此處有一「各」字，如此各地駐軍數始和總數五十六指揮相合，據補。

〔一五〕永寧軍三爲二　「永寧」原作「永安」。按永安軍屬河東路，而本軍係河北軍，不當有永安；上文有永寧三指揮，和上一卷「雲翼」條同；此處指出三併爲二，其數正合。「安」字當爲「寧」字之訛，據改。

〔一六〕桂州二仍不廢　按本軍駐地都在河北，「桂州」屬廣南西路，且前文未見，此處疑有誤。

〔一七〕襄邑東明單各一　「單」原作「軍」。按上一卷「虎翼」條此字作「單」，據改。

〔一八〕殿上奉節　本志未見有此軍額，疑有誤，或「殿」爲「廢」字之訛。

〔一九〕眞定府各四各爲三　疑有脫誤。

〔二〇〕飛山雄武　原作「飛山」。按本志體例，各種雄武軍都用全稱，此處但稱「飛山」，與例不合，據上文補。

〔二一〕沂　上一卷「神銳」條作「忻」，按沂州屬京東東路，忻州屬河東路，疑以作「忻」爲是。

〔二二〕八十一北京澶相衞　上一卷「振武」條「相」下有「懷」字；下文「眞定」和「瀛」之間，上一卷有「定」字。本條無此二字，則本軍指揮總數爲七十八，與總數八十一不符，疑此處應作「北京、澶、相、懷、衞」，和「眞定、定、瀛」。

〔二三〕永寧　按上文已有「永寧」，此處不應重出，上一卷「振武」條作「永靜」，疑「寧」爲「靜」字之訛。

〔二四〕威勝　「威」字原脫。按上一卷「神虎」條，本軍爲陝西、河東兵，而陝西、河東無名「勝」之州軍，上一卷同條作「威勝」，據補。

〔二五〕永興　原作「永寧」，上一卷「清邊弩手」條作「永興」。按永寧屬河北路，永興屬陝西路；上一卷說，本軍係選陝西、河東廂軍置，作「永興」是，據改。

〔二六〕河中清邊弩手　「河」下原衍「間」字。按河間府在河北路，同本軍駐地不合；上一卷「清邊弩手」條和上文都有「河中」，而無「河間」。「間」字衍，今刪。

〔二七〕福建路二　「路」下缺一地名，按上一卷「宣毅」條在「福建路」下作「建二」，本條下文又有「建二併爲一」句，「路」下當脫「建」字。

〔二八〕祁　原作「析」。按上文本軍駐地無「析」，而在河北路有「祁」；下文熙寧九年亦有「祁」。「析」當爲「祁」之誤，今改。

〔二九〕吉鄉軍　原作「吉陽軍」。按上文「清邊弩手」條：「八年，吉鄉併宣毅一來隸」，與此處之事相合；而吉陽軍屬廣南西路，和清邊弩手駐地相隔很遠；且本條上文亦無廣西路，則吉陽當非宣毅駐地甚明。本書卷八六地理志載，河東路的慈州曾於熙寧五年改置吉鄉軍，而上文河東路本軍駐地正有慈州，作「吉鄉軍」是，據改。

〔三〇〕皆効忠　按上文「効忠」條未提此事，也不載有本條所列駐地；據上文，「皆」下疑脫「改」字。

〔三一〕新立揀中平塞　「立」原作「平」。按上文說：「並揀中平塞、新立平塞，總四。」下文又有「白波新立平塞」、「咸平揀中平塞」，則本句當爲新立、揀中兩種平塞軍的合稱，「平」爲「立」字之訛，據改。

〔三二〕許全邵各一　「邵」下疑脫「容」字。按上一卷「雄略」條此處有「容」字，故各地駐軍和總數二十五指揮相符，而本條則缺其一。又據上一卷本軍於皇祐五年增置後，下文未說有所廢併，似應仍有「容」字。

〔二三〕部軍雄略一　按本軍係屬步軍軍額，「部」疑當作「步」。

〔二四〕凡馬軍十三指揮　「三」原作「二」。按上文說：「又詔增置馬軍十三指揮。」編年綱目卷一九、通考卷一五三兵考「二」都作「三」，據改。

〔二五〕分番出戍　「番」原作「蕃」。按長編卷三七九、溫國文正司馬公文集卷五二請罷將官箚子，本句都作「常分番往緣邊及諸路屯駐駐泊」，「蕃」當爲「番」之訛，據改。

〔二六〕監押　原脫，據上文和同上二書同卷同篇補。

〔二七〕大半皆習工藝　「習」字原脫，據通考卷一五三兵考補。

〔二八〕沔州　按朝野雜記乙集卷一七有沔州十軍分正副兩司事始條，「沔州」下當有一「軍」字。

〔二九〕福州荻蘆延祥砦　按淳熙三山志卷一八：「紹興初乃置荻蘆、延祥二寨水軍。」朝野雜記甲集卷一八平江許浦水軍條附「延祥江上水軍」。「砦」下當有「水軍」二字。又三山志說於乾道七年增置土兵人數，荻蘆至五百五十人，延祥至六百人，疑注文「凡五千人」句有誤。

宋史卷一百八十九

志第一百四十二

兵三 廂兵

廂兵者，諸州之鎭兵也。內總于侍衞司。一軍之額有分隸數州者，或一州之管兼屯數州者。在京諸司之額五，隸宣徽院，以分給畜牧繕修之役，而諸州則各以其事屬焉。建隆初，選諸州募兵之壯勇者部送京師，以備禁衞；餘留本城，雖無戍更〔一〕，然罕教閱，類多給役而已。

景德四年七月，如京使何士宗言：「詔條禁軍將士依等級並行伏事之理，違者按軍令。其廂軍將士等未立條制，欲望約前詔減一等定令。」帝曰：「禁衞兵士無他役使，且廩給優厚，欲其整肅，有所稟畏，故設此條禁。今以廂軍約此施行，恐難經久。況尊卑相犯，自有條律，不行可也。」十二月詔：廂軍及諸州本城犯，所部決杖訖，並移隸他軍，內情理重及緣邊隨軍者奏裁〔三〕。

大中祥符元年詔：應諸道州、府、軍、監廂軍及本城指揮，自都指揮使已下至長行，對本轄人員有犯階級者，並於禁軍斬罪上減等，從流三千里上定斷；副兵馬使已上，勘罪具案聞奏。廂軍軍頭已下至長行，準敕犯流免配役，並徒三年上定斷，只委逐處決訖，節級已上配別指揮長行上名，長行決訖，配別指揮下名收管。如本處別無軍分指揮，即配鄰近州、府、軍、監指揮收管。內別犯重者，自從重法。其諸司庫務人員兵士有犯上件罪名者，並依前項廂軍條例施行。

五年二月，上諭王欽若等：「累議老病之兵漸多，在京者令逐司將臣，外處者散差諸司使副揀選。可指揮所揀殿前、侍衞馬步軍司，令先逐指揮自指揮使已下，據見管兵士除堪任披帶征役外，其自來懦弱教閱不出之人及老病不堪者，籍其名，供申次第，管轄處各就逐營看詳定奪，然後繳申逐司，與差去使臣同共揀選。如有協情不當，卽具始末以聞。其廂軍都指揮使已下並當嚴斷，外處揀就糧兵士亦如之。」又宣示：「外處就糧諸軍，有捧日、天武第七第九第十軍軍額，皆是自上軍經兩三度揀選，以其久處禁衞，不欲便揀落，特設上件軍額處之。朕深慮揀兵臣僚、軍頭等同諸軍例，更揀配下軍，可偏諭之。老病者便放歸農。內契丹、渤海、日本外國人恐無依倚，特與收充本軍剩員。」又：「所差臣僚、軍頭赴外處揀人，緣軍分指揮及出入次第名目體例甚多，令樞密院具合行條約及施行事件，並畫一處分，令遵守施行。」

又：「殿前、侍衞馬步軍司自來揀下披帶禁軍，量減衣賜月糧充剩員，並無定額，散在逐營拘繫，不獲營生，官中所給歲計不少，可乘此時一例揀選。除老病者放歸農外，據諸軍見管人數額定充看營剩員，餘並撥併一處收管，以備令赴諸處祇應。既有定額，必不敢多揀充剩員。」又詔：「承前遣使取內外軍中疲老者，咸給奉糧之半，以隸剩員，今可簡閱使歸農；其合留者，亦據逐營給役數外別爲營舍處之。內契丹、渤海、日本外國人慮無所歸，且依舊。仍令所至州郡並與總管、鈐轄閱驗，連書其狀，具當去留之數，及引視軍校之不任職者，附驛以聞。其當從隸軍額〔三〕，卽就配近便州郡；緣邊者，徙于內地，並與本州官吏移牒轉送；當停者，給與公驗，止許居本州，歲申上其籍，並給次月奉糧、裝錢、日食遣之。所簡馬，但筋齒弱老病不療者，件析以聞。在京殿前、馬步軍司有所升退，卽時具名籍申樞密院，未當者悉改正之；當徙者給裝錢，在道只給糧；當停者給一月奉糧，勿復奏裁。外州軍士當降以次軍分者，所隸州郡聽自擇。」

又詔：「廣南東西、荆湖南北、福建、江南、京西等七路諸州、府、軍、監見管雜犯配隸軍人等，各差使臣一人，馳驛往逐處與轉運使、副或提點臣僚、知州、通判、鈐轄、都監、監押同共簡選，就近體量人數，分配側近州軍本城收管。如年老病患，委實久遠不任醫治充役者，放令逐便；其少壯者卽差人管押赴闕引見，當議選配近上軍分。如不願量移及赴闕者，亦聽其便，仍於軍分量與遷改。如地遠勾抽遲延，卽馳驛分路簡訖，具析以聞。」

七年，詔：「今後軍回在京者且未編排，依例引見。內有老疾合配外處軍分，及看倉庫、草場神衞剩員并看營剩員等，與限歇泊半月後，編排引見訖，限五日般移。其外處軍迴經過兵士並依此例，仍見訖與假十日〔四〕，令移隸所配處。」

八年，詔：「諸路轉運司、殿前侍衞馬步軍軍頭司、三司、宣徽院、開封府、諸司庫務等處人員兵士等，如內有殺賊得功及諸般使喚得力者，或因官中取索之時具詣實結罪供，申所轄去處，保明申奏。」

天禧元年，詔選天下廂兵遷隸禁軍者凡五千餘人。二年，詔：「河北禁軍疲老不任力役者，委本路提點刑獄臣僚簡閱，不得庇匿，以費廩糧。」

慶曆中，招收廣南巡海水軍、忠敢、澄海，雖曰廂軍，皆予旗鼓訓練，備戰守之役。皇祐中，河北水災，農民流入京東三十餘萬，安撫使富弼募以爲兵，拔其尤壯者得九指揮，教以武技。雖廩以廂兵，而得禁兵之用，且無驕橫難制之患。詔以其騎兵爲教閱騎射、威邊，步兵爲教閱壯武、威勇，分置青、萊、淄、徐、沂、密、淮陽七州軍，征役同禁軍。嘉祐四年，復詔西路於鄆、濮、齊、兗、濟、單州置步兵指揮六，如東路法。於是東南州軍多置教閱廂軍，皆以威勇、忠果、壯武爲號，訓肄如禁軍，免其他役。

治平初，遣使分募河北、河東、陝西〔五〕、京東民爲本城，遇就糧禁軍闕，即遣補。又陝西州軍悉置壯城如河北，以備繕完城壘之役。景祐中，本城四十三萬八千，逮治平三年，乃五十萬。

熙寧三年五月，詔以禁軍分五都法檢治廂軍〔六〕，其後禁軍或降剩員，或升補，皆以備廂軍諸路力役之事。間詔募增〔七〕，而京西轉運司所募多至三萬人；陝西減額五千人，亦至三萬人。河朔流民寓京東者如舊制招募教閱，以爲忠果二十指揮，分隸河北總管司，以除盜恤饑。而河北及熙河路修城壘，河北所募兵五千人，熙河亦三千人。修京城，以廢馬監兵置廣固、保忠凡十指揮，亦五千人。湖南猺人平，戎、瀘軍興，洮、河轉漕，又皆增置焉。

初，樞密院言：「京師役兵不足，歲取於諸路，而江、淮兵每饑凍，道斃相屬。略計歲所用外軍七千人，調發增給不貲。請募東西八作司壯役指揮，諸司雜犯罪人情輕者並配隸，以次補雜役、効役，代諸路役兵。」從之。又言：「諸路廂軍名額猥多，自騎射至牢城，其名凡二百二十三。其間因事募人，團立新額，或因工作、榷酤、水陸運送、通道、山險、橋梁、郵傳、馬牧、隄防、堰埭，若此者事在而名未可廢；及剩員直、牢城皆待有罪配隸之人；壯城專治城隍，不給他役，別爲一軍；而教閱廂軍亦自爲額。請以諸路不教閱廂軍併爲一額，餘從省廢，其移併如禁軍法。」奏可。遂下諸路轉運司，以州大小高下爲序，始自某州爲第一指揮，差次至某州，凡爲若干指揮，每指揮毋過五百人。河北曰崇勝，河東曰雄猛，陝西曰保寧，京東曰奉化，京西曰勁武，淮南曰寧淮，兩浙曰崇節，江南曰効勇，荆湖曰宣節，福建曰保節，廣南曰清化，川四路曰克寧。八年，詔忻、代州諸砦，以禁軍代廂軍。

元豐四年，詔升南京、青鄆鄧曹濟濮州有馬教閱廂軍，及眞定府北砦勁勇、環州下蕃落未排定指揮〔八〕，並爲禁軍。五年三月，以西邊用兵，詔諸處役兵並罷，令諸路轉運司剗刷京東西、河東北、淮南廂軍，又令都水監刷河淸及客軍共三萬餘人赴陝西團結。十月，詔諸路教閱廂軍，於下禁軍內增入指揮名額，排連並同禁軍。於是，馬步排定有馬廂軍二十二指揮，無馬廂軍二百二十九指揮。元豐之末，總天下廂兵馬步指揮凡八百四十，其爲兵凡二十二萬七千六百二十七人，而府界及諸司或因事募兵之額不與焉。

哲宗元祐二年，太師文彥博言：「廂軍舊隸樞密院，新制改隸兵部，且本兵之府豈可無籍？」樞密院亦以爲言。乃詔本部自今進册，以其副上樞密院。三年，詔京西路廂軍以三萬五百人爲額，又詔天下州郡以地理置壯城兵。

元符元年詔：罪人應配五百里以上，皆配陝西、河東充廂軍，諸路經略司各二千人止。三年，詔撥陝西保寧指揮入諸路廂軍額。

崇寧四年詔：諸路廂軍不以等樣選少壯人招刺。又詔：廂軍工匠除上京修造外，其餘路所差，並放還休息之。

政和五年，廣固四指揮各增五百人，以備京城之役。六年三月，增置通濟兵士二千人，備御前牽挽綱運。於是工役日興，增募益廣矣。

建炎而後，兵制靡定，逮乾道中，四川廂軍二萬九百七十二人，禁軍二萬七千九百九十二人。厥後廢置損益，隨時不同，摭其可考者以附見焉。

其將校則有馬步軍都指揮使，有副都指揮使、都虞候。馬軍有都指揮使、副都指揮使、都虞候，步軍亦如之。馬步軍諸指揮〔九〕有指揮使、副指揮使。每都有軍使、副兵馬使、都頭、副都頭、十將、將虞候、承局、押官。

凡諸州騎兵、步兵、禁廂兵之類，敍列如左。其不同者，分爲建隆以來及熙寧以後之制云。

建隆以來之制

馬軍

騎射京東路：南京、青、兗、鄆、曹、徐、齊、濰、淮陽。京西路：西京、河陽、陳、許、鄭、潁、滑。河北路：北京、眞定、滄、澶、相、恩、冀。陝西路：永興、鳳翔、河中、陝、華、秦、涇、鄜。荆湖路：江陵、潭、鄂、岳、復、安、澧、鼎、永、道、郴、邵、桂陽。內靑、淮陽係教閱。

威邊京東路：南京、青、鄆、密、徐、曹、齊、濮、濟、淄、登、萊、沂、單。內登係教閱。京西路：西京、河陽、鄭、蔡、襄、鄧、滑、潁、汝、郢、均、商、隨、唐、信陽、光化。河北路：瀛、相、邢、祁、濱、霸、磁、衞、趙、莫、洺、乾寧、廣信、通利。

河東路：澤、遼。陝西路：永興、鳳翔、河中、陝、同、華、耀〔一〇〕、乾、解、虢。淮南路：亳、廬、宿。荊湖路：安。

昭武南京、河中。

肅戎曹。

單勇單。

安武鄆、齊。

必敵鄆、陝、邠。

決勝濟。

飛勇棣。

靜山兗、宜。

勇敢沂、密。

定邊蔡、徐、涇。

馬鬬永興、宿。

安東登、萊。

突陣延、定、乾、懷。

廳直濟、滄、莫、保、雄、霸、定、華。

保勝鄜、光、嵐。

歸恩鳳翔。

定戎涇。

安塞環、慶。

游奕許。

衙隊曹、陳、德、永靜、永、隴、儀、峽。

武勝濠、泗。

保忠滑。

輕騎邢。

順節眞定。

敢勝深。

飛塞環。

保節陝西路州軍。

本城馬軍廣。

必勝慶。

定塞河北路州軍。

勁勇眞定北砦，係教閱。

下蕃落環外砦，係教閱。

武清晉。自此至招收，凡十一軍，兩朝志無。

飛騎麟。

振邊儀、環。

威遠府。

本城廳子定。

克戎并。

清邊陝西。

忠烈河北鄉兵，名神銳，後改是軍。舊制，老病者聽召人承補歸農，承補者逃亡，復取歸農者充役。大中祥符四年，詔罷之。

無敵保、安肅、廣信軍、北平砦。

忠銳廣、濟。

招收河北、河東。舊又有定州揀中廳子、易州靜塞、并州威聖，後並廢。

飛將北京、亳。自此至揀中騎射凡三軍，三朝志無。

保靜恩。

揀中騎射淮南路：揚、廬、壽、宿、泗、眞、蘄、黃、濠、光、海、和、通、舒、滁、漣水、高郵、無爲。江南路：宣、撫、江、吉、筠、袁、歙、太平、池、饒、信、廣德、南康、南安、建昌、臨江、興國。

步軍

武和開封。

武肅開封。

忠靖開封。

威勇定、眞定、冀、滄、雄、博、深、乾寧。內青、鄆、淄、密、濟、沂、淮陽係教閱。

左衙南京、鄆、晉、耀、陝、通、安。

平難亳、濠。

奉化京西路：鄭、許、陳、蔡、滑。河北路：懷。陝西路：鳳翔。淮南路：揚、亳、廬、壽、宿、濠、和、通、泰、楚、舒、眞、泗、滁、無爲、漣水、高郵。

衙隊曹、峽。

開武曹。

保寧濟、衞〔一〕。
開遠揚、楚、泗、齊、利、劍。
安平齊。
靜邊棣。
六奇楚。
開山西京、秦。
武勇濰、泰。
懷安秦。
建安解、府。
靜海徐、淮陽、通。
隨身宿、隨、唐、商。
崇順靑、階。
忠略淄。
安海登。
水軍京東路：登。　河東路：潞、保德。　陝西路：秦、陝。　淮南路：揚、廬、壽、光、海、和、泰、楚、舒、蘄、黃、泗、漣水、高郵、無爲。　江南路：江寧、洪、袁、虔、宣、歙、饒、信、太平、池、江、吉、筠、撫、興國、臨江、南康、廣德。　兩浙路州軍。　荊湖路：江陵、潭、衡、永、郴、邵、鄂、岳、復、安、澧、峽、鼎、歸、漢陽、桂陽。　福建路：福、建、漳、泉、邵武。　利州路：興。　廣南路：廣、英、賀、封、連、康、南雄、春、廉、白、邕。

寧濟萊。

永安西京〔二〕。

耀武河陽、鄧、楚、秦、寧、華。

橋道河陽、澶、壽、興。

開道鄭。

雄猛絳。

定安河中。

開河河中。

定遠鳳、復。

定邊涇。

壯武京東路：青、徐、曹、兗、密、濰、濟、濮、登、萊、淮陽。　京西路：西京、陳、蔡、鄧、襄、潁、汝、光化。　陝西路：鳳翔、河中、同、耀、華、乾、解、陝、保安〔三〕。　淮南路：揚、廬、壽、黃、光、海、和、通、蘄、楚、泰、舒、滁、高郵。　荊湖路：

潭、岳、安、復。內兗、徐、濟、萊係教閱。

寧淮潁、壽、澶。

忠順潁、壽。

崇寧汝、岳。

澄海韶、循、潮、連、梅、南雄、英、賀、封、端、南恩、春、惠、桂、容、邕、象、昭、龔、蒙、潯、貴、橫、融、化、雷、賓、南儀、白、欽、鬱林、廉、崖、儋。內廣、廉、高、藤、梧、英、賀、新、蒙、龔、儋係教閱。

保定均、信、陽。

懷寧定、眞定、祁、房。

宣節荆湖南路諸州軍監，北路：岳、澧、鼎、郢〔一四〕、荆門諸監。

步捷金。

崇化光。

廣平虢。

勇勝永興。

淸邊永興、延、渭、鄜、慶、涇、儀、隴、保安。

開廣原、同。

建武密、鄜、環。

永清丹。

昭勝坊。

永寧潞。

永霸澤。

弓箭秦、晉。

順安慈。

順霸隰。

崇勇威。

肅清乾。

懷節澶。

崇武懷。

廣霸北京。

興安北京。

制戎冀。

雄銳眞定。
定虜深。
招收汾、遼、澤、石、潞、慈、晉、絳、代、忻、威勝、平定。
定和定。
保順滄。
淸遠雄、霸。
克勝瀛、滄、黃、保定。
寧邊乾寧。
開邊平定。
靜勝揚。
寧順廬。
旌勇壽。
備邊泗。
三捷滁。
寧化舒。

保勝光。

懷仁蘄、黃。

武雄江陵。

步驛襄、江陵、荊門、循、賀、封、梅、康、南雄、潮、韶。

克寧成都路：成都、蜀、漢、雅、邛、嘉、綿、陵、彭、眉。梓州路：戎、榮、普、資、梓、合、瀘〔一五〕、遂、渠、昌、果、懷安、廣安。利州路：興元、洋、利、龍、劍、蓬、壁、文、興、安德、三泉。夔、渝、涪、萬、達、開、施、忠、雲安、大寧〔一六〕。

威棹荊湖路：江陵、歸、峽。成都路：成都、嘉、眉、簡。梓州路諸州軍。利州路：劍、安德。夔州路：渝、涪、萬、雲安。

懷遠興元。

保節河北路：定、眞定、滄、瀛、相、邢、洺、冀、祁、德、濱、保、雄、磁、博、趙、深、懷、衞、順安、通利、信安、保定、安肅、永定、永靜〔一七〕。河東路：太原、晉、絳、汾、遼、澤、石、潞、慈、麟、府、憲、代、忻、隰、威勝、岢嵐、火山、保德、平定。陝西路：永興、秦、邠、寧、鄜、延、環、慶、涇、儀、丹、隴、坊、鎭戎、德順。淮南路：舒。江南路：洪、虔、江、池、饒、信、太平、吉、筠、袁、撫、興國。福建路：汀、南劍。荊湖路：鄂。利州路：龍、利。

懷信利。

廣塞興元、三泉。

順化興。

効勇江寧、廣德。

裹運江寧。

貢運饒。

水運潭、泰、臨江。

廣濟京城上下鏁、陳、壽、揚、宿、高郵、漣水、通利。

崇節兩浙路：杭、越、蘇、湖、溫、台、衢、婺、處、睦、秀。福建路：福、漳、泉、興化。陝西路：成。

寧塞太原、汾、遼、石、代、忻。

牢城河北、河東、陝西、淮南、京東西、江南、荊湖、廣南、益梓利夔路諸軍州，惟汝、處〔一八〕、昭、保安不置。

羅城成都。

水軍奉化京畿諸縣、泰、泗。

船坊洛、潭、鼎。

渡船都潭。

橋閣龍、劍、文、三泉。

採斫處、衢、溫。

梢工都洪、楚、眞。

防河成都。

捍江都杭。

船務杭、婺。

巡海水軍廣。

雜作都壽。

本城曹、秀、常、火山〔一九〕、南安、梁山、梅。

勁勇邢、太原、嵐、汾、遼、澤、潞、晉、憲、代、忻、隰、岢嵐、平定、寧化、威勝。內眞定北砦係教閱。

裝發眞、泗、楚、通利。

寧海瓊。

西懷化許。

新招靜江邕。

南懷化許。

防城泗、均。

水軍橋道泗。

剩員直亳城〔三〇〕。

清化桂、容、邕、象、昭、梧、藤、龔、蒙、貴、柳、宜、賓、融、化、竇、高、南儀、白、欽、鬱林、廉、瓊、儋。

江橋院明。

肅寧城寧〔三一〕。

崇勝眞定。

碇手明。

揀中宣節潭、澶、鼎。

採造西京、秦、明。

堰軍長安、京口、昌城〔三二〕、杉青。

裝卸南京、亳。

中軍將潭、汀。

宣武大名、眞定、懷、衞。

順節磁。此下至新立本城凡三十八軍，天聖後無。

七擒單。

安化濱。

武順懷。

平海登。

英武鄜。

長劍滑。

長寧衞。

德勝相。

保安博。

興化洺。

定勇深。

安勝通利。

霜水夔。

興造衡、潭。

水路都江陵。

山場斫軍澠、婺、睦。

本城廣軍廣。

河東定、眞。
本城剩員諸州並有。
蕃落慶。
都寶水軍容。
新水軍全。
武定陝西、晉、絳、慈、隰。
定塞河北。
舊水軍荆湖、江南、兩浙、淮南。
剩員澧、復。
下浮橋西京。
東南道巡海水軍、教閱澄海。
棹手常。
慶成慶成軍。
梅山洞剩員丹。
捉生延。

河清河陰、汴口。

宣勇河北、河東。本鄉兵，舊名忠勇。

保毅秦鄉軍。

新立本城曹。

奉先會聖宮、永熙陵。此下至酒務雜役凡六十軍，天聖以後置。

六軍京師。

御營喝探京師。

揀中窯務京師。

看船廣德京師。

揀中剩員雍丘、陳留、襄邑、咸平。

右衙南京、徐、鄆、曹、廣濟、晉、陝。

靜海徐、淮陽、通。

歸定河陽。

驍勇邠。

感順慶。

拓邊環。

宣猛威勝。

靜江京西路：陳〔三〕、蔡、郢。　江南路：南安。　荆湖路：江陵、潭、岳、鼎、衡、永、郴、全。　廣南路：廣、韶、循、潮、連、梅、南雄、英、賀、封、端、新、康、春、惠、桂、容、邕、象、昭、梧、藤、龔、蒙、潯、貴、柳、融、宜、賓、橫、化、竇、高、雷、欽、鬱林、廉、瓊。　利州路：利。

三略陳、鼎。

靜虜深。

克勝瀛、滄、黃、保定〔四〕。

武捷鳳翔、秦、鳳、鄜、延、涇、原、儀、滑、邠、寧、階、坊、丹、晉、絳、隰、慈。

車軍眞、楚、常。

會通橋道西京。

司牧永興、秦、階、原、德順。

鹽車泰、眞。

新招梢工眞、泗。

拔頭水軍泗。

造船軍匠吉。

樓店務杭。

造船場廣。

駕綱水軍廣。

建安解。

省作院邠。

雄勇火山。

屯田保。

清務杭、蘇、婺、溫、潭。

靜淮蔡。

捍海通、泰。

船坊鐵作潭。

揀中曹。

壯城京東路：青、密、濰、登、沂、濮、萊、淄。京西路：西京、蔡、汝。河北路：諸州軍。河東路：太原、遼、澤、晉、絳、潞、汾、石、慈、麟、府、憲、代、忻、隰、嵐、寧化、保德、火山、威勝、岢嵐。陝西路：永興、河中、涇、原、儀、渭、鄜、慶、陝、耀、坊、華、丹、同、隰〔三五〕、解、鎭戎、德順。　江南路：洪。

彊勇瀛、滄、懷、冀、晉、絳、潞、汾、遼、石、慈、代、忻、澤。

馬監北京大名、相安陽、洛廣平、衞淇水、鄆東平、許單鎭、西京洛陽〔三六〕、同沙苑、鄭原武。

城面廣、端、惠、循、英、春、賀、梅、連、康、新、封、白、潮。

戰棹欽、廉。

遞角場留〔三七〕。

安遠桂。

作院丹、儀。

色役環。

雜攢代。

作院工匠太原。

咸平橋道〔三八〕永興。

運錫循。

水磨鄭。

東西八作西京。

窯務西京。

鼓角將潤、荆門。

錢監江。

鐵木匠營池。

酒務營池。

竹匠營池。

酒務雜役江寧。

諸司庫務、河清〔二九〕、馬遞鋪等役卒：

東西八作司、廣備、雜役、効役、壯役。牛羊司〔三〇〕、御輦院、軍器庫、後苑造作所、後苑工匠、文思院、內弓箭庫、南作坊、北作坊、弓弩院、法酒庫、西染院、綾錦院、裁造院、修內司、翰林司、儀鸞司、事材場、四園苑、玉津園、養象、廣德、金明池雜役、鞍轡庫、醴泉觀、萬壽觀、集禧觀、禮賓院、駝坊、內酒坊，右宣徽院轉補，分隸三司、提舉司。

河清、街道司，隸都水監。

後苑御弓箭庫、作坊物料庫、後苑東門藥庫、內茶紙庫、御廚、御膳廚、供庖務、內物庫、外物料庫、油庫、醋庫、都監院物料庫、西水磨務〔三一〕、東水磨務、大通門水磨、磁器庫、都茶庫、內衣庫、朝服法物庫、祗候庫、榷貨務、內藏庫、左藏庫、布庫、奉宸庫、尙衣庫、內香藥庫、退材場、東西窯務、竹木務、左右廂店宅務〔三〕、修造。諸倉、修造。下卸司、東西裝卸。排岸司、廣濟。左右街司、左右金吾仗司、西太一宮、鑄瀉務、開封府步驛、致遠務、車營務、諸門幷府界馬遞鋪，分隸三司、提舉司、開封府。

熙寧以後之制

河北路　騎軍之額，自騎射而下十有二；步軍之額，自奉化而下二十有六，並改號曰崇勝。凡一百一十二指揮，二萬九千二百七十人。

橋道澶。

壯城、牢城諸州。

馬監北京大名、相州安陽、洺州廣平、衞州淇水〔三〕。

騎射北京、眞定、滄、澶、相、恩、冀、棣。

威邊瀛、相、邢、祁、濱、磁、衞、趙、莫、洺、乾寧、廣信、通利。

飛將北京。

飛勇棣。

突陣懷。

廳直瀛、滄、雄、霸、莫、保、定。

衙隊德、永靜。

保靜恩。

輕騎邢。

順節眞定。

敢勝深。

定塞定、眞定、冀、滄、雄、博、深、乾寧。

奉化懷。熙寧七年，京東、河北置揀中廂軍，懷、衞、濮各二，德、博、棣、齊各一。

靜邊棣。

耀武定。

懷節澶。

廣霸北京。

制戎冀。

雄銳眞定。

定虜深。

靜虜趙。

定和定。

保順滄。

淸遠雄、霸。

克勝瀛、滄、莫、保定。

保節定、眞定、滄、瀛、相、邢、洺、冀、祁、德、濱、保、雄、磁、博、趙、深、懷、衞、順安、通利、信安、保定、安肅、永定、永靜。

懷寧定、眞定、祁。

勁勇邢。元豐四年，升爲眞定府北砦勁勇〔三〕，爲禁軍。

宣武大名、眞定、懷、衞。元祐二年，在京師置第十三至第十五三指揮。

威勇滄。

崇勝眞定。熙寧七年，京東、河北置揀中廂軍，懷、濮各一，德、博、棣、齊各二。

肅寧肅城。

廣濟通利。熙寧八年，詔以六分爲額，罷所差客軍。

屯田保。

寧邊乾寧。

彊壯邢。

宣勇瀛、滄、懷、冀。

廣威元符元年，詔河北路大名府等二十二州軍創置馬步軍五十六指揮，馬軍以廣威爲名。

河東路　騎軍之額，自威邊而下二；步軍之額，自左衙而下十有八，並改號曰雄猛。凡五十二指揮，一萬二千四百一十人。

本城火山。

牢城諸州。

壯城太原、遼、澤、晉、絳、潞、汾、石、慈、隰、府、憲、代、忻、隰、嵐、寧化、保德、火山、威勝、岢嵐。

雜攢代。

作院工匠太原。

威邊澤、遼。

保勝嵐。

左衙、右衙晉。

水軍潞、保德。
雄猛絳。
永寧潞。
永霸澤。
弓箭晉。
順安慈。
順霸隰。
宣猛威勝。
招收汾、遼、澤、石、潞、慈、晉、絳、代、忻、威勝、平定。
開邊平定。
保節太原、晉、絳、汾、遼、澤、石、潞、慈、麟、府、憲、代、忻、隰、威勝、岢嵐、火山、保德、平定。
勁勇太原、嵐、汾、遼、澤、潞、晉、憲、代、忻、隰、岢嵐、平定、寧化、威勝。
武捷晉、絳、隰、慈。
寧塞太原、汾、遼、石、代、忻。
廣濟壽陽。熙寧八年，以六分爲額，減諸路所差防河客兵。

宣勇晉、絳、潞、汾、遼、石、慈、代、忻、澤、威勝、平定。

陝西路　騎軍之額，自騎射而下有六；步軍之額，自左衙而下二十有九，並改號曰保寧。

凡一百一十一指揮，二萬五百六十三人。

開山秦。

關河河中。

司牧永興、秦、階、原、德順。

省作院邠。

壯城永興、河中、涇、原、儀、渭、鄜、慶、陝、耀、坊、華、丹、同、隴、乾、解、鎮戎、德順。

牢城諸州。

馬監同州沙苑。

作院丹、儀。

色役環。

咸陽橋道永興。

騎射永興、鳳翔、河中、陝、華、秦、涇、鄜。

安邊永興、鳳翔、河中、同、華、耀、乾、解、虢。

昭武河中。
必敵陝、邠。
定邊涇。
馬鬬永興。
突陣延、同、乾。
廳直華。
保勝鄜。
歸恩鳳翔。
定戎涇。
安塞環、慶。
衙隊隴、儀。
飛砦環。
必勝慶。
保節永興、秦、邠、寧、鄜、延、環、慶、涇、原、儀、渭、丹、隴、坊、鎭戎、德順。
左衙耀、陝。

右衙陝。

保寧渭。熙寧七年，詔係役廂禁軍自今權免役，專肄習武藝，置鳳翔府簡中保寧六指揮三千人，專備熙河修城砦。元豐五年，蘭州置二。紹興三年〔三五〕，熙河增置四，又於涇原創置十。元符三年十月，詔撥陝西路保寧指揮入廂軍額，從知渭州章楶請也。

隨身商。

崇順階。

水軍秦、陝。熙寧五年鎮洮置一，崇寧三年鄯州及龍支城各置二。

耀武寧、華。

定安河中。

奉化鳳翔。

廣平虢。

勇勝永興。

清遠永興、延、渭、鄜、慶、涇、儀、保安。

開廣原、同。

建武鄜、環。

昭勝坊。

弓箭秦。

崇勇成。

肅清乾。

寧遠鳳。

壯武鳳翔、河中、同、耀、華、乾、解、陝、保安。

驍勇邠。

感順慶。

拓邊環。

崇節成。

武捷鳳翔、秦、鳳、鄜、延、涇、原、儀、渭、邠、寧、階、坊、丹。

威勇河中。

採造秦。元豐四年，通遠軍增置一。

建安解。

京東路　騎軍之額，自騎射而下有三；步軍之額，自左衙而下十有七〔三六〕，並改號曰奉化。凡五十四指揮，一萬四千七百五十人。

壯城青、密、濰、登、沂、濮、萊、淄。

馬監鄆州東平。

裝卸南京。

牢城諸州。

騎射南京、青、兗、鄆、曹、徐、齊、濰。

威邊南京、青、鄆、密、徐、曹、齊、濮、濟、淄、萊、沂、單。

昭武南京。

肅戎曹。

單勇單。

安武鄆、齊。

必敵鄆。

決勝濟。

靜山兗。

勇敢密、沂。元符二年，環慶增置二百人。

定邊徐。

安東登、萊。

衙隊曹。

左衙南京、鄆。

右衙南京、徐、鄆、曹、廣濟。

開武、懷化曹。

保寧、開遠濟。

安平齊。

武勇濰。

靜海徐、濰揚〔三七〕。

崇順青。

忠略淄。

安海、水軍登。

寧濟萊。

建武密。

壯武青、徐、曹、兗、密、濰、齊、濮、登、萊、淮陽〔三〕。

崇武濮。崇寧三年，詔於京西東、河東北、開封府界創置馬步軍五萬人，步軍以崇武爲名。大觀四年，詔四輔州闕額，於崇武等軍內撥填。

本城曹。

京西路　騎軍之額，自騎射而下六；步軍之額，自奉化而下二十有五，並改號曰勁武。凡四十五指揮，一萬五千一百五十人。

橋道河陽。

開道鄭。

步驛襄。

會通橋道西京。

採造西京。

牢城諸州。

壯城西京、蔡、汝。

馬監許州單鎭、鄭州原武、西京洛陽。

三水磨鄭。

東西八作西京。

騎射西京、河陽、陳、許、鄭、潁、滑。

威邊西京、河陽、鄭、蔡、襄、鄧、滑、潁、汝、郢、均、商、隨、唐、信陽、光化。

定邊蔡。

游奕許。

衙隊陳。

保忠滑。

奉化鄭、許、陳、蔡、滑、潁、

懷化許、潁。

開山西京。

隨身隨、唐。

永安西京。

耀武河陽、鄧。

歸定河陽。

壯武西京、陳、蔡、鄧、襄、潁、汝、光化。

靜江陳、蔡、郢。

三略陳。

寧淮、忠順潁。

崇寧汝。

澄江襄。

保定均、信陽。

懷寧房。

宣節郢。

崇化光化。

長劍滑。

西懷化許。

防城均。

威勇西〔三九〕。

廣濟陳。

靜淮蔡。

淮南路　騎軍之額，自威邊而下六；步軍之額，自左衙而下二十有七，並改號曰寧淮。

凡一百二指揮，四萬一千二百八十五人。

橋道壽。

水運泰。

梢工都楚、眞。

雜作都壽。

裝發眞、泗、楚、通、和。

水軍橋道泗。

車軍眞、楚。

鹽車泰、眞。

新招梢工眞、泗。

拔頭水軍泗。

牢城諸州。

裝卸亳。

剩員直亳永城。

威邊亳、廬、宿。

飛將亳。

馬鬭宿。

保勝光。

武勝泗、濠。

揀中騎射揚、廬、壽、亳、宿、泗、眞、蘄、黃、濠、光、海、和、通、舒、滁、漣水、高郵、無爲。

左衙通。

平難亳、濠。

奉化揚、亳、廬、壽、宿、濠、和、通、泰、楚、舒、眞、泗、滁、無爲、漣水、高郵。

開遠揚、楚、泗。

六奇楚。

武勇泰〔四〇〕。

懷安泰。

靜海通。

隨身宿。

水軍揚、廬、壽、光、海、和、泰、楚、舒、眞、蘄、黃、泗、漣水、高郵、無爲。

耀武泰。

壯武揚、廬、壽、黃、光、海、和、通、蘄、楚、泰、舒、滁、高郵。

寧淮、忠順、旌勇壽。

靜勝揚。

寧順廬。

備邊泗。

三捷滁。

寧化舒。

保勝光。

懷仁蘄、黃。

保節舒。

廣濟宿、海、泰、通、泗、高郵、漣水。熙寧八年以六分爲額。

水軍奉化泰、泗。

捍海通、泰。

兩浙路　步軍之額，自捍江而下三，並改號曰崇節。凡五十一指揮，一萬九千人。

水軍諸州軍。

船坊明。

船務杭、婺。

車軍常。

採造明。

樓店務杭。

江橋院明。

堰軍長安〔四二〕、京口、呂城、杉青。

清務杭、蘇、婺、溫。

捍江杭三。

本城秀、常。

鼓角將潤。

江南路　騎軍之額，揀中騎射一；步軍之額，自効勇而下五，並改號曰効勇。凡五十三指揮，一萬六千六百五十人。

水軍江寧、洪、虔、宣、歙、饒、信、太平、池、江、吉、筠、撫、興國、臨江、南康、廣德。
裹運江寧。
貢運饒。
水運臨江。
梢工都洪(四三)。
造船軍匠吉。
步驛江寧。
牢城諸州軍。
壯城洪。
下卸錢監江。
鐵木匠營、酒務營、竹匠營池。
酒務雜役江寧。
揀中騎射宣、撫、江、吉、筠、袁、歙、太平、池、饒、信、廣德、南康、南安、建昌、臨江、興國。
効勇江寧、廣德。
本城南安。

靜江南安。崇寧二年七月召募。

武威江寧。

保節洪、虔、江、池、饒、信、太平、吉、筠、袁、撫、興國。

荆湖路　騎軍之額，自騎射而下三；步軍之額，自左衙而下二十，並改號曰宣節。凡四十四指揮，一萬一千三百人。

步驛荆門。

水運〔四三〕潭。

船坊潭、鼎。

渡船都潭。

淸務、船坊鐵作潭。

騎射江陵、潭、鄂、岳、安、澧、復、鼎、永、道、郴、邵、桂陽。

威邊安。

衙隊峽。

左衙安。

水軍江陵、潭、衡、永、郴、邵、鄂、岳、復、安、澧、峽、鼎、歸、漢陽、桂陽。

寧遠復。

壯城潭、岳、安、復。

靜江江陵、潭、岳、鼎、衡、永、郴、全。

三略鼎。

寧淮澧。

崇寧岳。

澄江辰。

宣節南路諸州軍監。北路：岳、澧、鼎、荆門諸監。熙寧七年九月，沅置一。大觀元年，靖置一。

步捷全。

威棹江陵、歸、峽。

保節鄂。

崇節潭。

威勇安。

牢城諸州軍。

中軍將潭、汀〔四〕。

揀中澧。

揀中宣節潭、澧、鼎。

鼓角將荆門。

福建路　步軍之額，自水軍而下三，並改號曰保節。凡三十三指揮，一萬一千一百五十人。

水軍福、建、漳、泉、邵武。

保節建、汀、南劍。

崇節福、泉、興化。

廣南路　騎軍之額，自靜山而下二；步軍之額，自水軍而下十，並改號曰淸化。凡八十二指揮，一萬二千七百人。

步驛循、賀、封、梅、康、南雄、潮、韶。

造船場廣。

駕綱水軍廣。

城面廣、端、惠、循、英、春、賀、梅、連、康、新、封、白、潮。

遞角場雷。

運鍚循。
牢城諸州。
靜山宜。
本城馬軍廣。
水軍廣、惠、英、賀、封、連、康、南雄、春、廉、白、邕。
靜江廣、韶、循、潮、連、梅、南雄、英、賀、封、端、新、康、春、惠、桂、容、邕、象、昭、梧、藤、龔、蒙、潯、貴、柳、宜、賓、橫、融、化、竇、高、雷、欽、鬱林、廉、瓊。
澄海韶、循、潮、連、梅、南雄、英、賀、封、端、南恩、春、惠、桂、容、邕、象、昭、龔、蒙、潯、貴、柳、賓、橫、融、化、雷、竇、南儀、白、欽、鬱林、廉、崖、儋。並於配隸中選少壯者。

巡海水軍廣。
本城梅。
寧海瓊。崇寧四年，廣南西路經略司請置刀牌手三千人，於桂州置營，候教閱習熟，分戍諸州。
新招靜江邕。
淸化桂、容、邕、象、昭、梧、藤、蒙、龔、潯、貴、柳、宜、賓、橫、融、化、竇、高、南儀、雷、白、欽、鬱林、廉、瓊、儋（四五）。
戰棹欽、廉。

安遠桂。崇寧元年十月，詔川、陝招揀足額。

四川路　步軍之額，自開遠而下十，並改號曰克寧。凡一百一十一指揮，二萬三千四百人。自河北路至此，凡改號、指揮人數，並因元豐以前，其後增改，各隨軍額。

橋道興。

橋閣龍、劍、文、三泉。

防河、羅城成都。

牢城益、梓、利、夔。

開遠利、劍。

水軍興。

靜江利。

懷遠興元。

廣塞興元、三泉。

克寧成都、蜀、漢、雅、邛、嘉、綿、陵、彭、眉、簡、戎、榮、普、資、梓、合、瀘、遂、渠、昌、果、懷安、廣安、興元、洋、利、龍、劍、蓬、壁、文、興、安德、三泉、夔、渝、涪、萬、達、開、施、忠、雲安(四六)、大寧。

威棹成都、嘉、眉、簡。梓州路諸州軍，劍、安德、夔、渝、涪、萬、雲安。

懷信利。

順化興。

本城梁山。

武寧元豐七年，詔成都府減廢武寧第八指揮，置馬軍騎射一。

侍衞步軍司　宣効、揀中宣効、揀中六軍、武嚴、左右龍武軍、左右羽林軍、左右神武軍、左右武肅、武和、忠靖、神衞剩員。軍頭司備軍。諸司庫務、河淸、馬遞鋪等役卒。

朝服法物庫、籍田司，隸太常寺。

東西作坊、作坊物料庫、東西廣備、皮角庫，隸軍器監。

車營、致遠務、養象所、左右騏驥院、左右天駟監、牧養上下監、鞍轡庫、駞坊、皮剝所、御輦院，隸太僕寺。

文思院、綾錦院、西染裁造院，隸少府監。

軍器衣甲庫、儀鸞司、左右金吾仗司、左右街司、六軍儀仗司、軍器什物庫，隸衞尉寺。

河淸、街道司，隸都水監。

修內司、東西八作司、竹木務、東西退材場、事材場、東西窰務、作坊物料庫，隸將作監（四七）。

御廚、翰林司、牛羊司、法酒庫、內酒坊、外物料庫、醋庫、油庫，隸光祿寺。

左藏庫、布庫、香藥庫、都茶庫、左右廂店宅務、修造。榷貨務、祗候庫，隸太府寺。

修倉司、四園苑、都水磨、排岸司、裝卸、金明池雜役，隸司農寺。

醴泉觀、萬壽觀、集禧觀、西太一宮、禮賓院，隸鴻臚寺。

廣固，隸修治京城所。

孳生監，隸樞密院。

府界諸門馬遞鋪，隸尚書駕部。

已上並元豐以前所隸，後皆因之。

建炎後禁廂兵〔四八〕

威果安吉、嘉興、杭、平江、常、嚴、鎮江、紹興、慶元、溫、台、婺、處、隆興、江、寧國、南康、潭、永、衢、道、邵武、建寧、南劍、全、福、興化、漳、汀。

全捷中興立。杭、婺、安吉、平江、泉、鎮江、紹興、慶元、寧國、寶慶、福。

雄節杭、安吉、嘉興、平江、常、嚴、溫、鎮江、紹興、江陰、慶元、台、婺、處。

武衞鎮江、紹興、溫、婺、潭。
威捷杭、溫、鎮江、紹興、婺、潭。
雄捷中興立。紹興。
威勝中興立。寶慶、慶元。
翼虎中興立。隆興。
雄略中興立。吉、潭、永、衢、隆興、全、福、廣、容。
忠節中興立。隆興、撫、臨江、寧國、江、建昌、興國、南康。
武雄撫、隆興、江、建昌、吉、興國、南安、袁、臨江、寧國、南康。
靖安中興立。全、寶慶。
靜江桂陽、郴、衡、道、全。
廣節中興立。邵武、福、漳、建寧、南劍、興化、汀。
廣二、廣三指揮中興立。泉。
親効中興立。廣。
澄海廣、循、連、南雄、封、英德、南恩、惠、潮、藤、容、賀、德、慶、昭、高、欽、雷、

建炎後廂兵

武嚴、宣効、壯役中興立。

備軍中興立。

神衞剩員隸侍衞步軍，中興隸廂軍。

廣豐倉剩員中興立。

廣効中興有揀中廣効，在廣効立(四九)。

御營喝探中興，在京師。

武和開封一指揮。中興，左右二指揮，在京。

武肅中興，在京師。

忠靖一指揮，開封，屬步軍。

奉化屬步軍，三指揮。中興有揀中奉化，在奉化上。

勁武在京。

崇勝一指揮。中興有揀中崇勝，在崇勝上。

雄猛一指揮。

保寧中興有揀中保寧，在保寧上。

寧淮中興，在淮南。
捍江杭。
宣節中興，在寶慶、潭、永、武岡、郴、衡、全、桂陽、靖、道、沅。
効勇中興，江東、西。
保節中興，五指揮。
克寧中興，四川。
寧江中興立。一指揮。
清化中興，廣西。
牢城諸州，以待有罪配隸人。
崇節中興，杭、安吉、平江、江陰、常、嚴、鎮江、溫、慶元、台、婺、江東西。
開江中興，平江。
橫江中興，平江、杭。
寧節中興，台、福、寧國、建寧、靖。
清務中興，婺。
山場中興，婺。

効勇中興，隆興、撫、贛、建昌、興國、南安、袁、吉、臨江、寧國、南康。
靖安中興立。潭、永、常德。
靜江二指揮。
威果見禁軍。
雄略中興，四指揮。
澄海中興，武岡、全。
豐國監中興立。建寧。
駕綱中興立。
長運中興立。
修江中興，杭。
都作院中興，杭。
小作院中興立。杭。
淸湖閘中興立。杭。
開湖司中興立。杭。
北城堰中興立。杭。

西河廣濟中興立。杭。

樓店務中興，杭。

長安堰閘中興立。杭。

秤斗務中興立。杭。

壯城帥府望郡立之。

鼓角匠、船務中興，杭。

校勘記

〔一〕雖無戍更　按通考卷一五二兵考引兩朝國史志作「雖或戍更」，玉海卷一三九引宋祁兵錄序作「間亦戍更」。

〔二〕內情理重及緣邊隨軍者奏裁　「者」字原脫，據長編卷六七補。

〔三〕其當從隸軍額　「從」，長編卷七七作「徙」，於義較長。

〔四〕仍見訖與假十日　按宋會要職官三六之八〇載此事說：「其經過軍士編排引見後，令歸本營，限十日搬移。」疑志文「仍」下脫「引」字。

〔五〕陝西　「陝」字原脫。按宋無「河西路」，據通考卷一五六兵考補。

〔六〕五都法　「都」原作「部」。太平治蹟統類卷三〇、羣書考索後集卷四〇都作「都」；宋會要刑法七之一六載此事作：「依禁軍例分五都管轄。」本書卷一九五兵志：「今之軍制百人爲都，五都爲營，五營爲軍，十軍爲廂。」據改。

〔七〕間詔募增　太平治蹟統類卷三〇作「廣、浙間詔增募」，及參考羣書考索後集卷四〇所載，疑「間」字上有「廣浙」爲是。

〔八〕環州下蕃落　「下」字原置「環州」上。按長編卷三一五、通考卷一五六兵考，「下」字都在「番落」上；下文建隆以來之制「下蕃落」條並有「環外砦，係教閱」語，當卽此軍，據改。

〔九〕馬步軍諸指揮　句下原衍「使」字，據通考卷一五六兵考刪。

〔一〇〕耀　原作「輝」。按宋代陝西路無名「輝」的州縣；本卷下文作「耀」，今改。

〔一一〕濟衞　按下文熙寧以後之制，本軍係京東、陝西兩路廂兵，分别駐濟和渭。此處「衞」屬河北路，疑當作「渭」。

〔一二〕西京　原作「西安」。按本書卷八七地理志，西安州建於元符二年，此時不當有「西安」；卷一八七兵志大中祥符四年宣示，永安指揮軍額隸西京本城廂軍；下文熙寧以後之制，京西路本軍駐地作「西京」。據改。

〔一三〕保安　原作「西安」。按宋代此時無西安，陝西路的長安也不稱西安，下文熙寧以後之制陝西路本軍駐地作「保安」，據改。

〔一四〕鄀　按本書卷八五地理志，鄀州屬京西路，荊湖北路不當有「鄀」；下文熙寧以後之制本軍駐地荊湖路無「鄀」，而京西路則有「鄀」。疑此處志文有誤。

〔一五〕瀘　原作「廬」。按「廬」是淮南路州名，據本書卷八九地理志，梓州路的瀘州作「瀘」；下文熙寧以後之制四川路本軍駐地作「瀘」，今改。

〔一六〕雲安大寧　「雲安」上原衍「雲」字，「大寧」原作「大雲」。按本書卷八九地理志，夔州路無名「雲」和「大雲」的州軍，只有雲安軍、大寧監；下文熙寧以後之制四川路本軍駐地作「大寧」，「雲」字亦不重出，今改。

〔一七〕安肅永定永靜　「安」字原脫，「永靜」原作「靜邊」。按本書卷八六地理志，河北路無名「肅」和「靜邊」的州軍，只有安肅軍和永靜軍；下文熙寧以後之制河北路本軍駐地作「安肅」、「永靜」，今改。

〔一八〕處　按處州屬兩浙路，而本條列舉置有本軍的路名無「兩浙」，此處不當有「處」字；又同上路名中有江南，本書卷八八地理志，江南西路有虔州。疑「處」爲「虔」字之訛。

〔一九〕火山　「火」字原脫。按上文曾說，治平初，募河東民爲本城廂軍，則本條中當有河東路地名。又下文熙寧以來之制所載各路本城軍，其他各路都和本條相同，而在河東路有一「火山」，即本書卷八六地理志所載的河東路火山軍。此處「山」上當脫「火」字，因補。

〔一〇〕亳城　按宋無「亳城」，下文熙寧以後之制淮南路本軍駐地作「亳、永城」，此處「亳」下當脫一「永」字。

〔一一〕肅寧城寧　按「肅寧城」軍額前文未見；下文熙寧以後之制河北路有肅寧軍，駐肅城，而本志別無肅寧軍，疑此處有誤。

〔一二〕昌城　按宋無此州軍；下文熙寧以後之制所載兩浙路堰軍作「呂城」，其他三堰與本條同。呂城是潤州堰名，見宋會要食貨一六之八。至順鎮江志卷二：「呂城堰在丹陽縣東南五十四里。」盧憲嘉定鎮江志卷一〇載，南宋鎮江閘兵原額一百三十人。「呂」、「昌」形近，疑「昌」是「呂」字之訛。

〔一三〕陳　原作「東」。按宋無此州縣；本書卷八五地理志，京西路有陳州，下文熙寧以後之制京西路本軍駐地條有「陳」，據改。

〔一四〕克勝瀛滄黃保定　已見前文，當爲重出。

〔一五〕隰　按上文已有「隰」，此處不當重出，亦不當繫於陝西路；下文熙寧以後之制陝西路本軍駐地有「隴」，疑此處作「隰」誤。

〔一六〕西京洛陽　「西」下原衍「上」字。按本書卷一九八兵志載有河南洛陽馬監，河南府爲宋之西京，下文熙寧以後之制京西路「馬監」所在地作「西京洛陽」，據刪。

〔二七〕留　按宋無此州，下文熙寧以後之制廣南遞角場本軍駐地作「雷」，疑此處作「留」誤。

〔二八〕咸平橋道　按咸平爲開封府縣名，見本書卷八五地理志，不當屬永興軍；其屬永興軍者乃咸陽縣，下文熙寧以後之制陝西路有「咸陽橋道」，駐地爲永興，疑「平」是「陽」字之訛。

〔二九〕河淸　二字原倒，據上下文及宋會要職官五之四二改。

〔三〇〕牛羊司　原作「牛馬司」，據本書卷一六四職官志、宋會要職官二一之一〇改。

〔三一〕西水磨務　「務」原作「庫」。按本書卷一六五職官志作「水磨務」，事物紀原卷七水磨務條：「水磨東、西二務，開寶三年置。」據改。

〔三二〕左右廂店宅務　「廂」原作「廟」，下文熙寧以後之制和宋會要食貨五五之二都作「廂」，據改。

〔三三〕北京大名相州安陽洺州廣平衞州淇水　「大名」二字原脫，「洺」原作「洛」，「淇」原作「洪」。據上文建隆以來之制「馬監」條和本書卷一九八兵志補改。

〔三四〕眞定府北砦勁勇　「眞」字原脫。按本書卷八六地理志，北砦隸眞定府，咸平二年置。參據上文建隆以來之制「勁勇」條補。

〔三五〕紹興三年　「紹興」是南宋的年號，南宋廂兵另有記載，此處不應攔入。按上文爲元豐，下文爲元符，疑此處當爲「紹聖」。

〔三六〕自左衙而下十有七　「十」字原脫，據下文列舉軍額數和通考卷一五六兵考補。

〔三七〕濰揚　按京東路有濰州，無揚州；上文建隆以來之制本軍駐地作「淮陽」，而淮陽屬京東路，疑此爲「淮陽」之誤。

〔三八〕淮陽　原作「淮揚」。按此處係指京東路之淮陽軍，上文建隆以來之制本軍駐地作「淮陽」，據改。

〔三九〕西　按京西路無此州縣，疑「西」下脫「京」字。

〔四〇〕泰　原作「秦」，秦州屬陝西路，不在淮南路，上文建隆以來之制本軍駐地作「泰」，據改。

〔四一〕長安　原作「張安」，按上文建隆以來之制本軍駐地作「長安」，下文建炎後廂兵也有「長安堰閘」；長安又是杭州堰閘名，見宋會要食貨一八之五。咸淳臨安志卷三九說：長安堰，在鹽官縣西北二十五里，閘兵舊額百二十人。「張」字實爲「長」字之訛，據改。

〔四二〕梢工都　原作「梢工部」。按梢工都自建隆以來即已建立，上文淮南路的眞、楚州，江南路的洪州均有。熙寧以後駐地未變，而志文分載於兩路之下，「部」字當爲「都」字之訛，據改。

〔四三〕水運　原作「水軍」，與下文「左衙」下「水軍」重出。按此處當作「水運」，自建隆以來即已建立，駐淮南路的泰州，江南路的臨江軍，荆湖路的潭州，均見上文。熙寧以後駐地未變，而志文分載於各路之下，「軍」字當爲「運」字之訛，據改。

〔四四〕汀　按汀州屬福建路，不當繫於荆湖路。上文建隆以來之制本軍駐地亦作「潭、汀」，此處當有舛誤。

〔四五〕儋　原作「儀」。按本條上文已有「南儀」，此處不當又出「儀」字；儀州亦不屬廣南路；上文建隆以來之制本軍駐地作「儋」，據改。

〔四六〕萬達開施忠雲安　「萬」原作「葛」，「雲安」原作「雲忠」。按宋代四川路無名「葛」和「雲忠」的州軍。本書卷八九地理志，四川路有萬州和雲安軍，上文建隆以來之制本軍駐地作「萬」和「雲安」，據改。

〔四七〕將作監　原作「將作院」，據本書卷一六五職官志、職官分紀卷二二改。

〔四八〕建炎後禁廂兵　考異卷七二說：「廂」字當衍。根據本志體例，先記禁兵，後記廂兵；下文建炎後廂兵「威果」條注「見禁軍」，係指「威果」條所列駐地，則作「禁兵」似是。

〔四九〕在廣効立　據下文「在奉化上」、「在崇勝上」、「在保寧上」等例，此處當作「在廣効上」。

宋史卷一百九十

志第一百四十三

兵四 鄉兵一

陝西保毅　河北忠順　河北陝西強人砦戶　河北河東強壯
河東陝西弓箭手　河北等路弓箭社

鄉兵者，選自戶籍，或土民應募，在所團結訓練，以爲防守之兵也。周廣順中，點秦州稅戶充保毅軍，宋因之。自建隆四年，分命使臣往關西道，令調發鄉兵赴慶州。咸平四年，令陝西係稅人戶家出一丁，號曰保毅，官給糧賜，使之分番戍守。五年，陝西緣邊丁壯充保毅者至六萬八千七百七十五人。七月，以募兵離去鄉土，有傷和氣，詔諸州點充強壯戶者，稅賦止令本州輸納，有司不得支移之。先是，河北忠烈、宣勇無人承替者，雖老疾不得停籍。至是，詔自今委無家業代替者，放令自便。自是以至天禧間，幷、代廣銳老病之兵，雖非親屬而願代者聽。河北彊壯，恐奪其農時，則以十月至正月旬休日召集而教閱之。忠烈、宣勇、廣銳之歸農而闕員者，並自京差補；戍於河上而歲月久遠者，則特爲遷補；貧獨而無力召替者，則令逐處保明放停。

當是時，河北、河東有神銳、忠勇、強壯，河北有忠順、強人，陝西有保毅、砦戶、強人、強人弓手，河東、陝西有弓箭手，河北東、陝西有義勇，麟州有義兵，川峽有土丁、壯丁，荆湖南、北有弩手、土丁，廣南東、西有槍手、土丁，邕州有溪洞壯丁，廣南東、西有壯丁。

當仁宗時，神銳、忠勇、彊壯久廢，忠順、保毅僅有存者。康定初，詔河北、河東添籍彊壯，河北凡二十九萬三千，河東十四萬四千，皆以時訓練。自西師屢衂，正兵不足，乃籍陝西之民，三丁選一，以爲鄉弓手。未幾，刺充保捷，爲指揮一百八十五，分戍邊州。西師罷，多揀放焉。慶曆二年，籍河北強壯，得二十九萬五千，揀十之七爲義勇，且籍民丁以補其不足。河東揀籍如河北法。

其後，議者論「義勇爲河北伏兵，以時講習，無待儲廩，得古寓兵於農之意。惜其束於列郡，止以爲城守之備。誠能令河北邢、冀二州分東西兩路，命二郡守分領，以時閱習，寇至卽兩路義勇翔集赴援，使其腹背受敵，則河北三十餘所常伏銳兵矣」。朝廷下其議，河北帥臣李昭亮等議曰：「昔唐澤潞留後李抱眞籍戶丁男，三選其一，農隙則分曹角射，歲終都試，以示賞罰，三年皆善射，舉部內得勁卒二萬。既無廩費，府庫益實，乃繕甲兵爲戰具，遂雄視山東。是時，天下稱昭義步兵冠於諸軍，此近代之顯效，而或謂民兵祇可城守，難備戰陣，非通論也。但當無事時，便分義勇爲兩路，置官統領，以張用兵之勢，外使敵人疑而生謀，內亦搖動衆心，非計之得。姑令在所點集訓練，三二年間，武藝稍精，漸習行陣；遇有警，得將臣如抱眞者統馭，制其陣隊，示以賞罰，何敵不可戰哉？至於部分布列，量敵應機，繫於臨時便宜，亦難預圖。況河北、河東皆邊州之地，自置義勇，州縣以時按閱，耳目已熟，行固無疑。」詔如所議。

治平元年，宰相韓琦言：「古者籍民爲兵，數雖多而贍至薄。唐置府兵，最爲近之，後廢不能復。今之義勇，河北幾十五萬，河東幾八萬，勇悍純實，出於天性，而有物力資產、父母妻子之所係，若稍加練簡，與唐府兵何異？陝西嘗刺弓手爲保捷，河北、河東、陝西，皆控西北，事當一體。請於陝西諸州亦點義勇，止涅手背，一時不無小擾，終成長利。」天子納其言，乃遣籍陝西義勇，得十三萬八千四百六十五人。

是時，諫官司馬光累奏，謂：「陝西頃嘗籍鄉弓手，始諭以不去鄉里。既而涅爲保捷正兵，遣戍邊州，其後不可用，遂汰爲民，徒使一路騷然，而於國無補。且祖宗平一海內，曷嘗有義勇哉？自趙元昊反，諸將覆師相繼，終不能出一旅之衆，涉區脫之地。當是時，三路鄉兵數十萬，何嘗得一人之力？議者必曰：『河北、河東不用衣廩，得勝兵數十萬，閱教精熟，皆可以戰；又兵出民間，合於古制。』臣謂不然。彼數十萬者，虛數也；閱教精熟者，外貌也；兵出民間者，名與古同而實異。蓋州縣承朝廷之意，止求數多；閱教之日，觀者但見其旗號鮮明，鉦鼓備具，行列有序，進退有節，莫不以爲眞可以戰。殊不知彼猶聚戲，若遇敵，則瓦解星散，不知所之矣。古者兵出民間，耕桑所得，皆以衣食其家，故處則富足，出則精銳。今既賦斂農民粟帛以給正軍，又籍其身以爲兵，是一家而給二家之事也。如此，民之財力安得不屈？臣愚以爲河北、河東已刺之民，猶當放還，況陝西未刺之民乎？」帝弗聽。於是三路鄉兵，唯義勇爲最盛。

熙寧以來，則尤重蕃兵、保甲之法，餘多承舊制。前史沿革，不復具述，取其有損益者著于篇。南渡而後，土宇雖不及前，而兵制多仍其故，凡其鄉兵、砦兵之可攷者，皆附見焉。

陝西保毅　開寶八年，發渭州平涼、潘原〔一〕二縣民治城隍，因立爲保毅弓箭手，分戍鎭砦。能自置馬，免役；逃死，以親屬代，因周廣順舊制也。咸平初，秦州極邊止置千人，分番守戍。上番人月給米六斗，仲冬，賜指揮使至副都頭紫綾綿袍，十將以下皂綾袍。五年，點陝西沿邊丁壯充保毅，凡得六萬八千人，給資糧，與正兵同戍邊郡。

慶曆初，詔悉刺爲保捷軍，唯秦州增置及三千人，環、慶、保安亦各籍置。是時，諸州總六千五百十八人，爲指揮三十一。

皇祐五年〔二〕，涇原〔三〕都總管程戡上言：「陝西保毅，近歲止給役州縣，無復責以武技。自黥刺爲保捷，而家猶不免於保毅之籍；或折賣田產，而得產者以分數助役。今秦州僅三千人，久廢農業，請罷遣。」詔自今敢私役者，計傭坐之。治平初，詔置保毅田承名額者，悉揀刺以爲義勇。熙寧四年，詔廢其軍。

環慶砦戶、強人弓手，九年，詔如禁軍法：上其籍，隸于馬軍司，廩給視中禁軍。

河北忠順　自太宗朝以瀛莫雄霸州、乾寧順安保定軍置忠順，凡三千人，分番巡徼，隸沿邊戰權巡檢司。自十月悉上，人給糧二升，至二月輪半營農。慶曆七年，夏竦建議與正兵參戍。八年，以水沴，多逋亡者，權益正兵代其闕額。皇祐四年，權放業農，後不復補。

河北陝西強人、砦戶、強人弓手　名號不一。咸平四年，募河北民諳契丹道路、勇銳可爲間伺者充強人，置都頭、指揮使。無事散處田野，寇至追集，給器甲、口糧、食錢，遣出塞偷斫賊壘，能斬首級奪馬者如賞格，虜獲財畜皆畀之。慶曆二年，環州亦募，涅手背，自備戎械幷馬，置押官、甲頭、隊長，戶四等以下免役，上番防守，月給奉廩。三年，涇原路被邊城砦悉置。

環、慶二州復有砦戶，康定中，以沿邊弓手涅手背充，有警召集防戍，與保毅弓手同。大順城、西谷砦有彊人弓手，天禧、慶曆間募置，番戍爲巡徼斥候，日給糧；人賦田八十畝，能自備馬者益賦四十畝；遇防秋，官給器甲，下番隨軍訓練。爲指揮六。

河北、河東強壯　五代時，瀛、霸諸州已置。咸平三年，詔河北家二丁、三丁籍一，四丁、五丁籍二，六丁、七丁籍三，八丁以上籍四，爲強壯〔四〕。五百人爲指揮，置指揮使〔五〕；百人爲都，置正、副都頭二人、節級四人。所在置籍，擇善騎射者第補校長，聽自置馬，勝甲者蠲其戶役。五年，募其勇敢，團結附大軍爲栅，官給鎧甲。景德元年，遣使分詣河北、河東集強壯，借庫兵給糧訓練，非緣邊卽分番迭教，寇至悉集守城，寇退營農。

至康定初，州縣不復閱習，其籍多亡。乃詔二路選補，增其數；爲伍保，迭糾遊惰及作奸者。二十五人爲團，置押官；四團爲都〔六〕，置正、副都頭各一人；五都爲指揮，置指揮使〔七〕，各以階級伏事。年二十係籍，六十免，取家人或他戶代之。歲正月，縣以籍上州，州以籍奏兵部，按舉不如法者。慶曆二年，悉揀以爲義勇，不預者釋之〔八〕，而存其籍，以備守葺城池。而河東強壯自此寖廢矣。

其募於河北者，舊給塘泊河淤之田，力不足以耕，重苦番教〔九〕，應募者寡。熙寧七年能之，以其田募民耕，戶兩頃，蠲其賦，以爲保甲。

河東、陝西弓箭手　周廣順初，鎭州諸縣，十戶取材勇者一人爲之，餘九戶資以器甲芻糧。建隆二年，詔釋之，凡一千四百人。

景德二年，鎭戎軍曹瑋言：「有邊民應募爲弓箭手者，請給以閒田，蠲其徭賦，有警，可參正兵爲前鋒，而官無資糧戎械之費。」詔：「人給田二頃，出甲士一人，及三頃者出戰馬一匹。設堡戍，列部伍，補指揮使以下，據兵有功勞者，亦補軍都指揮使〔10〕，置巡檢以統之。」其後，鄜延、環慶、涇原幷河東州軍亦各募置。

慶曆中，諸路總三萬二千四百七十四人，爲指揮一百九十二。是時，河東都轉運使歐陽脩言：「代州、岢嵐寧化火山軍被邊地幾二三萬頃，請募人墾種〔11〕，充弓箭手。」詔宣撫使范仲淹議，以爲便。遂以岢嵐軍北草城川禁地募人拒敵界十里外占耕，得二千餘戶，歲輸租數萬斛，自備弓馬，涅手背爲弓箭手。旣以幷州明鎬沮議而止。

至和二年，韓琦奏訂鎬議非是，曰：「昔潘美患契丹數入寇，遂驅旁邊耕民〔12〕內徙，苟免一時失備之咎。其後契丹講和，因循不復許人復業，遂名禁地，歲久爲戎人侵耕，漸失疆界。今代州、寧化軍有禁地萬頃，請如草城川募弓箭手，可得四千餘戶〔三〕。」下幷州富弼議，弼請如琦奏。詔具爲條，視山坡川原均給，人二頃；其租秋一輸，川地畝五升，坂原地畝三升，毋折變科徭。仍指揮卽山險爲屋，以便居止，備征防，無得擅役。

先是，麟、府、豐州亦以閑田募置，人給屋，貸口糧二石，而德順軍靜邊砦壕外弓箭手尤爲勁勇。夏人利其地，數來爭占，朝廷爲築堡戍守。至治平末，河東七州軍弓箭手總七千五百人，陝西十州軍幷砦戶總四萬六千三百人。先是，康定元年，詔麟、府州募歸業人增補義軍，俾耕本戶故地而免其稅租，其制與弓箭手略同而不給田。

熙寧二年，兵部上河東七郡舊籍七千五、今籍七千，陝西十郡幷砦戶舊籍四萬六千三百，今唯秦鳳有砦戶。

三年，秦鳳路經略使李師中言：「前年築熟羊等堡，募蕃部獻地，置弓箭手。迄今三年，所募非良民，初未嘗團結訓練，竭力田事。今當置屯列堡，爲戰守計。置屯之法，百人爲屯，授田於旁塞堡，將校領農事，休卽教武技。其牛具、農器、旗鼓之屬並官予。置堡之法，諸屯併力，自近及遠築爲堡以備寇至，寇退則悉出掩擊。」從之。

五年，趙禼爲鄜延路，以其地萬五千九百頃，募漢蕃弓箭手四千九百人。帝嘉其能省募兵之費，褒賞之。六年，禼言新募弓箭手頗習武技，請更番代正兵歸京師。詔審度之。十月，詔熙河路以公田募弓箭手，其旁塞民強勇願自占田，出租賦，聯保伍，或義勇願應募，或民戶願受蕃部地者聽。

七年正月，帶御器械王中正詣熙河路，以土田募弓箭手。所募人毋拘路分遠近，不依常格，差官召募，仍親提舉。三月，王韶言：「河州近城川地招漢弓箭手外，其山坡地招蕃弓箭手，人給地一頃，蕃官兩頃，大蕃官三頃。仍募漢弓箭手等爲甲頭，候招及人數，補節級人員，與蕃官同管勾〔四〕。自來出軍，多爲漢兵盜殺蕃兵，以爲首功，今蕃兵各願於左耳前刺『蕃兵』字。」從之。十月，中書條例司乞五路弓箭手、砦戶，除防拓、巡警及緩急事許差發外，若修城諸役，即申經略安撫、鈐轄司。其有擅差發及科配、和雇者，並科違制之罪。從之。其夔州路義軍、廣南槍手土丁、峒丁、湖南弩手、福建鄉丁槍手，依此法。

八年，詔涇原路七駐泊就糧上下番正兵、弓箭手、蕃兵約七萬餘人分爲五將，別置熙河策應將副。十年，知延州呂惠卿言：「自熙寧五年，招到弓箭手，只是權行差補，未曾團定指揮。本司見將本路團結將分團成指揮都分，置立將校統轄，即於臨時易爲勾集。」從之。

元豐二年，計議措置邊防所言，以涇原路正兵、漢蕃弓箭手爲十一將，分駐諸州。從之。

三年，詔：「凡弓箭手兵騎各以五十人〔一五〕爲隊，置引戰、旗頭、左右傔旗，及以本屬酋首將校爲擁隊，並如正軍法。蕃捉生、蕃敢勇、山河戶亦如之。凡募弓箭手、蕃捉生、強人、山河戶，不以等樣，第募有保任、年十七已上、弓射七斗、任負帶者。鄜延路新舊蕃捉生、環慶路強人、諸路漢弓箭手、鄜延路歸明界保毅蕃戶弓箭手，皆涅於手背。」

四年，涇原路經略司言：「本路弓箭手闕地九千七百頃，渭州隴山一帶川原陂地四千餘頃，可募弓箭手二千餘人，或不願應募，乞收其地入官。」熙河路都大經制司〔一六〕言：「乞依熙河舊例，許涇原、秦鳳路、環慶及熙河路弓箭手投換，仍帶舊戶田土，耕種二年，即收入官〔一七〕，別招弓箭手。」皆從之。

五年正月，鄜延路經略司乞以新收復米脂、吳堡、義合、細浮圖、塞門五砦地置漢蕃弓箭手，及春耕種，其約束補職，並用舊條。從之。二月，詔提舉熙河等路弓箭手、營田、蕃部共爲一司，隸涇原路制置司。四月，詔：「蕃弓箭手陣亡，依漢弓箭手給賻。弓箭手出戰，因傷及病羸不能自還者，並依軍例賜其家。」七月，提舉熙河路弓箭手營田蕃部司康識、兼提舉營田張大寧言：「乞應新收復地差官分畫經界，選知農事廂軍耕佃，頃一人。其部押人員、節級及雇助人工歲入賞罰，並用熙河官莊法。餘並招弓箭手營田，每五十頃爲一營，差諳農事官一員幹當。」從之。

六年，鄜延路經略司言：「弓箭手於近裏縣置田兩處，立戶及四丁已上，乞取一丁爲保甲，一丁爲弓箭手，有二丁至三丁，卽且令充弓箭手。」詔保甲願充弓箭手者聽，其見充弓箭手與當丁役，毋得退就保甲，陝西、河東亦如之。

八年，詔罷秦鳳路置場集教弓箭手，令經略司講求〔二九〕土人習教所宜立法。

元祐元年，詔罷提舉熙河等路弓箭營田蕃部司。三年，兵部言：「涇原路隴山一帶係官地，例爲人侵冒，略無色役。非自朝廷置局招置摽撥，無以杜絕姦弊。」從之。其後，殿前司副都指揮使劉昌祚奏根括隴山地凡一萬九百九十頃，招置弓箭手人馬凡五千二百六十一，賜敕書獎諭。四年，詔將隴山一帶弓箭手人馬別置一將管幹，仍以涇原路第十二將爲名。五年，詔戶部遣官往熙河蘭岷路代孫路措置弓箭手土田。

紹聖元年，樞密院言：「熙河蘭岷路經略司奏，本路弓箭手，自展置以來，累經戰鬥，內有戰功補三班差使已上之人，欲並遣歸所屬差使，仍以其地令親屬承刺，如無，卽別召人承之。」三年正月，詔：「自今漢蕃人互投弓箭手者，官司不得收刺，違者杖一百。」五月，詔在京府界、諸路馬軍槍手並改充弓箭手，兼習蕃槍。四年，詔張詢、巴宜專根括安西、金城膏腴地頃畝，可以招置弓箭手若干人，具團結以聞。

元符元年二月，樞密院言：「鍾傳奏，近往涇原與章楶講究進築天都山、南牟等處。今相度如展置靑南訥心，須置一將。乞權於熙、秦兩路輟那〔一九〕。新城內土田幷招弓箭手，仍置提舉官二員。熙、秦兩路弓箭手，每指揮以三百人爲額，乞作二十指揮招置，不一二年間，須得數千民兵，以充武備。」從之。七月，詔：「陝西、河東路新城砦合招弓箭手投換。其元祐八年四月不得招他路弓箭手指揮勿用。」三年，提舉涇原路弓箭手安師文知涇州，罷提舉弓箭手司。

崇寧元年九月，樞密院勘會：「陝西五路幷河東，自紹聖開斥以來，疆土至廣，遠者數百里，近者不減百里，罷兵以來，未曾措置。田多膏腴，雖累降詔置弓箭手，類多貧乏，或致逃走。州縣鎭砦汚吏豪民冒占沃壤，利不及於平民，且並緣舊疆，侵占新土。今遣官分往逐路提舉措置，應緣新疆土田，分定腴瘠，招置弓箭手，推行新降條法。舊弓箭手如願出佃新疆，亦仰相度施行。」詔湯景仁河東路，董采秦鳳路，陶節夫環慶路，安師文鄜延路，並提舉弓箭手。元符三年，罷提舉司，今復置。

崇寧二年十一月，安師文奏：「據權通判德順軍事盧逢原申，根括打量出四將地分管下五砦、新占舊邊壕外地共四萬八千七百三十一頃有奇，乞特賜優賞。」詔安師文特授左朝議大夫，差遣如故；盧逢原特授朝請郎。

二年九月〔一〇〕，熙河路都轉運使鄭僅奉詔相度措置熙河新疆邊防利害，僅奏：「朝廷給田養漢蕃弓箭手，本以藩扞邊面，使顧慮家產，人自爲力。今拓境益遠，熙、秦漢蕃弓箭手乃在腹裏，理合移出。然人情重遷，乞且家選一丁，官給口糧，團成耕夫使佃官莊。遇成熟日，除糧種外，半入官，半給耕夫，候稍成次第，聽其所便。」從之。

五年三月，趙挺之言：「湟、鄯之復，歲費朝廷供億一千五百餘萬。鄭僅初建官莊之議，朝廷令會計其歲入，凡五莊之入，乃能支一莊之費。蓋鄯、湟乃西蕃之二小國，湟州謂之邈川，鄯州謂之靑唐，與河南本爲三國，其地濱河，多沃壤。昔三國分據時，民之供輸於其國厚，而又每族各有酋長以統領之，皆衣食贍足，取於所屬之民。自朝廷收復以來，名爲使蕃民各占舊地以居，其實屢更戰鬥，殺戮竄逐，所存無幾。今兵將官、帥臣、知州多召閑民以居，貪冒者或受金乃與之地，又私取其羊馬駝畜，然無一毫租賦供官。若以昔輸於三國者百分之一入於縣官，卽湟州資費有餘矣。」帝深然之。

翌日，知樞密院張康國入見，力言不可使新民出租，恐致擾動衆情；且言蕃民旣刺手背爲兵，安可更出租賦。帝因宣諭：「新民不可搖動，兼已令多招弓箭手矣。」挺之奏：「弓箭手，官給以地而不出租，此中國法也。若蕃兵，則其舊俗既輸納供億之物，出戰又人皆爲兵，非弓箭手之比。今朝廷所費不貲，經營數年，得此西蕃之地，若無一毫之入，而官吏、戍卒饋餉之費皆出於朝廷，何計之拙也！」帝曰：「已令姚雄經畫。」時累詔令雄括空閑地，召人耕墾出課，故深以挺之所奏爲然。挺之又云：「鄯、湟之復，羌人屢叛，溪撦羅撒走降夏國，夏國納之，時時寇邊，兵不解嚴而饋運極艱。和糴入粟，鄯州以每石價至七十貫，湟州五十餘貫。蓋倉場利於客人入中乞取，而官吏利於請給斛斗中官，獲利百倍，人人皆富。是以上下相蒙，而爲朝廷之害。」

熙寧三年〔三〕，熙河運司以歲計不足，乞以官茶博糴，每茶三斤易粟一斛，其利甚博。朝廷謂茶馬司本以博馬，不可以博糴，於茶馬司歲額外，增買川茶兩倍茶，朝廷別出錢二百萬給之，令提刑司封樁。又令茶馬官程之邵兼領轉運使，由是數歲邊用粗足。及挺之再相，熙河漕司屢申以軍糧不足爲急，乃令會去年拋降錢數共一千一百萬馱，一馱價直三千至四十千，二百馱所轉不可勝計，今年已降撥銀、錢、絹等共九百萬，乃令更支兩倍茶一百萬馱。張康國同進呈，得旨，乃密檢元豐以來茶惟用博馬指揮以進。然康國不知兩倍茶自非博馬之數，而何執中、鄧洵武雜然和之。由是兩倍茶更不支給，而鄯、湟兵費不給矣。

七年〔三〕，詔：「邊地廣而耕墾未至，膏腴荒閑，芻粟翔踴，歲糴本不貲。昨累降指揮，令涇原路經略司與提舉弓箭手司措置，召人開墾，以助塞下積粟，爲備邊無窮之利。訪聞提舉弓箭手司與經略司執見不同，措置議論，不務和協。其提舉涇原路弓箭手錢歸善可罷。」

大觀三年二月，臣僚言：「自復西寧州，饋給每多，而儲積未廣，買價數增，市物隨踊，地利不闢，兵籍不敷，蓋招置之術失講，勸利之法未興也。乞委帥臣、監司講求，或募或招，何爲而可足弓箭手之數，以期于不闕；或拘或誘，何爲而使蕃部著業而責以耕耘。田旣墾則穀自盈，募旣充而兵益振，是收班超之功，盡充國之利也。」詔：「熙、河、洮、岷前後收復，歲月深久，得其地而未得其利，得其民而未得其用。地利不闢，兵籍不敷，歲仰朝廷供億，非持久之道。可令詳究本末，條畫來上。」

政和三年，秦鳳路經略安撫使何常奏：

自古行師用兵，或騎或步，率因地形。兵法曰：「蕃兵惟勁馬奔衝，漢兵惟強弩掎角。」蓋蕃長於馬，漢長於弩也。今則不然。西賊有山間部落謂之「步跋子」者，上下山坡，出入谿澗，最能踰高超遠，輕足善走；有平夏騎兵謂之「鐵鷂子」者，百里而走，千里而期，最能倏往忽來，若電擊雲飛。每於平原馳騁之處遇敵，則多用鐵鷂子以爲衝冒奔突之兵；山谷深險之處遇敵，則多用步跋子以爲擊刺掩襲之用。此西人步騎之長也。我諸路並塞之民，皆是弓箭手地分，平居以田獵騎射爲能，緩急以追逐馳騁相尙。又沿邊土兵，習於山川，慣於馳驟。關東戍卒，多是硬弩手及標牌手，不惟扞賊勁矢，亦可使賊馬驚潰。此中國步騎之利也。

至道中，王超、丁罕等討繼遷，是時馬上用弩，遇賊則萬弩齊發，賊不能措手足而遁。又元豐間，劉昌祚等趨靈州，賊衆守隘，官軍不能進。於是用牌子爲先鋒，賊下馬臨官軍，其勢甚盛，昌祚等乃以牌子踢跳閃爍，振以響環，賊馬驚潰。若遇賊於山林險隘之處，先以牌子扞賊，次以勁弓強弩與神臂弓射賊先鋒，則矢不虛發，而皆穿心達臆矣。或遇賊於平原廣野之間，則馬上用弩攢射，可以一發而盡殪。兼牌子與馬上用弩，皆已試之效，不可不講。前所謂勁馬奔衝，強弩掎角，其利兩得之，而賊之步跋子與鐵鷂子皆不足破也。又步兵之中，必先擇其魁健材力之卒，皆用斬馬刀，別以一將統之，如唐李嗣業用陌刀法。遇鐵鷂子衝突，或掠我陣脚，或踐踏我步人，則用斬馬刀以進，是取勝之一奇也。

詔樞密院劄與諸路經略司。

四年，詔：「西羌久爲邊患，乍叛乍服，譎詐不常。頃在先朝，使者在廷，猶或犯境。今植養積歲，屢饑久困，雖誓表已進，羌夷之性不保其往。修備禦於無事之時，戒不虞於萃聚之際，正在今日。可令陝西、河東路帥臣訓練兵伍，除治軍器，繕修樓櫓，收積芻糧，常若寇至。不可謂已進誓表，輒或弛怠，墮其姦謀。所有弓箭手、蕃兵，常令優恤，逃亡者可速招補，貧乏者亦令貸借。將佐偏裨，如或輭懦失職，具名以聞，或寇至失事，並行軍法。」

五年二月，詔：「陝西、河東逐路，自紹聖開拓邊疆以來，及西寧湟廓洮州、積石等處新邊，各有包占良田，並合招置弓箭手，以爲邊防籬落。至今累年，曠土尚多，應募人數未廣。蓋緣自罷專置提舉官隸屬經略司，事權不專，頗失措置。根括打量、催督開墾、理斷交侵等職事，盡在極邊，帥臣無由親到。即今夏人通貢，邊鄙安靜。若不乘此委官往來督責，多方招刺弓箭手墾闢閑田，補助邊計，以寬飛輓之勞，竊慮因循寖久，曠土愈多，銷耗民兵人額，有害邊防大計；兼提舉文臣玩習翰墨，多務安養，罕能衝冒寒暑。可令陝西、河東逐路，並復置提舉弓箭手司，仍各選差武臣一員充，理任、請給、恩數等並依提舉保甲條例施行。每路各置幹當公事使臣二員。仍每歲令樞密院取索逐路招到弓箭手幷開墾過地土，比較優劣殿最，取旨黜陟。合措置事節，所差官條畫以聞。」

八月，樞密院言：「欲將近裏弓箭手地，但有爭訟侵冒之處，並行打量，庶幾杜絕侵冒之弊。」從之。是月，提舉河東路弓箭手司奏：「本司體訪得沿邊州軍逐處招置弓箭手，多將人戶舊用工開耕之地指射劃奪，其舊佃人遂至失業。且所出租，僅比佃戶五分之一，於公私俱不便。今欲將係官莊屯田已有人租佃及五年者，並不在招置弓箭手請射之限。其河東路察訪司初不以邊防民兵爲重，姑息佃戶，致有此弊。欲乞應熙寧八年以前人戶租佃官田，並先取問佃人，如願投刺弓箭手，每出一丁，許依條給見佃田二頃五十畝充人馬地，若不願充弓箭手，及出丁外尚有請占不盡地土，卽拘收入官。」從之。

十一月，邊防司〔三〕奏：「據提舉熙河蘭湟路弓箭手何灌申：漢人買田常多，比緣打量，其人亦不自安，首陳已及一千餘頃。若招弓箭手，卽可得五百人；若納租稅，每畝三斗五升、草二束，一歲間亦可得米三萬五千石〔四〕、草二十萬束。今相度欲將漢人置買到蕃部土田願爲弓箭手者，兩頃已上刺一名，四頃已上刺兩名；如願者〔五〕，依條立定租稅輸納。其巧爲影占者，重爲禁止。」從之。

七年三月，詔：「熙、河、鄯、湟自開拓以來，疆土雖廣而地利悉歸屬羌，官兵吏祿仰給縣官，不可爲後計。仰本路帥臣相度，以錢糧茶綵或以羌人所嗜之物，與之貿易田土。田土既多，卽招置弓箭手，入耕出戰，以固邊圉。」

宣和六年七月，詔：「已降處分，陝西昨因地震摧塌屋宇，因而死傷弓箭手，內合承襲人，速具保明聞奏。」

靖康元年二月，臣僚言：「陝西恃弓箭手爲國藩籬，舊隸帥府，比年始置提舉弓箭手官，務取數多，自以爲功。自是選練不精，遂使法制寖壞。欲乞詳酌，罷提舉官，以弓箭手復隸帥司，務求以振邊聲。」詔從之，河東路依此。四月，樞密院奏：「陝西、河東逐路漢弓箭手自來並給肥饒田，近年以來，多將舊人已給田分擘，招刺新人。蓋緣提舉官貪賞欺蔽，務要數多，妄行招刺，無以激勸。朝廷近已罷提舉官，今復隸帥司所轄，況當今邊事全藉民兵，若不早計，深慮誤事。」詔令陝西五路制置使錢蓋及陝西、河東逐路帥臣相度措置，將已分擘弓箭手田土，依舊改正撥還，所有新招到人別行給地，務要均濟。仍仰帥臣嚴切奉行。是月，徐處仁又奏，詔並送詳議司。

熙寧五年，涇原路經略司蔡挺言：「涇原勇敢三百四十四人，久不揀練，徒有虛名。臣委二將領季一點閱，校其騎射能否升除，補有功者以爲隊長，募極塞博軍子嘗歷戰陣者補其闕。益募熟戶蕃部以爲蕃勇敢，凡一千三百八十人，騎一千一百九十四匹，挽弓一石，馳逐擊刺如法。其有功者受勇敢下等奉，餘遇調發，則人給奉三百，益以芻糧。」詔諸路如挺言行之。

六年，樞密院言：「勇敢効用皆以材武應募從軍，廩食既優，戰馬戎械之具皆出公上，平時又得以家居，以勞効賞者凡四補而至借職，校弓箭手減十資，淹速相遠，甚非朝廷第功均賞之意。請自今河東、鄜延、秦鳳、環慶、熙河路各以三百，涇原路以五百爲額。第一等步射弓一石一斗，馬射九斗，奉錢千；第二等以下遞減一斗，奉七百至五百。季首閱試於經略司，射親及野戰中者有賞，全不中者削其奉，次季又不中者罷之。戰有功者以八等定賞：一、給公據，二、以爲隊長，三、守闕軍將，四、軍將，五、殿侍，六、三班借差，七、差使，八、借職。其弓箭手有功，亦以八等定賞：一、押官，承局；二、將虞候，十將；三、副兵馬使，軍使；四、副指揮使；五、都虞候；六、都指揮使；七、三班差使；八、借職。即以闕排連者次遷。

元豐三年，詔涇原路募勇敢如鄜延路，以百人爲額。自是以後，蕃部益衆，而弓箭手多蕃兵矣。

弓箭社 河北舊有之。熙寧三年十二月，知定州滕甫言：「河北州縣近山谷處，民間各有弓箭社及獵射人，習慣便利，與夷人無異。欲乞下本道逐州縣，並令募諸色公人及城郭鄉村百姓有武勇願習弓箭者，自爲之社。每歲之春，長吏就閱試之。北人勁悍，緩急可用。」從之。

元祐八年十一月，知定州蘇軾言：

北邊久和，河朔無事，沿邊諸郡，軍政少弛，將驕卒惰，緩急恐不可用；武藝軍裝，皆不逮陝西、河東遠甚。雖據卽目邊防事勢，三五年間必無警急，然居安慮危，有國之常，備事不素講，難以應變。臣觀祖宗以來，沿邊要害，屯聚重兵，止以壯國威而消敵謀，蓋所謂先聲後實，形格勢禁之道耳。若進取深入，交鋒兩陣，猶當雜用禁旅。至於平日保境，備禦小寇，卽須專用極邊土人。此古今不易之論也。

晁錯與漢文帝畫備邊策，不過二事：其一曰徙遠方以實空虛，其二曰制邊縣以備敵國。寶元、慶曆中，趙元昊反，屯兵四十餘萬，招刺宣毅、保捷二十五萬人，皆不得其用，卒無成功。范仲淹、劉滬、種世衡等專務整緝蕃漢熟户、弓箭手，所以封殖其家、砥礪其人者非一道。藩籬既成，賊來無所得，故元昊復臣。今河朔西路被邊州軍，自澶淵講和以來，百姓自相團結爲弓箭社，不論家業高下，戶出一人。又自相推擇家資武藝衆所服者爲社頭、社副、錄事，謂之頭目。帶弓而鉏，佩劍而樵，出入山坂，飲食長技與敵國同。私立賞罰，嚴於官府，分番巡邏，鋪屋相望，若透漏北賊及本土强盜不獲，其當番人皆有重罰。遇其警急，擊鼓，頃刻可致千人。器甲鞍馬，常若寇至。蓋親戚墳墓所在，人自爲戰，敵深畏之。先朝名臣帥定州者韓琦、龐籍，皆加意拊循其人，以爲爪牙耳目之用，而籍又增損其約束賞罰。

熙寧六年，行保甲法，強壯、弓箭社並行廢罷。熙寧七年，應兩地供輸人戶，除元有弓箭社、強壯幷義勇之類並依舊存留外，更不編排保甲。看詳上件兩次聖旨，除兩地供輸村分方許依舊置弓箭社，其餘並合廢罷。雖有上件指揮，公私相承，元不廢罷，只是令弓箭社兩丁以上人戶兼充保甲，以至逐捕本界及他盜賊，並皆驅使弓箭社人戶用命捉殺。見今州縣，全藉此等寅夜防拓，灼見弓箭社實爲邊防要用，其勢決不可廢。但以兼充保甲之故，召集追呼，勞費失業，今雖名目俱存，責其實用不逮往日。

臣竊謂陝西、河東弓箭手，官給良田，以備甲馬。今河朔沿邊弓箭社，皆是人戶祖業田產，官無絲毫之損，而捐軀捍邊，器甲鞍馬與陝西、河東無異，苦樂相遠，未盡其用。近日霸州文安縣及眞定府北砦，皆有北賊驚劫人戶，捕盜官吏拱手相視，無如之何，以驗禁軍、弓手皆不得力。向使州縣逐處皆有弓箭社，人戶致命盡力，則北賊豈敢輕犯邊砦，如入無人之境？臣已戒飭本路將吏，申嚴賞罰，加意拊循其人，輙復拾用龐籍舊奏約束，稍加增損，別立條目。欲乞朝廷立法，少賜優異，明設賞罰，以示懲勸。今已密切取會到本路極邊定保兩州、安肅廣信順安三軍邊面七縣一砦內管自來團結弓箭社五百八十八社，六百五十一火，共計三萬一千四百一十一人。若朝廷以爲可行，立法之後，更敕將吏常加拊循，使三萬餘人分番晝夜巡邏，盜邊小寇來即擒獲，不至狃忕〔三六〕以生戎心。而事皆循舊，無所改作，敵不疑畏，無由生事，有利無害，較然可見。

奏凡兩上，皆不報。

政和六年詔：「河北路有弓箭社縣分，已令解發異等。其逐路縣令佐，俟歲終教閱異等，帥司具優劣之最，各取旨賞罰，以爲勸沮。仍具爲令。」又高陽關路安撫司言：「大觀三年弓箭社人依保甲法、政和保甲格較最優劣，縣令各減展磨勘年有差〔三七〕。」詔依保甲格賞罰施行。

宣和七年二月，臣僚言：

往年西路提刑梁揚祖奏請勸誘民戶充弓箭社，繼下東路令倣西路例招誘。原立法之意，不過使鄉民自願入社者閱習武備，爲禦賊之具爾。奈何邀功生事之人，唯以入社之民衆多爲功，厚誣朝廷而斂怨于民，督責州縣急於星火，取五等之籍甲乙而次之，家至戶到，追胥迫脅，悉驅之入社，更無免者。法始行於西路，西路既已冒受厚賞，於是東路憲司前後論列，誕謾滋甚。近者東路之奏，數至二十四萬一千七百人，武藝優長者一十一萬六千，且云比之西路僅多一倍。陛下灼知其不然，雖命帥臣與廉訪使者覈實，彼安肯以實聞乎？今東路憲司官屬與登、淄兩州當職官，坐增秩者幾二十人，而縣令佐不及焉。不知出入阡陌間勸誘者誰歟？此其誕謾可知矣。審如所奏，山東之寇，何累月淹時未見殄滅哉？則其所奏二十四萬與十一萬，殆虛有名，不足以捍賊明矣！大抵因緣追擾，民不堪其勞，則老弱轉徙道路，強壯起爲盜賊，此亦致寇之一端也。

近者，仰煩陛下遣將出師，授以方略；又命近臣持詔撫諭，至於發內庫之藏，轉淮甸之粟以振給之，寬免其稅租，蕩宥其罪戾，丁寧纖悉，罔不曲盡。方將歸伏田畝，以爲遷善遠罪之民，詎可以其所甚病擾之邪？且私有兵器，在律之禁甚嚴。三路保伍之法，雖於農隙以講武事，然猶事畢則兵器藏於官府。今弓箭社一切兵器，民皆自藏於家，不幾於借寇哉？望陛下斷自聖心，罷京東弓箭社之名，所藏兵器悉送之官，使民得免非時追呼迫脅之擾，以安其生。應兩路緣弓箭社推恩者並追奪改正，首議之人重賜黜責，後來奏請誕謾，亦乞特賜施行，庶幾羣下悚懼，不敢妄進曲說，以肆其姦，實今日之先務也。

詔並依奏，梁揚祖落職，兵器並拘入官，弓箭社人依已降指揮放散。

校勘記

〔一〕潘原　原作「潘源」，據本書卷八七地理志、長編卷一六改。

〔二〕皇祐五年　按長編卷一七三載程戡於皇祐四年知益州；本書卷二一一宰輔表載他於至和元年七月，自知益州參知政事。可見皇祐五年程戡實在益州，不可能以涇原都總管身分上書。又據長編有關記載，程戡知渭州爲涇原都總管，在慶曆五年三月以後至十一月庚戌之前。本書卷二九二本傳也說他知渭州及上書，事在慶曆七年王則據貝州之先。此處程戡上言，長編繫於慶曆五年，當是，「皇祐」二字衍。

〔三〕涇原　原作「涇毅」，據長編卷一五七、宋會要兵一之四改。

〔四〕強壯　原作「強人」，據長編卷四七、通考卷一五六兵考改。

〔五〕置指揮使　「置指揮」三字原脫，據同上書同卷補。

〔六〕置押官四團爲都　原脫，據長編卷一二八、通考卷一五六兵考補。

〔七〕置指揮使　「置指揮」三字原脫，據同上二書同卷補。

〔八〕不預者釋之長編卷一三五、編年綱目卷一一都作「不願者」，疑是。

〔九〕番敎　原作「蕃敎」，按此處卽上文「分番迭敎」之義，通考卷一五六兵考作「番敎」，據改。

〔一○〕據兵有功勞者亦補軍都指揮使　「據兵」，長編卷六○作「校長」，疑是。

〔一一〕募人墾種　「人」字原脫，據文義和長編卷一七八補。

〔一二〕旁邊耕民　「邊」字原脫，據長編卷一七八、通考卷一五六兵考補。

〔一三〕四千餘戶　「四」原作「田」，據長編卷一七八、羣書考索後集卷四六改。

〔一四〕補節級人員與蕃官同管勾　「節級」、「勾」三字原脫，據宋會要兵四之七、食貨二之四補。

〔一五〕五十人　「五」字原脫。按長編卷三○八作「五十人」。又本書卷一九五兵志載熙寧七年新定結陣法，以五十人爲一大隊，其所載引戰、旗頭等人正和下文同，當卽下文所說的正軍法。據補。

〔一六〕都大經制司　「大」字原脫，據宋會要兵四之一○、長編卷三一六補。

〔一七〕卽收入官　「收入」二字原倒，據宋會要兵四之一○、長編卷三一六乙正。

〔一八〕講求　原作「購求」，據宋會要兵四之一二、長編卷三五七改。

〔一九〕乞權於熙秦兩路輟那　按宋會要兵四之一六載此事，於此句上有「正將在青南訥心駐劄，副將在青南訥心嶺耳中間駐劄，逐城寨防守軍馬」之文，此處疑有脫漏。

〔二○〕二年九月　上文已載「二年十一月」，此處又出「二年九月」，於例不合，疑有誤。

〔二一〕熙寧三年　當作「崇寧二年」。按程之邵爲熙河路轉運使兼川、陝茶馬，據宋會要職官四三之七九，在崇寧二年九月；同年十月，管幹成都府等路茶事孫軫奏：「今年，……承朝旨比年例增兩倍茶，應副新邊支用。」則增川茶兩倍茶也在崇寧二年。至下文所說的趙挺之再相，本書卷二一二宰輔表載，也是崇寧間事，此作「熙寧三年」誤。

〔二二〕七年　承上文是指崇寧七年，但崇寧無七年，當有誤。

〔二三〕邊防司奏　句上原衍「詔」字，據宋會要兵四之二五刪。

〔二四〕三萬五千石　「千」字原脫，據宋會要兵四之二五、通考卷一五六兵考補。

〔二五〕如願者　通考卷一五六兵考同。宋會要兵四之二五「如」下有「不」字。按上文趙挺之奏：「弓箭手，官給以地而不出租，此中國法也。」此處何灌所言，意即願爲弓箭手者給田而不出租；不願者則依條立定租稅輸納，當以有「不」字爲是。

〔二六〕狃忕　原作「埋伏」，據通考卷一五三兵考改。

〔二七〕大觀三年弓箭社人依保甲法政和保甲格較最優劣縣令各減展磨勘年有差　此處疑有脫字。按宋會要兵一之一二作：「淮大觀三年十一月內朝旨，弓箭社人依保甲法推賞，淮政和保甲格比較最優。」又宋會要在「縣令」下還有「佐」字，依上文政和六年詔，此「佐」字不可省。

宋史卷一百九十一

志第一百四十四

兵五 鄉兵二

河北河東陝西義勇　陝西護塞　川峽土丁　荆湖義軍土丁弩手
夔施黔思等處義軍土丁　廣南西路土丁　廣南東路槍手
邕欽溪洞壯丁　福建路槍仗手　江南西路槍仗手　蕃兵

河北、河東、陝西義勇　慶曆二年，選河北、河東強壯并抄民丁涅手背為之。戶三等以上置弩一，當稅錢二千；三等以下官給。各營於其州，歲分兩番訓練，上番給奉廩，犯罪斷比廂軍，下番比強壯。

治平元年，詔陝西除商、虢二州，餘悉籍義勇。凡主戶三丁選一，六丁選二，九丁選三，年二十至三十〔二〕材勇者充，止涅手背。以五百人爲指揮，置指揮使、副二人，正都頭三人，十將、虞候、承局、押官各五人，歲以十月番上，閱教一月而罷。又詔秦州成紀等六縣，有稅戶弓箭手、砦戶及四路正充保毅者，家六丁刺一，九丁刺二；有買保毅田承名額者，三丁刺一，六丁刺二，九丁刺三，悉以爲義勇。是歲，詔秦、隴、儀、渭、涇、原、邠、寧、環、慶、鄜、延十二州義勇，遇召集防守，日給米二升，月給醬菜錢三百。蓋慶曆初，河北路總十八萬九千三十一人，河東路總七萬七千七十九人，陝西路治平初總十五萬六千八百七十三人。

熙寧初，樞密使呂公弼請以河北義勇每指揮揀少壯藝精者百人爲上等，手背添刺「上等」字，旌別教閱，及數外藝優者亦籍之，俟有闕則補。從之。十二月，詔河北義勇，縣以歲閱；當閱于州者，宜分番，歲以一番；災傷當罷者，聽旨。其以指揮分番者，大名府五十三爲四番，眞定、瀛、洺、邢、滄、定、冀、恩、趙、深、磁、相、博自三十九以及十二並爲三番，德、祁、澶、棣、霸、濱、永靜、永寧、懷、衞、乾寧、莫、保、通利自十一以及四並爲二番。九指揮已上者再分本番爲三，教始十月，止十二月；六指揮已上者再分本番爲二，教始十月，止十一月，終滿一月罷遣。

帝嘗問陳升之曰：「侯叔獻言義勇上番何如？」王安石曰：「此事似可爲，但少須年歲間議之。」升之曰：「今募兵未已，且養上番義勇，則調度尤不易。」安石曰：「言募兵之害雖多，及用則患少，以民與兵爲兩途故也。」十二月，帝言：「義勇可使分爲四番出戍。」呂公弼曰「須先省得募兵，乃可議此。」安石曰：「計每歲募兵死亡之數，乃以義勇補之可也。」陳升之欲令義勇以漸戍近州，安石曰：「陛下若欲變數百年募兵之弊，則宜果斷，詳立法制。不然，無補也。」帝以爲然，曰：「須豫立定條法，不要宣布，以漸推行可也。」兩府議上番，或以爲一月，或以爲一季，且令近戍，文彥博等又言難使遠戍，安石辯之甚力。

是月，兵部上陝西、河北、河東義勇數：陝西路二十六郡舊籍十五萬三千四百，益以環慶、延州保毅、弓箭手三千八百，總十五萬六千八百，爲指揮三百二十一；河北三十三郡舊籍十八萬九千二百，今籍十八萬六千四百，爲指揮四百三十；而河東二十郡，自慶曆後總七萬七千，爲指揮一百五十九。凡三路義勇之兵，總四十二萬三千五百人。

三年七月，王安石進呈蔡挺乞以義勇爲五番教閱事，帝患密院不肯措置，安石曰：「陛下誠欲行，則孰能禦？此在陛下也。」涇、渭、儀、原四州義勇萬五千人，舊止戍守，經略使蔡挺始令遇上番依諸軍結隊，分隸諸將。選藝精者遷補，給官馬，月廩、時帛、郊賞與正兵同，遂與正兵相參戰守。時土兵有闕，召募三千人。挺奏以義勇點刺累年，雖訓肄以時，而未施於征防，意可以案府兵遺法，俾之番戍，以補土兵闕。詔復問以措置遠近番之法。挺即條上，以四州義勇分五番，番三千人，防秋以八月十五日上，十月罷；防春以正月十五日上〔二〕，三月罷，周而復始。詔從之，行之諸路。九月，秦鳳經略安撫司言：「保毅人數不嘗揀充義勇，而其子孫轉易田土，分煙析姓，少有正身。乞令保毅軍已於丁數內揀刺充義勇者，與免承認保毅。」從之。十月，韓絳乞差著作佐郎呂大忠等赴宣撫司，以備提舉義勇，從之。是月，韓絳言：「今將義勇分爲七路，延、丹、坊爲一路，邠、寧、環、慶爲一路，涇、原、儀、渭爲一路，秦、隴爲一路，陝解同、河中府爲一路，階成鳳州、鳳翔府爲一路，乾耀華、永興軍爲一路。逐年將一州之數分爲四番，緣邊四路十四州，每年秋冬合用一番屯戍；近裏三路十二州軍，即令依此立定番次，未得逐年差發，遇本處闕少正兵，即得勾抽或那往次邊守戍。」從之。十一月，判延州郭逵言：「陝西起發義勇赴緣邊戰守，今後並令自齎一月糗糧，折本戶稅賦。若不能自備，則就所發州軍預請口食一月。」從之。

十二月，司馬光上疏曰：

臣以不才，兼領長安一路十州兵民大柄。到官以來，伏見朝廷及宣撫等司指揮，分義勇作四番，欲令以次於緣邊戍守，選諸軍驍鋭及募閭里惡少以爲奇兵；造乾糧、炒飯〔三〕、布囊、力車以備餽運，悉取歲賜趙秉常之物散給緣邊諸路，又竭內地府庫甲兵財物以助之。且以永興一路言之，所發人馬，甲八千副，錢九萬貫，銀二萬三千兩，銀盌六千枚，其餘細瑣之物，不可勝數。動皆迫以軍期，上下相驅，急於星火。官吏狼狽，下民驚疑，皆云國家將以來春大舉六師，長驅深入，以討秉常之罪。臣以疎賤，不得預聞廟堂之議，未知玆事爲虛爲實。昨者親承德音，以爲方今邊計，惟宜謹嚴守備。其入寇，則堅壁清野，使之來無所得，兵疲食盡，可以坐收其弊。臣退而思念，聖謀高遠，深得王者懷柔遠人之道，實天下之福。及到關中，乃見凡百處置，皆爲出征調度。臣不知有司在外，不諭聖意，以致有此張皇，將陛下默運神算不令愚賤之臣得聞其實也？臣不勝惶惑，竊爲陛下危之。況關中饑饉，十室九空，爲賊盜者紛紛已多。縣官倉庫之積，所餘無幾，乃欲輕動大衆，横挑猛獸，此臣之所大懼也。

伏望陛下深鑒安危之機，消之於未萌，杜之於未形。速下明詔撫諭關中之民，以朝廷不爲出征之計；其義勇更不分番於緣邊戍守，亦不選募奇兵；凡諸調發爲饋運之具者悉令停罷，愛惜內地倉庫之儲，以備春深賙救饑窮之人。如此，豈惟生民之幸，亦社稷之福也。惟陛下裁察。

再言之甚力，於是永興一路獨得免。

四年，詔罷陝西路義勇差役。又詔罷陝西諸路提舉義勇官，委本屬州縣依舊分番教閱。

五年七月，命崇文院校書王安禮專一編修三路義勇條貫。是月，帝問王安石義勇事如何，安石曰：「宜先了河東一路。河東舊制，每年教一月，今令上番巡檢下半月或十日，人情無不悅。又以東兵萬人所費錢糧，且取一半或三分之二，依保甲養恤其人，卽人情無不忻願者。」閏七月，執政同進呈河東保甲事，樞密院但欲爲義勇、強壯，不別名保甲。王安石曰：「此非王安禮初議也。」帝曰：「今以三丁爲義勇，兩丁爲強壯，三丁遠戍，兩丁本州縣巡檢上番，此卽王安禮所奏，但易保丁爲強壯。人習強壯久，恐別名，或致不安也。」安石曰：「義勇非單丁不替，強壯則皆第五等戶爲之，又自置弓弩及箭寄官庫，須上教乃給。今以府界保甲法推之河東，蓋寬利之，非苦之也。」帝曰：「河東義勇、強壯，已成次第。今欲遣官修義勇強壯法，又別令人團集保甲如何？」安石曰：「義勇要見丁數，卽須隱括，因團集保甲，卽一動而兩業就。今既差官隱括義勇，又別差官團集保甲，卽一事分爲兩事，恐民不能無擾。」帝卒從安石議。彥博請令安石就中書一面施行此事。安石曰：「本爲保甲，故中書預議。若止欲作義勇、強壯，卽合令樞密院取旨施行。」帝曰：「此大事，須共議乃可。」是月，秦鳳路經略呂公弼乞從本司選差官，自十月初，擇諸州上番義勇材武者以爲「上義勇」，免齎送芻糧之役；募養馬者爲「有馬上義勇」，幷免其本戶支移。從之。

六年九月，詔義勇人員、節級名闕，須因教閱排連遷補。十月，熙河路經略司言：乞許人投換義勇，以地給之，起立稅額。詔以官地招弓箭手〔四〕；仍許近裏百姓壯勇者占射，依內地起稅，排保甲；即義勇願投充及民戶願受蕃部地者聽之。其頃畝令經略司以肥瘠定數。十一月，詔永興軍、河中府、陝解同華鄜延丹坊邠寧環慶耀十五州軍各依元刺義勇外，商虢州、保安軍並止團成保甲。七年，詔義勇正身不許應募充刺，已應募者召人對替。

八年四月，詔韓琦等。曰〔五〕：「河朔義勇民兵，置之歲久，耳目已熟，將校甚整，教習亦良。然團結保甲，一道紛然。義勇舊人十去其七，或撥入保甲，或放而歸農，得增數之虛名，破可用之成法，此又徒起契丹之疑也。」七月，詔應義勇家人投軍後，本戶餘丁數少，合免義勇，並許投軍。十月，詔：「五路義勇每年赴州教，保甲赴縣教，並自十月至次年正月終；義勇不及十指揮、保甲不及十都者，自十二月起教，各據人數分定番次，教閱一月，不許拆破指揮、都保。其人數少處，只作一番、兩番，不須滿所教月分；其年已上番者，止教半月。」十二月，詔五路義勇並與保丁輪充及檢察盜賊，有違犯，依保丁法。

九年正月，詔義勇、保甲逐年遇閱日比試所習武藝，五路每州以二十分爲率取一，分爲五等，第一等解發。四月，詔：「河北西路義勇、保甲分三十六番，隨便近村分，於巡檢、縣尉下上番，半月一替；歲於農閑月，并下番人並令所轄巡檢、縣尉擇寬廣處聚教五日。」是月，兵部言：「舊條，義勇、保甲所習事藝以十分爲率，弓不得過二分，槍刀共不得過二分，餘並習弓弩。」詔槍手依舊專習外，刀牌手令兼習弓弩，仍頒樣下五路施行〔六〕。九月，詔永興、秦鳳等路義勇，以主戶三丁以上充，不拘戶等。是年，諸路所管義勇：河北東路三萬六千二百一十八人，河北西路四萬五千七百六十六人，永興軍路八萬七千九百七十八人，秦鳳路三萬九千九百八十人，河東路三千五百九十五人，總二十四萬七千五百三十七人。

元豐二年，中書、樞密院請河北陝西義勇、保甲皆如諸軍誦教閱法。從之。三年，詔五路轉運、提舉官巡歷所至，按閱見教義勇、保甲，不如法者牒提點刑獄司施行。四年，蒲宗孟言，乞開封府、五路義勇並改爲保甲〔七〕。自此以次行於諸路矣。此後義勇改爲義勇保甲，載保甲篇。

陝西護塞　慶曆元年，募土人熟山川道路蕃情、善騎射者涅臂充。二百人爲指揮，自備戎械，就鄉閭習武技，季一集州閱教。無事放營農，月給鹽茗。有警召集防守，卽廩給之，無出本路。

川峽土丁　熙寧七年，經制瀘州夷事熊本募土丁五千人，入夷界捕戮水路大小四十六村，蕩平其地二百四十里，募民墾耕，聯其夷屬以爲保甲。元祐二年，瀘南沿邊安撫使司言：「請應瀘人因邊事補授班行，自備土丁子弟在本家地分防拓之人，更無廩給酬賞。若遇賊，臨時取旨。其敢邀功生事，重寘于法。」從之。

政和六年，瀘南安撫使孫羲叟奏：「邊民冒法買夷人田，依法盡拘入官，招置土丁子弟。見招到二千四百餘人，欲令番上。」從之。

宣和四年，詔：「茂州、石泉軍舊管土丁子弟，番上守把，不諳射藝。其選施、黔兵善射者各五十人，分任教習，候精熟日遣回。」

荊湖路義軍土丁、弩手　不見創置之始，北路辰、澧二州，南路全、邵、道、永四州皆置。蓋溪洞諸蠻，保據巖險，叛服不常，其控制須土人，故置是軍。皆選自戶籍，蠲免徭賦，番戍砦柵。大率安其風土，則罕嬰瘴毒；知其區落，則可制狡獪。其校長則有都指揮使、副都指揮使、指揮使、副指揮使、都頭、副都頭、軍頭、頭首、採斫招安頭首、十將、節級，皆敍功遷補，使相綜領。施之西南，實代王師，有禦侮之備，而無饋餉之勞。其後，荊南、歸、峽、鼎、郴、衡、桂陽亦置。

慶曆二年，北路總一萬九千四百人，南路總五千一百五十人。番戍諸砦，或以歲，或以季，或以月。上番人給口糧，有功遷補；自都副指揮使歲給綿袍、月給食錢，指揮使給食錢，副指揮使〔八〕給紫大綾綿袍，都頭已上率有廩給。

熙寧元年，籍荆湖南、北路義軍凡一萬五千人，軍政如舊制。六年，諸路行保甲，司農寺請令全邵二州土丁、弩手、弩團與本村土人共爲保甲，以正副指揮使兼充都副保正，以都頭、將虞候、頭首、都甲頭兼充保長，以左右節級、甲頭兼充小保長。番上則本鋪土丁、弩手、弩團等同爲一保，其隔山嶺不及五大保者亦各置都保正一人。

元祐七年，選差邵州邵陽、武崗、新化等縣中等以下戶充土丁、弩手，與免科役，七年一替；排補將級，不拘替放年〔九〕，分作兩番邊砦防拓，不得募人。凡上番，依禁軍例教閱武藝及專習木弩。如有私役，並論如私役禁軍敕。

紹聖二年，樞密院言：「荆湖南路安撫、轉運、提刑、常平司奏請，邵州管下緣邊堡砦置弩手一千四百人，乞依元豐六年詔，於五等戶輪差，並半年一替。其上番人如有故，許家人少壯有武藝者代充。」從之。

崇寧二年，荆湖南路安撫、鈐轄李閎言：「收復綏寧縣上堡里、臨口砦，合用防拓弩手千人，乞於邵州邵陽、武岡兩縣中等以下戶選差，半年一替；遇上番，月支錢米；排補階級，自正副使而下至左右甲頭，依舊爲七階；分兩番部轄，令邵州給帖。」從之。

政和七年，以辰、沅、澧等州更戍土丁與營田土丁名稱重疊，將兵馬都鈐轄司招塡土丁改爲鼎澧路營田刀弩手。

重和元年，辰州招到刀弩手二千一百人，其官吏各轉官，減磨勘年有差。

宣和四年，靖州通道縣有邊警，詔添置刀弩手二千人。

夔州路義軍土丁、壯丁　州縣籍稅戶充，或自溪洞歸投。分隸邊砦，習山川道路，遇蠻入寇，遣使襲討，官軍但據險策應之。其校長之名，隨州縣補置，所在不一。職級已上，冬賜綿袍，月給食鹽、米麥、鐵錢；其次紫綾綿袍，月給鹽米；其次月給米鹽而已。有功者以次遷。

施、黔、思三州義軍土丁，總隸都巡檢司。施州諸砦有義軍指揮使、把截將、砦將，幷土丁總一千二百八十一人，壯丁六百六十九人。又有西路巡防殿侍兼義軍都指揮使、指揮使〔10〕、都頭、十將、押番、砦將。黔州諸砦有義軍正副指揮使、兵馬使、都頭、砦將、把截將，幷壯丁總千六百二十五人。思州、洪杜彭水縣有義軍指揮使、巡檢將、砦將、科理、旁頭、把截、部轄將，幷壯丁總千四百二十二人。渝州懷化軍、溱州江津巴縣巡遏將，皆州縣調補。其户下率有子弟、客丁〔二〕，遇有寇警，一切責辦主戶。巡遏、把截將歲支料鹽，禩子須三年其地內無寇警乃給〔三〕，有勞者增之。州縣籍土丁子弟幷器械之數，使分地戍守。嘉祐中，補涪州賓化縣夷人爲義軍正都頭、副都頭、把截將、十將、小節級，月給鹽，有功以次遷，及三年無夷賊警擾，即給正副都頭紫小綾綿旋襴一。涪陵、武龍二縣巡遏將，砦一人，以物力戶充，免其役。其義軍土丁，歲以籍上樞密院。

廣南西路土丁　嘉祐七年，籍稅戶應常役外五丁點一爲之，凡得三萬九千八百人。分隊伍行陣，習槍、鏢排，冬初集州按閱。後遞歲州縣迭教，察視兵械。以防收刈，改用十一月教，二月罷。

熙寧七年，知桂州劉彝言：「舊制，宜、融、桂、邕、欽五郡土丁，成丁已上者皆籍之。既接蠻徼，自懼寇掠，守禦應援，不待驅策。而近制主戶自第四等以上，三取一以爲土丁。而旁塞多非四等以上，若三丁籍一，則減舊丁十之七。餘三分以爲保丁，保丁多處內地，又侯其益習武事，則當蠲土丁之籍。恐邊備有闕，請如舊制便。」奏可。

元豐六年，廣西經略使熊本言：「宜州土丁七千餘人，緩急可用。欲令所屬編排，分作都分，除防盜外，緣邊有警，聽會合掩捕。」從之。

元符二年，廣西察訪司言：「桂、宜、融等用土丁緣邊防拓，差及單丁，乞差兩丁以上之家。」從之。

廣南東路槍手　嘉祐六年，廣、惠、梅、潮、循五州以戶籍置，三等已上免身役，四等以下免戶役，歲以十月一日集縣閱教。治平元年，詔所在遣官按閱，一月罷，有闕即招補；不足，選本鄉有武技者充。

熙寧元年，詔廣州槍手十之三教弓弩手。是歲，會六郡槍手，爲指揮四十一，總一萬四千七百有奇。三年，知廣州王靖言：「東路槍手，自至和初立爲土丁之額，農隙肄業一月，乃古者寓兵於農之策也。然訓練勸奬之制未備，請比三路義勇軍政教法條上約束。」四年，知封州鄧中立〔三〕請以本路未置槍手州縣，如廣、惠等五郡例置。奏可。六年，廣東駐泊楊從先言：「本路槍手萬四千，今爲保甲，兩丁取一，得丁二十五萬，三丁取一，得丁十三萬，以少計之，猶十倍於槍手。願委路分都監二員，分提舉教閱。」詔司農寺定法以聞。其後，戶四等以上，有三丁者以一爲之，每百人爲一都，五都〔四〕爲一指揮。自十一月至二月，月輪一番閱習，凡三日一試，擇其技優者先遣之。七年，詔廣南東西路舊槍手、土丁戶依河北、陝西義勇法，三丁選一，餘州無槍手、土丁者勿置。九年，兵部言：「廣、惠、循、潮、南恩五郡槍手，請籍主戶第四等以上壯丁〔五〕，毋過舊額一萬四千，餘以爲保甲。」奏可。元豐二年，詔：廣、惠、潮、封、康、端、南恩七州皆並邊，外接蠻徼，宜依西路保甲教習武藝。時又詔虔州槍仗手以千五百，撫州建昌軍鄉丁、關軍、槍仗手各以千七百爲額。監司以農隙按閱武藝如廣東制。

邕、欽溪洞壯丁　治平二年，廣南西路安撫司集左、右兩江四十五溪洞知州、洞將，各占隣迭爲救應，仍籍壯丁，補校長，給以旗號。峒以三十人爲一甲，置節級，五甲置都頭，十甲置指揮使，五十甲置都指揮使，總四萬四千五百人，以爲定額。各置戎械，遇有寇警召集之，二年一閱，察視戎械。有老病并物故名闕，選少壯者塡，三歲一上。

熙寧中，王安石言：「募兵未可全罷，民兵則可漸復，至於二廣尤不可緩。今中國募禁軍往戍南方，多死，害於仁政。陛下誠移軍職所得官十二三，鼓舞百姓豪傑，使趨爲兵，則事甚易成。」於是，蘇緘請訓練二廣洞丁。舊制，一歲教兩月。安石曰：「訓練之法，當什伍其人，拔其材武之士以爲什百之長。自首領以下，各以祿利勸奬，使自勤於閱習，卽事藝可成，部分可立，緩急可用。」六年，廣南西路經略沈起言：「邕州五十一郡峒丁，凡四萬五千二百。請行保甲，給戎械，教陣隊。藝出衆者，依府界推恩補授。」奏可。

九年，趙禼征交阯，入辭，帝諭以「用峒丁之法，當先誘以實利，然後可以使人；甘言虛辭，豈能責其效命？比鄜延集教蕃兵，賴卿有以制之，使輕罪可決，重罪可誅。違西夏則其禍遠，違帥臣則其禍速，合於兵法『畏我不畏敵』之義，故能責其效命。王師之南，卿宜選募勁兵數千，擇梟將領之，以脅諸峒；諭以大兵將至，從我者有賞，其不從者按族誅之。兵威既振，先脅右江，右江既附，復脅左江，兩江附則諸蠻無不附者。然後以攻交人劉紀巢穴，甚非難也。郭逵性吝嗇，卿宜諭以朝廷兵費無所惜；逵復事崖岸，不通下情，將佐莫敢言者，卿至彼，以朕語詔之。」

十年，樞密院請：「邕、欽峒丁委經略司提舉，同巡檢總涖訓練之事，一委分接〔二六〕；歲終上藝優者，與其酋首第受賞。五人爲保，五保爲隊。第爲三等：軍功武藝出衆爲上，蠲其徭役；人材矯捷爲中，錫其科配；餘爲下。邊盜發則酋長相報，率族衆以捍寇。」十二月，詔邕、欽丁壯自備戎械，貧者假以官錢，金鼓旗幟官給，間歲大閱，畢則斂藏之。

元豐元年，經略司請集兩江峒丁爲指揮，權補將校。奏可。二年，廣西經略司言：「團結邕、欽峒丁爲指揮一百七十五，籍武藝上等一萬三千六百七人。」詔下諸臣獻議措置峒丁事，付曾布參酌損益，創爲規畫，務令詳盡，便於施行。布乃請令鎭砦監押、砦主同管轄兵甲使臣與巡檢等，分定州峒總制，立賞罰懲勸；增置都巡檢使兩員，分提舉；及增首領丁壯，歲閱之，以武藝絕倫者聞，量材補授。詔增都巡檢使二員，餘下熊本擇其可者施行之。

五年，詔：「廣南保甲如戎、瀘故事，自置裹頭無刃槍、竹標排、木弓刀、蒿矢等習武技，遇捕盜則官給器械。」

六年，詔樞密承旨司講議，廣西峒丁如開封府界保甲集教、團教法。是年，提點廣西路刑獄彭次雲言：「邕苦瘴癘，請量留兵更戍，餘用峒丁，以季月番上，給禁軍錢糧。」詔許彥先度之〔七〕，彥先等言：「若盡以代正兵，恐妨農。請計戍兵三之一代以峒丁，季輪二千赴邕州肄習武事。」從之。

大觀二年，詔：「熙寧團集左、右江峒丁十餘萬衆，自廣以西賴以防守。今又二十萬衆來歸，已令張莊依左、右江例相度聞奏。尚慮有司不知先務，措置滅裂，今條畫行下其所修法，入熙河蘭湟、秦鳳路敕遵行之。」

福建路槍仗手

元豐元年，轉運使蹇周輔言：「廖恩爲盜，以槍仗手捕殺，乃有冒槍仗手之名，乘賊勢驚擾村落，患有甚於廖恩者。」詔犯者特加刺配。周輔請額定槍仗手人數，歲集閱之。下其章兵部。兵部請依保甲法編排，罷舊法，以隸提刑司。居相近者五人爲小保，保有長；五小保爲一大保長，十大保爲一都、副保正。具敎閱、捕盜賊、食直等令頒焉。總一萬二百人有奇，以歲之農隙，部使者分閱，依弓手法賞之。二年，立法，聽自置兵械寄於官，遇捕盜乃給，數外置者從私有法。

元祐元年，御史上官均言：「福建路往年因寇盜召募槍手，多至數百人，少不下一二百人。每歲監司親至按試犒賞，比至閱視，其老弱不閑武技者十七八。監司所至，多先期呼集。既至，往往代名充數，冒受支賞，徒有呼集之勞，而無校試之實。欲乞重行考覈，不必充滿舊數，庶幾得實。」

靖康元年，臣僚言：「天下步兵之精，無如福建路槍仗手，出入輕捷，馭得其術，一可當十。乞選官前去召募。」從之。

江南西路槍仗手　熙寧七年〔八〕，詔籍虔汀漳三州鄉丁、槍手等，以制置盜賊司言三州壤界嶺外，民喜販鹽且爲盜，非土人不能制故也。元豐二年，詔虔州槍仗手千五百三十六人〔九〕，撫州建昌軍鄉丁、關軍、槍仗手〔一〇〕，各千七百七十八人爲定額。每歲農隙，輪監司、提舉司官案閱武藝，以備姦盜。從前江西轉運副使蔣之奇請也。

宣和三年，兵部言：「近因江西漕臣謂本路槍仗手，元豐七年以八千三十五人爲額，至元祐中減罷七千一百四十二人，元符間雖嘗增立人數，比之元額猶減其七。乞詔諸路監司、帥臣並遵熙寧舊制補足元額。」從之。

蕃兵者，具籍塞下內屬諸部落，團結以爲藩籬之兵也。西北邊羌戎，種落不相統一，保塞者謂之熟戶，餘謂之生戶。陝西則秦鳳、涇原、環慶、鄜延，河東則石、隰、麟、府。其大首領爲都軍主，百帳以上爲軍主，其次爲副軍主、都虞候、指揮使〔三〕、副兵馬使，以功次補者爲刺史、諸衞將軍、諸司使、副使、承制、崇班、供奉官至殿侍。其充本族巡檢者，奉同正員，月添支錢十五千，米麪傔馬有差。刺史、諸衞將軍請給，同蕃官例。首領補軍職者，月奉錢自三千至三百，又歲給冬服綿袍凡七種，紫綾三種。十將而下皆給田土。

康定初，趙元昊反，先破金明砦，殺李士彬父子，蕃部旣潰，乃破塞門、安遠砦，圍延州。二年，陝西體量安撫使王堯臣言：「涇原路熟戶萬四百七十餘帳之首領，各有職名。曹瑋帥本路，威令明著，嘗用之以平西羌。其後，守將失於撫馭，寖成驕黠。自元昊反，鎭戎軍及渭州山外皆被侵擾，近界熟戶亦遭殺擄。蕃族之情，最重酬賽，因其讎隙而激怒之，可復得其用。請遣人募首領願效用者，籍姓名及士馬之數。數及千人，聽自推有謀勇者授班行及巡檢職名，使將領出境。破蕩生戶所獲財畜，官勿檢覈。得首級及傷者給賞，仍依本族職名遷補增奉。」詔如所請。

慶曆二年，知青澗城种世衡奏：募蕃兵五千，涅右手虎口爲「忠勇」字，隸折馬山族。言者因請募熟戶，給以禁軍廩賜使戍邊，悉罷正兵。下四路安撫使議，環慶路范仲淹言：「熟戶戀土田，護老弱、牛羊，遇賊力戰，可以藩蔽漢戶，而不可倚爲正兵。大率蕃情黠詐，畏強凌弱，常有以制之則服從可用，如倚爲正兵必至驕蹇。又今蕃部都虞候至副兵馬使奉錢止七百，悉無衣廩。若長行遽得禁兵奉給，則蕃官必生觖望。況歲罕見敵，何用長與廩給？且錢入熟戶，蕃部資市羊馬、青鹽轉入河西，亦非策也。若遇有警，旋以金帛募勇猛，爲便。」議遂格。

治平二年，詔陝西四路駐泊鈐轄秦鳳梁寔、涇原李若愚、環慶王昭明、鄜延韓則順各管勾本路蕃部，團結強人、壯馬，預爲經畫，寇至則老弱各有保存之所。仍諭寔等往來蕃帳，受其牒訴，伸其屈抑，察其反側者羈縻之，勿令猜阻以萌釁隙。寔等至蕃部召首領〔三〕，稱詔犒勞，齎以金帛；籍城砦兵馬，計族望大小，分隊伍，給旗幟，使各繕堡壘，人置器甲，以備調發。仍約：如令下不集，押隊首領以軍法從事。自治平四年以後，蕃部族帳益多，而撫御團結之制益密，故別附于其後云：

秦鳳路：砦十三，強人四萬一千一百九十四，壯馬七千九百九十一。三陽砦，十八門、三十四大部族、四十三姓、一百八十族，總兵馬三千四百六十七。隴城砦，五門、五大部族、三十四小族、三十四姓，總兵馬二千五十四。弓門砦，二大門、十七部族、十七姓、十七小族，總兵馬一千七百四。冶坊砦〔三〕，二大門、二大部族、九姓、九小部族，總兵馬三百六十。床穰砦〔四〕，二大門、二大部族、十一姓、十一小族，總兵馬一千八十。靜戎砦，門三，計大部族十、六姓、十六小族，總兵馬六百二十五。定西砦，四門、四大部族、十六姓、二十八族，總兵馬六百。伏羌砦，二門、二大部族、三十二姓、三十三小部族，總兵馬一千九百九十二。安遠砦，二十三門、二十三大部族、一百二十六姓、一百二十六小族，總兵馬五千三百五十。來遠砦〔二五〕，八門、八大部族、十九姓、十九小族，總兵馬一千五百七十四。寧遠砦，四門、四大部族、三十六姓、三十六小族，總兵馬七千四百八十。古渭砦，一百七十二門、一百七十一姓、十二大部族、一萬六千九百七十小帳，兵七千七百、馬一千四百九十。

鄜延路：軍、城、堡、砦十，蕃兵一萬四千五百九十五，官馬二千三百八十二，強人六千五百四十八，壯馬八百十。永平砦，東路都巡檢所領八族，兵一千七百五十四，馬四百九。青澗城，二族，兵四千五百十，馬七百三十四。龍安砦〔二六〕，鬼魁等九族，兵五百九十九，馬一百二十九。西路德靖砦，同都巡檢所領揭家等八族，兵一千一百一十四，馬一百五十。安定堡〔二七〕，東路都巡檢所領十六族，兵一千九百八十九，馬四百六十。保安軍，兩族，兵三百六十一，馬五十。德靖砦，西路同都巡檢所領二十族，兵七千八百五，馬八百七十七。又小胡等十九族，兵六千九百五十六，馬七百二十五。保安軍，北都巡檢所領厥七等九族，兵一千四百四十一，馬一百六十七。園林堡，兩族，兵八百二十二，馬九十三。肅戎軍，卞移等八族，兵七百四十八，馬一百二十三。

涇原路：鎮、砦、城、堡二十一，強人一萬二千四百六十六，壯馬四千五百八十六，爲一百十甲，總五百五隊。新城鎮，四族，總兵馬三百四十一，爲十六隊。截原砦，六族，總兵馬五百九十六，爲六甲二十隊。平安砦，十一族，總兵馬二千三百八十四，爲十甲四十六隊。開邊砦，十八族，總兵馬一千二百五十四，爲九甲四十四隊。新門砦，十二族，總兵馬一千七十三，爲三甲二十八隊。西壕砦，三族，總兵馬四百五十四，爲四甲二十隊。柳泉鎮，十二族，總兵馬九百八十六，爲七甲三十一隊。綏寧〔二八〕、海寧砦，四族，總兵馬七百八十八，爲四十甲三十二隊。靖安砦，四族，總兵馬一千九百八十二，爲四甲五十九隊。瓦亭砦，四族，總兵馬五百九十一，爲四甲十九隊。安國鎮，五族，總兵馬六百三十四，爲五甲二十二隊。耀武鎮，一族，總兵馬三十二，爲一隊。新砦，兩族，總兵馬一百九。東山砦，四族，總兵馬二百二，爲四甲九隊。彭陽城，三族，總兵馬一百八十四，爲六甲十二隊。德順軍，強人三千六百七十六，壯馬二千四百八十五，爲三十六甲一百三十五隊。本軍二十一族，總兵馬二千五百二，爲三十六隊。隆德砦〔二九〕，七族，總兵馬二百五十六，爲一十七甲十九隊。靜邊砦，二十四族，總兵馬一千八百七，爲三十六隊。水洛城，十九族，總兵馬一千三百五十四，爲十九甲三十八隊。通邊砦，五族，總兵馬一百七十六，爲六隊。

環慶路：鎮、砦二十八，強人三萬一千七百二十三，壯馬三千四百九十五，總一千一百八十二隊。安塞砦，四族，強人三百五十一，壯馬三十，爲十六隊。洪德砦，二族，強人二百七十三，壯馬五十二，爲十隊。肅遠砦，三族，強人一千五百五十九，壯馬二百六十三，爲六十隊。烏崙砦，一族，強人六百八十四，壯馬一百一十八，爲二十六隊。永和砦，旁家一族計六標，強人一千二百五十五，壯馬二百二，爲四十四隊。平遠砦，六族，強人五百四十，壯馬八十七，爲二十七隊。定邊砦〔三〇〕，六族，強人七百四十八，壯馬一百一十六，爲三十隊。合道鎮，十四族，強人一千五百六十五，壯馬一百八十三，爲五十七隊。木波鎮〔三一〕，十四族，強人二千一百六十九，壯馬一百九十五，爲六十一隊。石昌鎮，二族，強人四百六十二，壯馬三十四，爲十七隊。馬領鎮，四族，強人一千一十六，壯馬八十，爲二十四隊。團堡砦〔三二〕，二族，強人一千二十二，壯馬一百十一，爲二十四隊。荔原堡，十三族，強人二千二百二十一，壯馬二百九十四，爲八十二隊。大順城，二十三族，強人三千四百九十一，壯馬三百十四，爲一百四十一隊。柔遠砦，十二族，強人二千三百八十一，壯馬一千，爲九十隊。東谷砦，十六族，強人四百五十九，壯馬五十六，爲十四隊。西谷砦，十族，強人一千七百九十四，壯馬一百四十，爲六十五隊。淮安鎮，二十七族，強人四千三百六十八，壯馬三百二十一，爲一百七十隊。平戎鎮，八族，強人一千八十五，壯馬一百七十一，爲四十一隊。五交鎮，十族，強人一千一百七，壯馬七十三，爲四十九隊。合水鎮，四族，強人六百三十一，壯馬九十五，爲二十四隊。鳳川鎮，二十三族，強人八百七十五，壯馬一百四十三，爲二十隊。華池鎮，三族，強人二百六十二，壯馬三十八，爲十二隊。業樂鎮〔三〕，十七族，強人一千一百七十二，壯馬六十四，爲四十六隊。府城砦，一族，強人二百三十三，壯馬五，爲七隊。

治平四年，郭逵言：「秦州青雞川蕃部願獻地，請於川南牟谷口置城堡，募弓箭手，以通秦州、德順二州之援，斷賊入寇之路。」閏三月，收原州九砦蕃官三百八十一人，總二百二十九族，七千七百三十六帳，蕃兵萬人，馬千匹。是歲，罷四路內臣主蕃部者，選逐路升朝使臣諳練蕃情者爲之。

熙寧元年，議者謂：

熟羌乃唐設三使所統之党項也。自西夏不臣，種落叛散，分寓南北。爲首領者父死子繼，兄死弟襲，家無正親，則又推其旁屬之強者以爲族首，多或數百，雖族首年幼，第其本門中婦女之令亦皆信服，故國家因其俗以爲法。其大首領，上自刺史下至殿侍，並補本族巡檢，次首領補軍主、指揮使，下至十將，第受廩給。歲久，主客族帳，混淆莫紀。康定中，嘗遣蔣偕籍之。今踰三十年，主家或以累降失其先職族首名品，而客戶或以功爲使臣，軍班超處主家之上。軍興調發，有司惟視職名，使號令其部曲，而衆心以非主家，莫肯爲用。

請自今蕃官身歿，秩高者子孫如例降等以爲本族巡檢，其旁邊能捍賊者給奉，遠邊者如舊限以歲月；其已降等或三班差使、殿侍身歿無等可降者，子孫不降，充軍主、指揮使者卽以爲殿侍。如此，則本族蕃官名品常在。或其部曲立功當任官者，非正親毋得爲本族巡檢，止增其奉；其軍主至十將，祖、父有族帳兵騎者，子孫卽承其舊，限年受廩給；能自立功者不用此令。如此，則熟羌之心皆知異日子孫不失舊職，世爲我用矣。

樞密院乃會河東路，蕃部承襲不降資〔三〕；秦鳳路降兩資，涇原路蕃官告老以門內人承代亦不降資，鄜延、環慶路蕃官使臣比類授職。蕃官副兵馬使以上元無奏到之人，詔鄜延、環慶路蕃官本族首領子孫當繼襲者，若都軍主以下之子孫勿降，殿侍幷差使、殿侍之子孫充都軍主，借職、奉職之子孫充殿侍，侍禁、殿直之子孫充差使、殿侍，供奉官之子孫補可。奏借職，承制以下子孫補奉職；其諸司副使以上子孫合繼襲者，視漢官遺表加恩二等。

二月，知青澗城劉怤言：「所隸歸明號箭手〔三〕八指揮，凡三千四百餘人、馬九百匹，連歲不登，願以丹州儲糧振恤。」詔下其章轉運司行之。

二年，郭逵奏：「蕃兵必得人以統領之。若專迫以嚴刑，彼必散走山谷，正兵反受其弊。當設六術以用之：曰遠斥堠，曰擇地利，曰從其所長，曰捨其所短，曰利誘其心，曰戰助其力。此用蕃兵法也。」詔從之。

三年，宣撫使韓絳言：「親奉德音，以蕃部子孫承襲者多幼弱，不能統衆，宜選其族人爲衆信伏者代領其事。聖算深遠，眞得禦邊之要。請下諸路帥臣以詔從事。」

四年，詔：「蕃官殿侍、三班差使補職，或繇殿侍遷差使及十二年，嘗充巡檢或管幹本族公事，或爲蕃官指揮，或嘗備守禦之任者，總管司以聞，特與遷改。」

五年，王韶招納沿邊蕃部，自洮、河、武勝軍以西，至蘭州、馬銜山、洮、岷、宕、疊等州，凡補蕃官、首領九百三十二人，首領給飱錢、蕃官給奉者四百七十二人，月計費錢四百八十餘緡，得正兵三萬，族帳〔三〕數千。

六年，帝謂輔臣曰：「洮西香子城之戰，官軍貪功，有斬巴氊角部蕃兵以效級者，人極嗟憤。昔李靖分漢蕃兵各爲一隊，無用衆於紛亂。」王安石進曰：「李靖非素拊循蕃部者也，故其教兵當如此。今熙河蕃部既爲我用，則當稍以漢法治之，使久而與漢兵如一。武王用微、盧、彭、濮人，但爲一法。今宜令蕃兵稍與漢同，與蕃賊異，必先錄用其豪傑，漸以化之。此用夏變夷之術也。」帝乃詔王韶議其法。

帝曰：「岷、河蕃部族帳甚衆，儻撫御咸得其用，可以坐制西夏，亦所謂以蠻夷攻蠻夷者也。陝西極塞，儻會合訓練，爲用兵之勢以懾敵人，彼必隨而聚兵以應我。頻年如此，自致困弊。兵法所謂『佚能勞之』者也。」安石對曰：「朝廷當先爲不可勝，聚糧積財，選兵而已。新附之羌，厚以爵賞，收其豪傑，賜之堅甲利兵，以激其氣，使人人皆有趨赴之志，待我體強力充，鼓行而西，將無不可者。」馮京、王珪曰：「儻如聖策，多方以誤之，彼既疲於點集，而我無攻取之實，久之必不我應。因爾舉兵，若蹈無人之境矣。」帝曰：「此正晉人取吳之策也。夫欲經營四夷，宜無先於此矣。」帝嘗謂：「蕃部未嘗用兵，恐以虛名內附，臨事不可使。」安石對曰：「剛克柔克，所用有宜。王韶以爲先以恩信結納其人，有強梗不服者，乃以殺伐加之。大抵蕃部之情，視西夏與中國強弱爲向背。若中國形勢強，附中國爲利，卽不假殺伐，自當堅附。矧蕃部之俗，既宗貴種，又附強國，今用木征貴種等三人，又稍以恩信收蕃部，則中國形勢愈強，恐不假殺伐，而所附蕃部自可制使。」帝以爲然。是時，王韶拓熙河地千二百里，招附三十餘萬口。安石奏曰：「今以三十萬之衆，漸推文法，當卽變其夷俗。然韶所募勇敢士九百餘人，耕田百頃，坊三十餘所。蕃部旣得爲漢，而其俗又賤土貴貨，漢人得以貨與蕃部易田，蕃人得貨，兩得所欲，而田疇墾，貨殖通，蕃漢爲一，其勢易以調御。請令韶如諸路以錢借助收息，又捐百餘萬緡養馬於蕃部，且什伍其人〔三七〕，奬勸以武藝，使其人民富足，士馬強盛，奮而使之，則所嚮可以有功。今蕃部初附〔三八〕，如洪荒之人，唯我所御而已。」

七年，韶言：「討平河州叛蕃，闢土甚廣，已置弓箭手，又以其餘地募蕃兵弓箭手，每砦三指揮或至五指揮，每指揮二百五十人，人給田百畝〔三九〕，以次蕃官二百畝，大蕃官三百畝，仍募漢弓箭手爲隊長，稍衆則補將校，暨蕃官同主部族之事。其蕃弓箭手並刺『蕃兵』字於左耳，以防漢兵之盜殺而效首者。」詔如其請。十一月，王中正團結熙河界洮、河以西蕃部，得正兵三千八十六人，正副隊將六十人，供贍一萬五千四百三十人。

八年五月，詔李承之參定蕃兵法。十一月，詔：「選陝西蕃兵丁壯戶，九丁以上取五，六取四，五取三，三取二，二取一，並年二十以上，涅手背，毋過五丁。每十人置十將一，五十人置副兵馬使一，百人置軍使一、副兵馬使一，二百人置軍使一、副兵馬使三〔四〇〕，四百人加軍使一、副兵馬使一，五百人又加指揮使一、副兵馬使一，過五百人，每百人加軍使一、副兵馬使一，卽一族三十人已上亦置副兵馬使一，不及二十人止置十將。月受奉，仍增給錢，指揮使一千五百至十將有差。」

十年，樞密院言：「陝西、河東議立團結蕃部法，欲如所奏。」上手詔曰：「夏人所恃以強國者，山界部落數萬之衆爾。按其地誌，朝廷已據有其半。彼用之則幷小凌大，所向如欲；在我則徒能含撫豢養，未嘗得其死力，豈惟不能用之，又恐其爲患也。故小有悖戾，有司惟能以利說解之，上下相習畏憚，任其縱散，久失部勒。其近降之法，固未可信其必行，然以理言之，彼此均有其人，而利害遼遠。今苟循邊人，衆知其說，止於舊法聊改一二，則收功疑亦不異往日。徒爲紛紛，無補於事。可再下呂惠卿參詳以聞。」

元豐六年，詔：「蕃官雖至大使臣，猶處漢官小使臣之下(四二)。朝廷賞功增秩，以爲激勸，乃爾卑抑，則孰知遷官之榮？宜定蕃漢官序位。」後河東經略司言：「蕃官部堡塞兵出戰，嘗以漢官驅策，恐不當與漢官序位。」而兵部請蕃漢非統轄者乃令序官，奏可。熙河蘭會路經略制置使李憲言：「治蕃兵，置將領，法貴簡而易行，詳而難犯。臣今酌蕃情立法，凡熙河蘭會五郡，各置都同總領蕃兵將二人；本州諸部族出戰，蕃兵及供贍人馬各置管押蕃兵使臣十人。五郡蕃兵自爲一將，出戰則以正兵繼之，旗幟同色。蕃兵以技藝功勞第爲四等，蕃官首領推遷如之。」八月，憲又言：「漢蕃兵騎雜爲一軍，語言不通，居處飲食悉不便利。昔李靖以蕃落自爲一法，臣近以蕃兵自爲一將，釐漢蕃爲兩軍，相參號令，軍事惟所使焉。」

七年，瀘南緣邊安撫司言：「羅始党生界八姓，各願依七姓、十九姓刺充義軍，團結爲三十一指揮，凡一萬五千六百六十人。」從之。

元祐元年，臣僚言：「涇原路蕃兵人馬凡衆，遇臨敵與正兵錯雜，非便。」詔下其章四路都總管詳議，環慶范純粹言：「漢蕃兵馬誠不可雜用，宜於逐將各選廉勇曉蕃情者一員專充蕃將，令於平日鈐束訓練，遇有調發，卽令部領爲便。」又言：「頃兵部議乞蕃漢官非相統轄者，並依官序相壓；其城砦等管轄蕃官，卽依舊在本轄漢官之下。詔從其請。且諸路蕃官，不問官職高卑，例在漢官之下，所以尊中國，制遠人也。行之既久，忽然更制，便與不相統轄之官依品序位，卽邊上使臣及京職官當在蕃官之下十有八九，非人情所能堪。蕃部兇驕，豈可輒啓？宜悉依舊制，並序漢官之下。」從之。

元符二年三月，涇原經略司言：「乞將東西路蕃兵將廢罷，仍於順便城砦隸屬逐將統領，與漢兵相兼差使〔四〕。」秦鳳路如之。四月，環慶路經略安撫司言：「新築定邊城有西夏來投蕃部甚衆，欲自今將歸順之人，就新城收管給田，仍乞選置總領蕃兵正副二員。」從之。

校勘記

〔一〕三十　長編卷二〇三、編年綱目卷一七都作「五十」。

〔二〕防秋以八月十五日上十月罷防春以正月十五日上　兩「上」字原都作「止」，據長編卷二一三、通考卷一五六兵考改。

〔三〕炒飯　「飯」原作「飲」，據長編卷二一八、溫國文正司馬公集卷四三諫西征疏改。

〔四〕詔以官地招弓箭手　「詔」字原脫，據長編卷二四七補。

〔五〕詔韓琦等曰　按編年綱目卷二〇：「上以虜情無厭，橫使再至」，詔前宰相韓琦等，令密具「待遇之要，備禦之方」以聞。琦答以「所以致虜之疑者七事」，其四爲「創保甲」，卽下文所引內容。長編卷二六二所載略同。此處「曰」字以下云云乃韓琦答語，不是詔文，「詔韓琦等」四字下當有脫文。

〔六〕仍頒樣下五路施行　「頒」原作「額」。按宋會要兵二之一一作「其弩樣仍頒下五路施行」。據改。

〔七〕乞開封府五路義勇並改爲保甲　按宋會要兵二之一九載蒲宗孟言：「開封府界惟有保甲無義勇，五路義勇、保甲敎習之法，事體略同，給錢糧亦不相遠。今上番敎既立一法，五路不得獨異于府界。欲乞五路義勇並排爲保甲，所貴民兵法出于一。」長編卷三二一所載同，「開封府」三字當屬衍文。

〔八〕副指揮使　「副」、「使」二字原脫，據文義和通考卷一五六兵考補。

〔九〕不拘替放年　「放」原作「故」，據宋會要兵一之一一、通考卷一五六兵考改。又「年」字下宋會要多一「月」字。

〔一〇〕指揮使　原脫，按上下文例，都指揮使下應有指揮使一級，據通考卷一五六兵考補。

〔一一〕客丁　原作「各丁」。按通考卷一五六兵考作「客丁」，下文說：「遇有寇警，一切責辦主戶。」作「客丁」是，據改。

〔一二〕襖子須三年其地內無寇警乃給　「須」原作「領」，據文義和通考卷一五六兵考改。

〔一三〕鄧中立　「立」，長編卷二二六作「元」，太平治蹟統類卷三〇作「玄」。疑「立」是「玄」字之訛。

〔一四〕五都　原作「一都」；下衍「之下」二字。按宋代鄉兵編制，指揮以下方爲都，「一都之下爲一指揮」，與事實不合。又上一卷河北河東強壯條載：「五百人爲指揮使，百人爲都」，與長編卷二四六、通考卷一五六兵考本條所載每百人爲一都，五都爲一指揮相合。據改。

〔一五〕請籍主戶第四等以上壯丁　「四等」二字原脫。按上文記載本路槍手：「戶四等以上，有三丁者以一爲之。」宋會要兵一之七尚書兵部言，也一再提到在第四等以上主戶中抽充，其內容當卽本條之事，而記載較詳，但繫於熙寧七年，與本條異。同書兵一之八又載元豐二年前權廣東提刑許懋等上言，也有「依廣、惠、循、潮、南恩五州例，於四等以上主戶三丁取一爲槍杖手」句，則「第」字下當有「四等」二字，據補。

〔一六〕一委分按　按長編卷二八三記此事作「每季分往按閱」，疑此句當爲「一季分按」。

〔一七〕詔許彥先度之　按宋會要兵四之三五、長編卷三三二「許彥先」下多一「劉何」，本句下接着又說：「彥先等言」。「先」字下當有脫文。

〔一八〕熙寧七年　「七」原作「十」，據長編卷二五〇、通考卷一五六兵考改。

〔一九〕千五百三十六人　「千」字原脫，據上文廣南東路槍手條「虔州槍仗手以千五百」句、長編卷三〇一所記虔州槍仗手名額補。

〔二〇〕槍仗手　原脫，據同上書同卷同條補。

〔二一〕指揮使　長編卷一三二此下有「副指揮使、軍使」兩職。此處志文係綜論蕃兵編制，「軍使」一名下文屢見，此下疑有脫文。

〔二二〕召首領　「召」字原脫，據長編卷二〇三、通考卷一五六兵考補。

〔二三〕冶坊砦　「冶」原作「治」，據本書卷八七地理志、九域志卷三改。

〔二四〕床穰砦　「床」原作「牀」，據同上書同卷改。

〔一五〕來遠砦　「遠」原作「還」，據同上書同卷改。

〔一六〕龍安砦　「龍」原作「隴」，據同上書同卷改。

〔一七〕安定堡　「安定」二字原倒，據同上書同卷改。

〔一八〕綏寧　原作「綏宇」，據同上書同卷改。

〔一九〕隆德砦　「隆德」二字原倒，據同上書同卷改。

〔二〇〕定邊砦　「邊」原作「遠」，據同上書同卷改。

〔二一〕木波鎭　「木」原作「水」，據九域志卷三、宋會要兵二八之一一改。

〔二二〕團堡砦　「堡」下原衍「隊」字，據本書卷八七地理志、九域志卷三刪。

〔二三〕業樂鎭　「業」原作「葉」，據宋會要兵二八之一〇和長編卷二一四、卷二二五改。

〔二四〕樞密院乃會河東路蕃部承襲不降資　此句以下至「奏可」一段，疑有衍誤。

〔二五〕歸明號箭手　「號箭手」之名前文未見，宋會要兵四之四至五作「歸明弓箭手」，疑「號」字誤，當從會要作「弓」。

〔二六〕族帳　原作「族長」。按「族帳」之名本書屢見，據通考卷一五六兵考改。

〔二七〕什伍其人　「什伍」原作「十五」，據長編卷二三三、通考卷一五六兵考改。

〔二八〕今蕃部初附　「今」原作「令」，據長編卷二三三改。

〔三九〕人給田百畝　「人」字原脫，據本書卷一九〇兵志河東陝西弓箭手條、長編卷二五一補。

〔四〇〕副兵馬使三　按通考卷一五六兵考，此下尚有「三百人置副指揮使一、軍使二、副兵馬使三」之文，此處疑有脫誤。

〔四一〕蕃官雖至大使臣猶處漢官小使臣之下　上一「臣」字原脫，「漢」原作「從」，據宋會要兵一七之三、長編卷三三七補改。

〔四二〕與漢兵相兼差使　按長編卷五〇七此句下還有「從之」二字，疑志文有脫誤。

宋史卷一百九十二

志第一百四十五

兵六 鄉兵三

保甲 建炎後鄉兵 建炎後砦兵

保甲 熙寧初，王安石變募兵而行保甲，帝從其議。三年，始聯比其民以相保任。乃詔畿內之民，十家爲一保，選主戶有幹力者一人爲保長；五十家爲一大保，選一人爲大保長；十大保爲一都保，選爲衆所服者爲都保正，又以一人爲之副。應主客戶兩丁以上，選一人爲保丁。附保〔一〕。兩丁以上有餘丁而壯勇者亦附之，內家貲最厚、材勇過人者亦充保丁，兵器非禁者聽習。每一大保夜輪五人警盜，凡告捕所獲，以賞格從事。同保犯強盜、殺人、放火、強姦、略人、傳習妖教、造畜蠱毒，知而不告，依律伍保法。餘事非干己，又非敕律所聽糾，皆毋得告，雖知情亦不坐，若於法鄰保〔二〕合坐罪者乃坐之。其居停強盜三人，經三日，保隣雖不知情，科失覺罪。逃移、死絕，同保不及五家，併他保。有自外入保者，收爲同保，戶數足則附之，俟及十家，則別爲保，置牌以書其戶數姓名。既行之畿甸，遂推之五路，以達于天下。時則以捕盜賊相保任，而未肄以武事也。

四年，始詔畿內保丁肄習武事。歲農隙，所隸官期日於要便鄉村都試騎步射，並以射中親疏遠近爲等。騎射校其用馬，有餘藝而願試者聽。第一等保明以聞，天子親閱試之，命以官使。第二等免當年春夫〔三〕一月，馬藁四十，役錢二千，本戶無可免，或所免不及，聽移免他戶而受其直。第三、第四等視此有差。藝未精願候閱試，或附甲單丁願就閱試者，並聽。都副保正武藝雖不及等，而能整齊保戶無擾，勸誘丁壯習藝及等，捕盜比他保最多，弭盜比他保最少，所隸官以聞，其恩視第一等焉。都副保正有闕，選大保長充。都副保正雖勸誘丁壯習藝，而輒彊率妨務者，禁之。吏因保甲事受賕、斂掠，加乞取監臨三等，杖、徒、編管、配隸，告者次第賞之，命官犯者除名。時雖使之習武技而未番上也。

五年，右正言、知制誥、判司農寺曾布言：「近日保戶數以狀詣縣，願分番隸巡檢司習武技，提點司以聞朝廷及司農寺。未敢輒議，願下提點司送中書詳審，付司農具爲令。」於是詔：「主戶保丁願上番於巡檢司，十日一更，疾故者次番代之，月給口糧、薪菜錢，分番巡警，每五十人輪大保長二、都副保正一統領之。都副保正月各給錢七千，大保長三千。當番者毋得輒離本所。捕逐劇盜，雖下番人亦聽追集，給其錢斛，事訖遣還，毋過上番人數，仍折除其上番日。巡檢司量留廂界給使，餘兵悉罷。應番保丁武技及第三等已上，並記于籍。遇歲凶，五分已上者第振之，自十五石至三石爲差。」十一月，又詔尉司上番保丁如巡檢司法。

六年，詔開封府畿以都保置木契，左留司農寺，右付其縣，凡追胥、閱試、肄習則出契。是月〔四〕，又詔行於永興、秦鳳、河北東西、河東五路，唯毋上番。餘路止相保任，毋習武藝，內荆湖、川、廣並邊者可肄武事，令監司度之。後惟全邵土丁〔五〕、邕欽洞丁、廣東槍手改爲保甲者則肄焉。十二月，乃罷河北西路強壯、緣邊弓箭社係籍番上巡守者。

初，開封府畿、五路保甲及五萬人，二年一解發，詣京師閱試命官，開封府畿十人，五路七人。八年，詔開封府畿及一萬人、五路及一萬五千人，各許解發一人。

九年，樞密院請自今都副保正、義勇軍校二年一比選，縣考其訓習武藝及等最多、捕察而盜賊最少者上于州，州上所轄官司，同比較以聞。或中選人多，則擇武藝最優者。額外尚有可解發者，則第其次爲之旌勸。第一次，州縣籍記姓名，犯杖以下聽贖；第二次，以等第賜杖子、紫衫、銀帶，犯徒罪情輕奏裁；累及三次者，降宣補之，給馬及芻菽。五路義勇軍校二千，解發毋得過三人。保甲都副保正之解發者亦以二年，府界六人，河北、河東各四人，永興、秦鳳等路七人。都保正、指揮使與下班殿侍，副保正、副指揮使與三司軍將，正副都頭與守闕軍將，並賜衣及銀帶、銀裹頭杖，給馬有差。

初，保甲隸司農，熙寧八年，改隸兵部，增同判一、主簿二、幹當公事官十，分按諸州，其政令則聽于樞密院。十年，樞密院副都承旨張誠一上五路義勇保甲敕；元豐元年，翰林學士、權判尚書兵部許將修開封府界保甲敕成書上之，詔皆頒焉。

二年十一月，始立府界集教大保長法，以昭宣使入內內侍省副都知王中正、東上閤門使狄諮兼提舉府界教保甲大保長，總二十二縣爲教場十一所，大保長凡二千八百二十五人，每十人一色事藝，置教頭一。凡禁軍教頭二百七十，都教頭三十，使臣十。弓以八斗、九斗、一石爲三等，弩以二石四斗、二石七斗、三石爲三等，馬射九斗、八斗爲二等，其材力超拔者爲出等。當教時，月給錢三千，日給食，官予戎械、戰袍，又具銀楪、酒醪以爲賞犒。

三年，大保長藝成，乃立團教法，以大保長爲教頭，教保丁焉。凡一都保相近者分爲五團，卽本團都副保正所居空地聚教之。以大保長藝成者十人衮教，五日一周之。五分其丁，以其一爲騎，二爲弓，三爲弩〔六〕。府界法成，乃推之三路，各置文武官一人提舉，河北則狄諮、劉定，陝西則張山甫，河東則黄廉、王崇拯，以封樁養贍義勇保甲錢糧給其費。是歲，引府界保甲武藝成，帝親閱，錄用能者，餘賜金帛。

四年，改五路義勇爲保甲。狄諮、劉定部領澶州集教大保長四百八十二人見於崇政殿，召執政賜坐閱試，補三班借職、差使、借差凡三十六人〔七〕，餘賜金帛有差。遷諸四方館使，定集賢校理。又詔曰：「三路見訓民兵非久，什長藝成，須便行府界團教之，錢糧、官吏並如畿縣，未知及期能辦與不。若更稽延月日，必致有誤措置大法，可令承旨取索會校之。」其年，府界、河北、河東、陝西路會校保甲，都保凡三千二百六十六，正長、壯丁凡六十九萬一千九百四十五，歲省舊費緡錢一百六十六萬一千四百八十三，歲費緡錢三十一萬三千一百六十六，而團教之賞爲錢一百萬有奇不與焉。凡集教、團教成，歲遣使則謂之提舉按閱，率以近臣挾內侍往給賞錢，按格令從事。諸路皆以番次藝成者爲序，率五六歲一遍，獨河東以金帛不足，乃至十一歲。上以晉人勇悍，介遼、夏間，講勸宜不可後，詔賜緡錢十五萬。時繫籍義勇、保甲及民兵凡七百一十八萬二千二十八人云。熙寧九年之數。

保甲立法之初，故老大臣皆以爲不便，而安石主議甚力，帝卒從之。今悉著其論難，使來者攷焉。

帝嘗論租庸調法而善之，安石對曰：「此法近井田，後世立事粗得先王遺意，則無不善。今亦無不可爲，顧難速成爾。」及帝再問，則曰：「人主誠能知天下利害，以其所謂害者制法，而加於兼併之人，則人自不敢保過限之田；以其所謂利者制法，而加於力耕之人，則人自勸於力耕，而授田不能過限。然此須漸乃能成法。使人主誠知利害之權，因以好惡加之，則所好何患人之不從，所惡何患人之不避？若人主無道以揆之，則多爲異議所奪，雖有善法，何由立哉？」

帝謂府兵與租庸調法相須，安石則曰：「今義勇、土軍上番供役，既有廩給，則無貧富皆可以入衞出戍，雖無租庸調法，亦自可爲。第義勇皆良民，當以禮義獎養。今皆倒置者，以涅其手背也，教閱而糜費也，使之運糧也。三者皆人所不樂，若更毆之就敵，使被殺戮，尤人所憚也。」

馮京曰：「義勇亦有以挽彊得試推恩者。」安石曰：「挽彊而力有不足，則絕於進取，是朝廷有推恩之濫，初非勸獎使人趨武事也。今欲措置義勇皆當反此，使害在於不爲義勇，而利在於爲義勇，則俗可變而衆技可成。臣願擇鄉閭豪傑以爲將校，稍加獎拔，則人自悅服。矧今募兵爲宿衞，及有積官至刺史以上者。移此與彼，固無不可，況不至如此費官祿，已足使人樂爲哉！陛下誠能審擇，近臣皆有政事之材，則異時可使分將此等軍矣。今募兵出於無賴之人，尚可爲軍、廂主，則近臣以上豈不及此輩？此乃先王成法，社稷之長計也。」帝以爲然。

時有欲以義勇代正兵者，曾公亮以爲置義勇、弓手，漸可以省正兵。安石曰：「誠然，第今江、淮置新弓手，適足以傷農。」富弼亦論京西弓手非便。安石曰：「揆文教，奮武衞，先王所以待遠邇者固不同。今處置江、淮與三邊，事當有異。」

帝又言節財用，安石對以減兵最急。帝曰：「比慶曆數已甚減矣。」因舉河北、陝西兵數，慮募兵太少，又訓擇不精，緩急或闕事。安石則曰：「精訓練募兵而鼓舞三路之民習兵，則兵可省。臣屢言，河北舊爲武人割據，內抗朝廷，外敵四鄰，亦有禦奚、契丹者，兵儲不外求而足。今河北戶口蕃息，又舉天下財物奉之，常若不足，以當一面之敵，其施設乃不如武人割據時。則三路事有當講畫者，在專用其民而已。」帝又言：「邊兵不足以守，徒費衣廩。然固邊圉又不可悉減。」安石曰：「今更減兵，卽誠無以待急緩；不減，則費財困國無已時。臣以謂儻不能理兵，稍復古制，則中國無富彊之理。」

帝曰：「唐都長安，府兵多在關中，則爲彊本。今都關東而府兵盛，則京師反不足待四方。」安石曰：「府兵在處可爲，又可令入衞，則不患本不彊。」韓絳、呂公弼皆以入衞爲難。文彥博曰：「如曹、濮人專爲盜賊，豈宜使入衞？」安石曰：「曹、濮人豈無應募？皆暴猾無賴之人，尚不以爲虞；義勇皆良民，又以物力戶爲將校，豈當復以爲可虞也？」陳升之欲令義勇以漸戍近州。安石曰：「陛下若欲去數百年募兵之敝，則宜果斷，詳立法制，令本末備具。不然，無補也。」帝曰：「制而用之，在法當預立條制，以漸推行。」彥博等又以爲土兵難使千里出戍。安石曰：「前代征流求，討党項，豈非府兵乎？」帝曰：「募兵專於戰守，故可恃；至民兵，則兵農之業相半，可恃以戰守乎？」安石曰：「唐以前未有黥兵，然亦可以戰守。臣以謂募兵與民兵無異，顧所用將帥如何爾。將帥非難求，但人主能察見羣臣情僞，善駕御之，則人材出而爲用，不患無將帥；有將帥，則不患民兵不爲用矣。」帝曰：「經遠之策，必至什伍其民，費省而兵衆，且與募兵相爲用矣。」安石對曰：「欲公私財用不匱，爲宗社長久計，募兵之法誠當變革。」帝曰：「密院以爲必有建中之變。」安石對曰：「陛下躬行德義，憂勤政事，上下不蔽，必無此理。建中所以致變，德宗用盧杞之徒而疎陸贄，其不亡者幸也。」

時開封鞠保戶有質衣而買弓箭者，帝恐其貧乏，艱於出備。安石曰：「民貧宜有之，抑民使置弓箭，則法所弗去也〔八〕。往者冬閱及巡檢番上，唯就用在官弓矢，不知百姓何故至於質衣也。然自生民以來，兵農爲一，耒耜以養生，弓矢以免死，皆凡民所宜自具，未有造耒耜、弓矢以給百姓者也。然則，雖使百姓置弓矢亦不爲過。第陛下優恤百姓甚至，故今立法，一聽民便爾。且府界素多羣盜，攻刼殺掠，一歲之間至二百火，逐火皆有賞錢，備賞之人卽今保丁也。方其備賞之時，豈無賣易衣服以納官賞者？然人皆以謂賞錢宜出於百姓。夫出錢之多不足以止盜，而保甲之能止盜，其効已見，則雖令民出少錢以置器械，未有損也。」帝曰：「賞錢人所習慣，則安之如自然；不習慣，則不能無怨。如河決壞民產，民不怨；決河以壞民產，則怨矣。」

帝嘗批：「陳留縣所行保甲，每十人一小保，中三人或五人須要弓箭，縣吏督責，無者有刑。百姓買一弓至千五百，十箭至六七百，當靑黃不接之際，貧下客丁安能出辦？又每一小保用民力築射垜，又自辦錢糧起鋪屋。每保置鼓，遇賊聲擊，民居遠近不一，甲家遭賊，鼓在乙家，則無緣聲擊。如此，須人置一鼓，費錢不少。可速指揮令止如元議，團保覺察盜賊，餘無得施行。鄉民旣憂無錢買弓箭，加以傳惑徙之戍邊，是以父子聚首號泣者非虛也。」安石進呈不行。

帝謂安石：「保甲誠有斬指者，此事宜緩而密。」安石曰：「日力可惜。」帝曰：「然亦不可遽，恐卻沮事。」安石曰：「此事自不敢不密。」權知開封府韓維等言：「諸縣團結保甲，鄉民驚擾。祥符等縣已畢，其餘縣乞候農閑排定。」時府界諸縣鄉民，或自殘傷以避團結，安石辨說甚力。時曾孝寬爲府界提點，榜募告捕扇惑保甲者雖甚嚴，有匿名書封丘郭門者，於是詔重賞捕之。

安石曰：「乃者保甲，人得其願上番狀，然後使之，宜於人情無所驚疑。且今居藏盜賊及爲盜賊之人，固不便新法。陛下觀長社一縣，捕獲府界劇賊爲保甲迫逐出外者至三十人。此曹既不容京畿，又見捕於輔郡，其計無聊，專務扇惑。比聞爲首扇惑者已就捕，然至京師亦止有二十許人。以十七縣十數萬家，而被扇惑者才二十許人，不可謂多。自古作事，未有不以勢率衆而能令上下如一者。今聯十數萬人爲保甲，又待其應募乃使之番上，比乃以陛下矜恤之至〔九〕。令保甲番上捕盜，若任其自去來，卽孰肯聽命？若以法驅之，又非人所願。且爲天下者，如止欲任民情所願而已，則何必立君而爲之張官置吏也？今輔郡保甲，宜先遣官諭上旨，後以法推行之。」帝曰：「然。」

一日，帝謂安石曰：「曾孝寬言，民有斬指訴保甲者。」安石曰：「此事得於蔡駰，趙子幾使駰驗問，乃民因斲木誤斬指，參證者數人。大抵保甲法，上自執政大臣，中則兩制，下則盜賊及停藏之人，皆所不欲。然臣召鄉人問之，皆以爲便。則雖有斬指以避丁者，不皆然也。況保甲非特除盜，固可漸習爲兵。既人皆能射，又爲旗鼓變其耳目，且約以免稅上番代巡檢兵；又自正、長而上，能捕賊者奬之以官，則人競勸。然後使與募兵相參，則可以銷募兵驕志，且省財費，此宗社長久之計。」

帝謂什伍百姓如保甲，恐難成，不如便團結成指揮，以使臣管轄。安石曰：「陛下誠能果斷，不恤人言，卽便團結指揮，亦無所妨。然指揮是虛名，五百人爲一保，緩急可喚集，雖不名爲指揮，與指揮使無異，乃是實事。幸不至大急，卽免令人駭擾而事集爲上策。」帝遂變三路義勇如府畿保甲法。

馮京曰：「義勇已有指揮使，指揮使卽其鄉里豪傑，今復作保甲，令何人爲大保長？」安石曰：「古者民居則爲鄉，五家爲比，比有長，及用兵，卽五人爲伍，伍有伍司馬。二十五家爲閭，閭有閭胥，二十五人爲兩，兩有兩司馬。兩司馬卽閭胥，伍司馬卽比長，第隨事異名而已。此乃三代六鄉六軍之遺法。其法見於書，自夏以來，至周不改。秦雖決裂阡陌，然什伍之，尚如古制，此所以兵衆而強也。征伐唯府兵爲近之。今舍已然之成憲，而乃守五代亂亡之餘法，其不足以致安強無疑。然人皆恬然不以因循爲可憂者，所見淺近也。」

安石又奏：「義勇須三丁以上，請如府界，兩丁以上盡籍之。三丁卽出戍，誘以厚利；而兩丁卽止令於巡檢上番，如府界法。大略不過如此。當遣人與經略、轉運司及諸州長吏議之，及訪本路民情所苦所欲，因以寓法。」帝曰：「河東修義勇強壯法，又令團集保甲，如何？」安石對曰：「義勇須隱括丁數，若因團集保甲，卽一動而兩業就。今既遣官隱括義勇，又別遣官團結保甲，卽分爲兩事，恐民不能無擾。」或曰：「保甲不可代正軍上番否？」安石曰：「俟其習熟，然後上番。然東兵技藝亦弗能優於義勇、保甲，臣觀廣勇、虎翼兵固然。今爲募兵者，大抵皆偷惰頑猾不能自振之人。爲農者，皆朴力一心聽令之人，則緩急莫如民兵可用。」馮京曰：「太祖征伐天下，豈用農兵？」安石曰：「太祖時接五代，百姓困極，豪傑多以從軍爲利。今百姓安業樂生，而軍中不復有如嚮時拔起爲公侯者，卽豪傑不復在軍，而應募者大抵皆偷惰不能自振之人爾。」帝曰：「兵之強弱在人。五代兵弱，至世宗而強。」安石曰：「世宗所收，亦皆天下亡命強梁之人。」文彥博曰：「以道佐人主者不以兵強天下。」安石曰：「以兵強天下者非道也，然有道者固能柔能剛，能弱能強。方其能剛強，必不至柔弱。張皇六師，固先王之所尙也，但不當專務兵強爾。」帝卒從安石議。

帝曰：「保甲、義勇芻糧之費，當預爲之計。」安石曰：「當減募兵之費以供之〔10〕。所供保甲之費，纔養兵十之一二。」帝曰：「畿內募兵之數已減於舊。強本之勢，未可悉減。」安石曰：「既有保甲代其役，卽不須募兵。今京師募兵，逃死停放，一季乃數千，但勿招塡，卽爲可減。然今廂軍既少，禁兵亦不多，臣願早訓練民兵。民兵成，則募兵當減矣。」又爲上言：「今河北義勇雖十八萬，然所可奬慰者不過酋豪百數十人而已。此府兵之遺意也。」帝以爲然，令議其法。

樞密院傳上旨，以府界保甲十日一番，慮大促無以精武事，其以一月爲一番。安石奏曰：「今保甲十日一番，計一年餘八月當番，若須一月，卽番愈疏。又昨與百姓約十日一番，今遽改命，恐愈爲人扇惑。宜俟其習熟，徐議其更番。且今保甲閱藝八等，勸獎至優，人競私習，不必上番然後就學。臣愚願以數年，其藝非特勝義勇，當必勝正兵。正兵技藝取應官法而已，非若保甲人人有勸心也。」

元豐八年，哲宗嗣位，知陳州司馬光上疏乞罷保甲，曰：

兵出民間，雖云古法，然古者八百家纔出甲士三人、步卒七十二人，閑民甚多，三時務農，一時講武，不妨稼穡。自兩司馬以上，皆選賢士大夫爲之，無侵漁之患，故卒乘輯睦，動則有功。今籍鄉村之民，二丁取一以爲保甲，授以弓弩，教之戰陳，是農民半爲兵也。三四年來，又令河北、河東、陝西置都教場，無問四時，每五日一教。特置使者比監司，專切提舉，州縣不得關預。每一丁教閱，一丁供送，雖云五日，而保正、長以泥堋除草爲名，聚之教場，得賂則縱，否則留之，是三路耕耘收穫稼穡之業幾盡廢也。

自唐開元以來，民兵法壞，戍守戰攻，盡募長征兵士，民間何嘗習兵？國家承平百有餘年，戴白之老不識兵革，一旦畎畝之人皆戎服執兵，奔驅滿野，耆舊歎息以爲不祥。事既草創，調發無法，比戶騷擾，不遺一家。又巡檢、指使，按行鄉村，往來如織；保正、保長，依倚弄權，坐索供給，多責賂遺，小不副意，妄加鞭撻，蠶食行伍，不知紀極。中下之民，罄家所有，侵肌削骨，無以供億，愁苦困弊，靡所投訴，流移四方，襁屬盈路。又朝廷時遣使者，徧行按閱，所至犒設賞賚，糜費金帛，以巨萬計。此皆鞭撻平民銖兩丈尺而斂之，一旦用之如糞土。而鄉村之民，但苦勞役，不感恩澤。農民之勞既如彼，國家之費又如此，終何所用哉？若使之捕盜賊，衞鄉里，則何必如此之多？使之戍邊境，事征伐，則彼遠方之民，以騎射爲業，以攻戰爲俗，自幼及長，更無他務；中國之民，大半服田力穡，雖復授以兵械，教之擊刺，在教場之中坐作進退，有似嚴整，必若使之與敵人相遇，塡然鼓之，鳴鏑始交，其奔北潰敗可以前料，决無疑也，豈不誤國事乎？又悉罷三路巡檢下兵士及諸縣弓手，皆易以保甲。主簿兼縣尉，但主草市以裏；其鄉村盜賊，悉委巡檢，而巡檢兼掌巡按保甲教閱〔二〕，朝夕奔走，猶恐不辦，何暇逐捕盜賊哉？又保甲中往往有自爲盜者，亦有乘保馬行刼者。然則設保甲、保馬本以除盜，乃更資盜也。

自教閱保甲以來，河東、陝西、京西盜賊已多，至敢白晝公行，入縣鎮，殺官吏。官軍追討，經歷歲月，終不能制。況三路未至大饑，而盜賊猖熾已如此，萬一遇數千里之蝗旱，而失業飢寒、武藝成就之人，所在蜂起以應之，其爲國家之患，可勝言哉！此非小事，不可以忽。夫奪其衣食，使無以爲生，是驅民爲盜也；使比屋習戰，勸以官賞，是教民爲盜也；又撤去捕盜之人，是縱民爲盜也。謀國如此，果爲利乎，害乎？

且嚮者干進之士，說先帝以征伐開拓之策，故立保甲、戶馬、保馬等法。近者登極赦書有云：「應緣邊州軍，仰逐處長吏幷巡檢、使臣、鈐轄、兵士及邊上人戶不得侵擾外界，務要靜守疆埸，勿令騷擾。」此蓋聖意欲惠綏殊方，休息生民，中外之人孰不歸戴，然則保甲、戶馬復何所用哉？今雖罷戶馬，寬保馬，而保甲猶存者，蓋未有以其利害之詳奏聞者也。

臣愚以爲悉罷保甲使歸農，召提舉官還朝，量逐縣戶口，每五十戶置弓手一人，略依緣邊弓箭手法，許蔭本戶田二頃，悉免其稅役。除出賊地分〔一二〕，更不立三限科校，但令捕賊給賞。若獲賊數多及能獲強惡賊人者，各隨功大小遷補職級，或補班行，務在優假弓手，使人勸募。然後募本縣鄉村戶有勇力武藝者投充，計即今保甲中有勇力武藝者必多願應募。若一人缺額，有二人以上爭投者，即委本縣令尉選武藝高強者充。或武藝衰退者，許他人指名與之比較，若武藝勝於舊者，即令衡替，其被替者，更不得蔭田〔一三〕。如此，則不必教閱，武藝自然精熟。一縣之中，其壯勇者既爲弓手，其羸弱者雖使爲盜，亦不能爲患。仍委本州及提點刑獄常按察，令佐有取舍不公者，嚴行典憲。若召募不足，且卽於鄉村戶上依舊條權差，候有投名者卽令充替。其餘巡檢兵士、縣尉弓手、耆老、壯丁逐捕盜賊，並乞依祖宗舊法。

五月，以光爲門下侍郎。光欲復申前說，以爲教閱保甲公私勞費而無所用。是時，資政殿學士韓維、侍讀呂公著欲復上前奏，先自進呈，乞罷團教。詔府界、三路保甲自來年正月以後並罷團教，仍依舊每歲農隙赴縣教閱一月，其差官置場，排備軍器，教閱法式番次，按賞費用，令樞密院、三省同立法。後六日，光再上奏，極其懇切，蔡確等執奏不行。詔保甲依樞密院已得指揮，保馬別議立法。

九月，監察御史王巖叟言：「保甲之害，三路之民如在湯火，未必皆法之弊，蓋由提舉一司上下官吏逼之使然。而近日指揮雖令冬教〔四〕，然尚存官司，則所以爲保甲之害者，十分之六七猶在，陛下所不知也。此皆奸邪遂非飾過，而巧辭強辨以欺惑聖聽，將至深之病略示更張，以應副陛下聖意而已，非至誠爲國家去大害、復大利，以便百姓，爲太平長久之計者也。此忠義之良心所以猶抑，奸邪之素計所以尙存。天下之識者，皆言陛下不絕害源，百姓無由樂生；不屏羣邪，太平終是難致。臣願陛下奮然獨斷，如聽政之初行數事，則天下之大體無虧，陛下高枕而臥矣。」十月，詔提舉府界、三路保甲官並罷，令逐路提刑及府界提點司兼領所有保甲，止冬教三月。又詔逐縣監教官並罷，委令佐監教。

十一月，巖叟言：

保甲行之累年，朝廷固已知人情之所共苦，而前日下詔蠲疾病，汰小弱，釋第五等之田不及二十畝者，省一月之六教而爲三日之併教〔一五〕，甚大惠也。然其司尚存，其患終在。今以臣之所見者爲陛下言，不敢隱其實以欺朝廷，亦不敢飾其事以罔成法。

夫朝廷知教民以爲兵，而不知教之太苛而民不能堪；知別爲一司以總之，而不知擾之太煩而民以生怨。教之欲以爲用也，而使之至於怨，則恐一日用之有不能如吾意者，不可不思也。

民之言曰，教法之難不足以爲苦，而羈縻之虐有甚焉；羈縻不足以爲苦，而鞭笞之酷有甚焉；鞭笞不足以爲苦，而誅求之無已有甚焉。方耕方耘而罷，方幹方營而去，此羈縻之所以爲苦也。其教也，保長得笞之，保正又笞之，巡檢之指使與巡檢者又交撻之，提舉司之指使與提舉司之幹當公事者又互鞭之，提舉之官長又鞭之，一有逃避，縣令又鞭之。人無聊生，恨不得死，此鞭笞之所以爲苦也。創袍、市巾、買弓、絛箭〔一六〕、添弦、換包指、治鞍轡、蓋涼棚〔一七〕、畫象法、造隊牌、緝架、僦椅卓、團典紙墨、看定人〔一八〕雇直、均菜緡、納稭粒之類，其名百出，不可勝數。故父老之諺曰，「兒曹空手，不可以入教場」，非虛語也。都副兩保正、大小兩保長，平居於家，婚姻喪葬之問遺，秋成夏熟，絲麻穀麥之要求，遇於城市，飲食之責望。此迫於勢而不敢不致者也。一不如意，即以藝不如法爲名，而捶辱之無所不至。又所謂巡檢、指使者，多由此徒以出，貪而冒法，不顧後禍，有踰於保正、保長者，此誅求之所以爲甚苦也。

又有逐養子、出贅壻、再嫁其母、兄弟析居以求免者，有毒其目、斷其指、炙其肌膚以自殘廢而求免者，有盡室以逃而不歸者，有委老弱於家而保丁自逃者。保丁者逃，則法當督其家出賞錢十千以募之。使其家有所出，當未至於逃；至於逃，則其困窮可知，而督取十千，何可以得？故每縣常有數十百家老弱嗟咨於道路，哀訴於公庭。如臣之愚，且知不忍，使陛下仁聖知之，當如何也？

又保丁之外，平民凡有一馬，皆令借供。逐場教騎，終日馳驟，往往飢羸以至於斃，誰復敢言？其或主家倘因他出，一誤借供，遂有追呼笞責之害。或因官逋督迫，不得已而易之，則有抑令還取之苦，故人人以有馬爲禍。此皆提舉官吏倚法以生事，重爲百姓之擾者也。

竊惟古者未嘗不教民以戰，而不聞其有此者，因人之情以爲法也。夫緣情以推法，則愈久而愈行；倚威以行令，則愈嚴而愈悖。此自然之理也。獸窮則搏，人窮則詐，自古及今，未有窮其下而能無危者也。臣觀保甲一司，上下官吏，無毫髮愛百姓意，故百姓視其官司不啻虎狼，積憤銜怨，人人所同。比者保丁執指使，逐巡檢，攻提舉司幹當官，大獄相繼，今猶未已。雖民之愚，顧豈忘父母妻子之愛，而喜爲犯上之惡以取禍哉？蓋激之至於此極爾！激之至深，安知其發有不甚於此者？情狀如此，不可不先事而慮，以保大體而圖安靜。

夫三時務農，一時講武，先王之通制也。一月之間併教三日，不若一歲之中併教一月〔九〕。農事既畢，無他用心，人自安於講武而無憾。遂可罷提舉司，廢巡教官，一以隸州縣，而俾逐路安撫司總之。每俟冬教於城下，一邑分兩番，當一月。起教則與正長論階級，罷教則與正長不相誰何。庶使百姓得以優游治生，無終年遁逃之苦，無侵漁苛虐之患，無爭陵犯上之惡矣。且武事不廢，威聲亦全，豈不易而有功哉？惟陛下深計遠慮，斷在必行，以省多事，以爲生靈安樂之惠，以爲國家安靜之福。

又乞罷三路提舉保甲錢糧司及罷提舉教閱，及每歲分保甲爲兩番，於十一、十二兩月上教，不必分作四番，且不必自京師遣官視教，止令安撫司差那使臣爲便。並從之。

元祐元年正月，樞密院言：「府界、三路保甲已罷團教，其教閱器械悉上送官，仍立禁約。」閏二月，詔河北東西路〔一〇〕、永興、秦鳳等路提點刑獄兼提舉保甲，並依提刑司例各爲一司。三月，王巖叟劾狄諮、劉定姦贓狀。御史孫升亦言：「劉定上挾章惇之姦黨，下附狄諮之庸材，大肆憑陵，公行恐喝，故眞定獲鹿之變起於後，澶、滑之盜作於前，願早正其罪。」於是諮、定皆罷，與在外宮觀。十一月，詔府界、三路保甲人戶五等已下、地土不及二十畝者，雖三丁以上，並免教。從殿中侍御史呂陶之請也。

紹聖二年七月，帝問義勇、保甲數，宰臣章惇曰：「義勇，自祖宗以來舊法。治平中，韓琦請遣使詣陝西再括丁數添刺。熙寧中，先帝始行保甲法，府界、三路得七十餘萬丁。設官教閱始於府界，衆議沸騰。教藝旣成，更勝正兵。元豐中，始遣使徧教三路。先帝留神按閱，藝精者厚賞，或擢以差使、軍將名目，而一時賞賚率取諸封樁或禁軍闕額，未嘗費戶部一錢。元祐弛廢，深可惜也。」

元符二年九月，御史中丞安惇奏乞教習保甲月分，差官按試。曾布言：「保甲固當教習，然陝西、河東連年進築城砦，調發未已，河北連年水災，流民未復，以此未可督責訓練。」帝曰：「府界豈不可先行？」布曰：「熙寧中教保甲，臣在司農。是時諸縣引見保甲，事藝精熟。」章惇卽曰：「多得班行。」布曰：「止是得殿侍、軍將，然俱更差充巡檢司指揮。以此，仕宦及有力之家子弟，皆欣然趨赴。及引對，所乘皆良馬，鞍韉華楚，馬上事藝往往勝諸軍。

知縣、巡檢又皆得轉官或減年。以此，上下皆踊躍自効。然是時司農官親任其事，督責檢察極精密，縣令有抑令保甲置衣裝非理騷擾者，亦皆衝替，故人莫敢不奉法。其後乃令上番。」帝曰：「且與先自府界檢舉施行。」蔡卞曰：「於先朝法中稍加裁損，無不可之理。」布以爲甚便，容檢尋文字進呈。

十一月，蔡卞勸上復行畿內保甲教閱法，帝屢以督曾布。是日〔三一〕，布進呈畿內保丁總二十六萬，熙寧中教事藝者凡七萬，因言：「此事固當講求，然廢罷已十五年，一旦復行，與事初無異，當以漸行，則人不至於驚擾。」帝曰：「固當以漸行之。」布曰：「聖諭如此盡之矣。若便以元豐成法一切舉行，當時保丁存者無幾，以未教習之人，便令上番及集教，則人情洶洶，未易安也。熙寧中，施行亦有漸。容臣講求施行次第。」退以語卞，卞殊以爲不快，乃云：「熙寧初，人未知保甲之法。今耳目已習熟，自不同矣。」布不答。

徽宗崇寧四年，樞密院言：「比者京畿保甲投八百七十一牒乞免教閱，又二百三十餘牒遮樞密張康國馬首訴焉。」是月〔三二〕，詔京畿、三路保甲並於農隙時教閱，其月教指揮勿行。五年，詔河北東西、河東、永興、秦鳳路各武臣一員充提舉保甲並兼提刑，其見專提舉保甲文臣並罷。是月〔三三〕，詔京畿差武臣一員充提舉保甲兼提刑，仍差文臣提刑兼提舉保甲。

政和三年四月，樞密院言：「神考制保甲之法，京畿、三路聚教，每番雖號五十日，其間有能勤習弓弩該賞者首先拍放。一歲之中，在場閱教，遠者不過二十七日，近者止於十八日而已。若秋稼災傷，則免當年聚教。如武藝稍能精熟，則有激賞之法。斗力出等，則免戶下春夫、科配；最高強者，則解發引見，試藝命官。行之累年，人皆樂從。惟京東、西雖有團成保甲之名，未嘗訓以武事，慮其間亦有人材甚衆，能習武藝，可以命官任使之人。今欲依三路保甲編修點擇條約。」從之。八月，樞密院言：「諸路團成保甲者六十一萬餘人，悉皆樂從無擾。其京東、西路提舉官任諒〔四〕已轉一官，直祕閣。其朝議大夫已上與轉行，武臣武功大夫特與轉遙郡刺史，餘官減磨勘年有差。」

宣和元年，詔提舉保甲督察州縣都保不如令者，限一月改正，每歲以改正多寡爲殿最。

二年，詔諸路保甲法並遵依元豐舊制，京東、京西路並罷。

三年，詔：「先帝若稽成周制保伍之法，自五家相比，推而達之，二十五家爲一大保，二百五十家爲一都保。保各有長，都各有正，正各有副，使之相保相愛，以察姦慝。故有所行，諸自外來者，同保互告，使各相知；行止不明者，聽送所屬。保內盜賊，晝時集捕，知而不糾，又論如律。所以糾禁幾察，纖悉具備，奇邪寇盜，何所容跡？訪聞法行既久，州縣玩習弛廢，保丁開收既不以實，保長役使又不以時。如修鼓鋪、飾粉壁、守敗船、治道路、給夫役、催稅賦之類，科率騷擾不一，遂使寇賊奇邪無復糾察，良法美意浸成虛文。可令尙書省於諸路提點刑獄或提舉常平官內，每路選委一員，令專一督責逐縣令佐，將係籍人丁開收取實；選擇保正長，各更替如法，使鈐束保丁，遞相覺察，毋得舍亡賴作過等人，遇有盜賊，晝時追捕，若有過致藏匿者，許諸人告首，仍具條揭示。」

欽宗靖康元年三月，以尙書戶部侍郎錢蓋爲龍圖閣學士、陝西五路制置使，專一措置京兆府路保甲。六月，御史胡舜陟奏：「秦元學兵法三十年，陛下拔之下僚，爲京畿提刑，訓練保甲，聞者莫不慰悅。乞罷武臣提刑，以保甲屬元，庶得專一。」從之。十一月，京畿提舉秦元集保甲三萬，先請出屯，自當一面。不從。金兵薄城，又乞行訓練，乘間出戰。守禦使劉韐奏取保甲自益，元謀遂塞云。

建炎後鄉兵

巡社 建炎元年，詔諸路州軍巡社並以忠義巡社爲名，隸宣撫司，後募鄉民爲之。每十人爲一甲，有甲長〔三五〕；有隊長；四隊爲一部，有部長；五部爲一社，有社長；五社爲一都，有都正。於鄉井便處駐劄。紹興初，罷之。

槍杖手建炎二年，令福建招五千人。

土豪建炎四年，詔諸州守臣募土豪、民兵，聽州縣守令節制。後存留強壯，餘並放散。

義兵紹興十年團集，諸州名數不等。後皆以縣令爲軍正。

義士紹興元年，籍興元良家子弟，兩丁取一，四丁取二，每二十人爲一隊，號曰義士。

民兵建炎二年，每五十人爲一隊，有長、副。一戶取一丁，五丁取二丁。淳熙十四年，三丁取一，五丁取二，十丁取三。

弓箭手建炎初，應諸路漢蕃弓箭手限百日自陳承襲，紹興間，以京城外閑地〔三六〕，依陝西沿邊例，招弓箭手蒔種。

土丁紹興中，詔依嘉祐措置，三時務農，一時講武，諸縣逐鄉置教場，自十一月起教，至次年正月罷教。

把截將紹興二十七年，詔恭州、鴈門控扼之地置土丁二百人。

峒丁建炎三年，命江西、福建諸處總領官籍定槍杖手、峒丁人數，以備調遣。紹興中，罷之。

保勝紹興六年，詔金、均、房三州保甲分爲五軍，以保勝爲名。

勇敢紹興二年，詔池州就招土人充，二千爲額。

保丁二廣保丁，每戶一名，土丁父子兄弟皆在其數。乾道中，以拘留擾民，罷之。

山水砦詳見砦兵。

萬弩手初，熙寧間，以鼎、澧、辰、沅、靖五郡弓弩手萬三千人散居邊境訓練，無事耕作，有警調發。紹興以後，增損靡定。

壯丁民社乾道四年，楚州置。

良家子紹興四年，招兩淮〔二七〕、關陝流寓及陣亡主兵將子弟驍武不能存立者充，月給比強弓手，五十人爲一隊。

義勇湖北諸郡皆有義勇，惟澧州石門、慈利不置籍。其法取於主戶〔二八〕之雙丁。每十戶爲一甲，五甲爲團。甲皆有長〔二九〕，擇邑豪爲總首。農隙教武藝，食從官司給。

湖北土丁刀弩手政和七年，募土丁充，授以閑田，散居邊境，教以武藝。紹興因之。淳熙中，李燾力言其不便，罷之。

湖南鄉社舊制，以鄉豪領之，大者統數百家，小者亦二三百家。後言者以其不便，淳熙中，擇其首領，使大者不過五十家，小者減半。

忠勇關外西和、階、成、鳳四州所聚民兵，謂之忠勇。

鎮淮初，淮南募邊民號鎮淮軍，數至十萬，月給視効勇，惟不黥涅。久之，廩不足，肆劫掠。嘉定初，選汰歸農，僅存八千餘人，以充効用，餘補鎮江大軍。淮西選二萬六千餘充御前武定軍〔三〇〕，分爲六軍，軍設統制。

忠義民兵福州諸縣舊有忠義社，屯結邑民，擇豪右爲長，量授器甲，盜由是息，人甚賴之。後有司煩擾，失初意。開禧用兵，淮、襄民兵有籍于官者，至用百六十緡以養一兵。後又放令歸業，而無所歸，多散爲盜。乃令每郡擇豪酋一人，授以官民鎮之〔三二〕。

建炎後砦兵

兩浙西路

臨安府十三砦外沙、海內、管界、茶槽、南蕩、東梓、上管、赭山、黃灣、硤石、奉口、許村、下塘。

安吉州七砦管界、安吉、秀塞、呂小幽嶺、下塘、北豪、皋塘。

平江府八砦吳江、吳長、許浦、福山、白茅、江灣、楊林、角頭。

常州五砦〔三三〕管界、小河、馬跡、香蘭、分界。

江陰軍二砦申港、石牌。

嚴州五砦威平、港口、鳳林、茶山、管界。

兩浙東路

慶元府十砦浙東、結埼、三姑、管界、大嵩、海內、白峯、岱山、鳴鶴、公塘。

温州十三砦城下、管界、館頭、靑奧、梅奧、鹿西、莆門、南監、東北、三尖、北監、小鹿、大荆。

台州六砦管界、亭場、吳都、白塔、松門、臨門。

處州二砦管界、梓亭。

江南東路

南康軍五砦大孤山、水陸、四望山、河湖、左里。

江南西路

隆興府七砦都巡、鄔子、松門、港口、定江、杉市、管界。

撫州七砦城南、曾田、欒安、鎭馬、旗步、招攜、湖平。

江州六砦管界、江內、茭石、馬當、城子頭、孤山。

興國二砦池口、磁湖。

袁州四砦都巡、四縣、管界、白斜。

臨江軍三砦本軍、水陸、管界。

吉州十六砦富田、走馬塍、永和鎭、觀山、明德、沙溪、西平山、楊宅、栗傳、禾山、勝鄉、造口、秀洲、新砦、北鄉、黃茅峽。

荊湖南路

永州三砦都巡、同巡、衡永界。

寶慶三砦黃茅、西縣、盧溪。

郴州五砦管界、安福、靑要、赤石、上猶。
武岡軍十砦三門、石査、眞良、岳溪、臨口、關硤、黃石、新寧、綏寧、永和。
道州四砦營道、寧遠、江華、永明。
全州四砦上軍、魚口、吉寧、平塘。

福建路

邵武軍十砦同巡檢、大寺、水口、永安、明溪、仁壽、西安、永平、軍口、梅口。
建寧府七砦黃琦、籌嶺、盆亭、麻沙、水吉、苦竹、仁壽。
南劍州八砦嶮峽、洛陽、浮流、巖前、同巡、仁壽、萬安、黃土。
泉州五砦都巡、同巡、石井、小兜、三縣。
福州四砦辜嶺、甘蔗、五縣、水口。
興化軍二砦同巡、巡鹽。
漳州二砦同巡、虎嶺。

廣西路

賀州二砦臨賀、富川。
昭州四砦昭平、雲峒、西嶺、立山。

欽州二砦西縣〔三〕、管界。

校勘記

〔一〕附保　按宋會要兵二之五此句作「單丁、老幼、病患、女戶等不以多少，並令就近附保。」長編卷二一八略同。此上當有脫文。

〔二〕鄰保　原作「類保」，據宋會要兵二之六、長編卷二一八改。

〔三〕春夫　原作「春天」。按下文有「免戶下春夫科配」語；長編卷二二六、通考卷一五三兵考都作「春夫」，據改。

〔四〕是月　按上文但說「六年」，未說何月，此處不應說是「是月」。長編卷二四六繫此事於熙寧六年八月，疑「是月」當作「八月」。

〔五〕全邵土丁　「邵」原作「部」，據本書卷一九一兵志荊湖路鄉兵條、長編卷二四六八月戊戌條注改。

〔六〕三爲弩　按宋會要兵二之二一，元豐五年正月二十二日詔：「其團教保丁依元降指揮，二分教騎兼習馬槍，四分教弓，四分教弩。」今志文係以五分爲率，其中一爲騎，二爲弓悉與此詔所舉分數比例相合；此外尚有二分當卽詔文中之四分教弩者；疑此「三分弩」之「三」爲「二」字之訛。

〔七〕三十六人　「人」原作「日」，據宋會要兵二之二一、長編卷三一六改。

〔八〕則法所弗去也　「去」，通考卷一五三兵考作「許」；長編卷二三六本句作「然府界已累約束，毋得抑勒買弓箭」，似以作「許」爲是。

〔九〕比乃以陛下矜恤之至　長編卷二三五此句作「此乃以陛下每事過謹，故須如此」。疑此處「比」字是「此」字之訛。

〔一〇〕當減募兵之費以供之　長編卷二三六、通考卷一五三兵考均作「當減募兵，以其費供之」。

〔一一〕而巡檢兼掌巡按保甲教閱　「而巡檢」三字原脫，據長編卷三五五、溫國文正司馬公文集卷四六乞罷保甲狀補。

〔一二〕除出賊地分　按同上書同卷同篇所載，此句下都有「嚴加科罰，及令出賞錢外，其發賊地分」十五字，方接下句，疑此下有脫文。

〔一三〕更不得蔭田　「更」原作「中」，據同上書同卷同篇改。

〔一四〕雖令冬教　長編卷三五九作「雖止令冬教」。參酌上文，當有「止」字。

〔一五〕三日之併教　「日」原作「月」，本卷下文有「一月之間併教三日」語，長編卷三六一、通考卷一五三兵考「月」都作「日」，據改。

〔一六〕條箭　長編卷三六一、通考卷一五三兵考均作「修箭」。

〔一七〕蓋涼棚　「蓋」字原脫，據同上書同卷同篇補。

〔一八〕看定人　長編卷三六一作「看廳人」，通考卷一五三兵考作「看聽人」。

〔一九〕不若一歲之中併教一月　「中」，同上書同卷同篇都作「終」，按下文說「農事既畢，無他用心」，其後又說「每俟冬教於城下」，以文義言，當以作「終」爲切。

〔二〇〕河北東西路　「北」下原衍「河」字，據宋會要兵二之三五、職官四四之五二及長編卷三七〇刪。

〔二一〕是日　據長編卷五一八，係指元祐二年十一月乙未日。

〔二二〕是月　本書卷二〇徽宗紀作「九月」。

〔二三〕是月　宋會要兵二之三九作「二月」。

〔二四〕任諒　原作「任掠」，據本書卷三五六任諒傳、宋會要兵二之三九改。

〔二五〕有甲長　據宋會要兵二之五一、繫年要錄卷八，此下當有「每五甲爲一隊」六字。

〔二六〕閑地　原作「闕地」，據通考卷一五六兵考改。

〔二七〕兩淮　朝野雜記甲集卷一八興元良家子條：「興元良家子者，紹興四年，吳玠爲宣撫副使時所創也。其始，招兩河、關陝流寓及陣亡兵將子弟驍勇雄健不能自存者爲之。」當南渡之初，兩淮人口主要流寓江南，入川者當不如兩河流寓之多，疑作「兩河」是。

〔二八〕主戶　原作「至戶」，據朝野雜記甲集卷一八、通考卷一五六兵考改。

〔二九〕甲皆有長　朝野雜記甲集卷一八作「甲團皆有長」。

〔三〇〕御前武定軍　「武定」二字原倒，據朝野雜記乙集卷一七、岳珂愧郯錄卷一三改。

〔三一〕授以官民鎮之　按兩朝綱目卷一二作「授以兵官使之彈壓」，通考卷一五六兵考作「授以官兵使之彈壓」，疑此處有誤。

〔三二〕常州五砦　「州」原作「山」。按本書卷八八地理志兩浙西路無「常山」而有「常州」；又大清一統志卷八六，常州府有小河寨巡司、馬蹟巡司，分別爲宋代小河寨、馬蹟山寨地，府內又有香蘭山和分界山，與本條注文正合，據改。

〔三三〕西縣　按本書卷九〇地理志，欽州共轄兩縣，無「西縣」之名，疑「西」爲「兩」字之訛。

宋史卷一百九十三

志第一百四十六

兵七 召募之制

召募之制　起於府衞之廢。唐末士卒疲於征役，多亡命者，梁祖令諸軍悉黥面爲字，以識軍號，是爲長征之兵。方其募時，先度人材，次閱走躍，試瞻視，然後黥面，賜以緡錢、衣履而隸諸籍。國初因之，或募土人就所在團立，或取營伍子弟聽從本軍，或募饑民以補本城，或以有罪配隸給役。取之雖非一塗，而伉健者遷禁衞，短弱者爲廂軍，制以隊伍，束以法令。當其無事時，雖不無爵賞衣廩之費，一有征討，則以之力戰鬭，給漕輓，而天下獷悍失職之徒，皆爲良民之衞矣。

初，太祖揀軍中彊勇者號兵樣，分送諸道，令如樣招募。後更爲木梃，差以尺寸高下，謂之等長杖，委長吏、都監度人材取之。當部送闕者，軍頭司覆驗，引對便坐，分隸諸軍。

眞宗祥符中，重定等杖，自五尺八寸至五尺五寸爲五等，諸州部送闕下，及等者隸次軍。

仁宗天聖元年，詔京東西、河北、河東、淮南、陝西路募兵，當部送者刺「指揮」二字，家屬給口糧。兵官代還，以所募多寡爲賞罰。又詔益、利、梓、夔路歲募民充軍士，及數卽部送，分隸奉節、川効忠、川忠節。於是遠方健勇失業之民，悉有所歸。

慶曆七年，諸路募廂軍及五尺七寸已上者，部送闕下，試補禁衞。

至和元年，河北、河東、陝西募就糧兵，騎以四百人，步以五百人爲一營。

嘉祐二年復定等杖，自上四軍至武肅、忠靖皆五尺已上，差以寸分而視其奉錢〔一〕：一千者以五尺八寸、七寸、三寸爲三等。奉錢七百者，以五尺七寸、六寸、五寸爲三等。奉錢五百者，以五尺六寸、五寸五分爲二等。奉錢四百者，以五尺五寸、四寸五分爲二等。奉錢三百者，以五尺五寸、四寸五分、四寸、三寸、二寸爲六等。奉錢二百者，以五尺四寸、三寸五分、三寸、二寸爲四等。不給奉錢者，以五尺二寸或下五寸七指八指爲等。唯武嚴、御營喝擇以藝精者充，諸司䇳庫執技者不設等杖。

七年，御史唐介言：「比歲等募禁軍多小弱，不勝鎧甲，請以初創尺寸爲定，敢議減縮者，論以違制。」詔：「禁軍備戰者，宜著此令。其備役雄武、宣敕六軍、搭材之類，如軍馬敕。」

治平二年，募陝西土民、營伍子弟隸禁軍，一營塡止八分。又遣使畿縣、南京、曹濮單陳許蔡亳州募民補虎翼、廣勇，人加賜絹、布各一。

治平四年，詔延州募保捷五營，以備更戍。

熙寧元年，詔諸州募饑民補廂軍。

二年，樞密院言：「國初邊州無警則罷兵，今旣講和，而屯兵至多，徒耗金帛。若於近裏糧賤處增募營兵，但令往戍極邊，甚爲便計。」帝與文彥博及韓絳、陳升之、呂公弼等議之，或以爲自古皆募營兵，遇事息卽罷，或以爲緣邊之兵不可多減。乃命彥博等詳議以聞。

三年七月，詔京西路於有糧草州軍招廂軍，共三萬人爲額。十一月，知定州滕甫乞下本路依舊制募弓箭社，以爲邊備。從之。

四年十二月，樞密院言：「在京係役兵士，舊額一萬八千二百五十九人，見闕六千三百九十二人，若招揀得足，即不須外路勾抽，以免不習水土、凍餒道斃之患。欲於在京及府界、京東西、河北招少壯兵，止供在京功役，不許臣僚占差，不過期年，可使充足。却對減在外招募之數，樁管所減糧賜上供，以給有司之用。」從之。

五年，權發遣延州趙卨招到漢蕃弓箭手人騎四千九百八十四，爲八指揮，遂擢吏部員外郎，加賜銀絹二百。

七年，分遣使臣諸路選募熙河效用，先以名聞。河北、河東所募兵悉罷。

八年，詔：軍士祖父母、父母老疾無侍丁而應募在他處者，聽徙。

九年，詔選補捧日、天武以下諸軍闕，馬軍三分補一，步軍十分補五。

元豐二年二月，經制熙河路邊防財用司言：「岷州床川〔二〕、荔川、閭川砦，通遠軍熟羊砦〔三〕，乞置牧養十監，募兵爲監牧指揮。其營田乞依官莊例，募永濟卒二百人，其永濟卒通以千人爲額。」從之。七月，沿邊安撫司言：「北邊州軍主管刺事人乞給錢三千，選募使臣職員或百姓爲之，以鉤致敵情。仍選通判及監官考其虛實，以行賞罰。」從之。是年，以兗、鄆、齊、濟、濱、棣、德、博民饑，募爲兵，以補開封府界、京東西將兵之闕。

三年，又詔：「府界諸路將下闕禁軍萬數，有司其速募之。」又詔：「河北水災，闕食民甚衆，宜寄招補軍。」

四年，京東、西路以調發兵將，累請增戍。朝廷以兵員有數，多寢其章。然州郡實有負山帶海，姦盜所窺，亦當過爲之慮，其令益廣應募者，與免貼軍及他役一年。六月，詔：「在京奉錢七百以下，選募馬步軍萬五千人；開封府界及本路共選募義兵保甲萬人；如涇原五千人不足，於秦鳳路選募。」

五年五月，同提舉成都府等路茶場蒲宗閔乞自秦州至熙州量地里遠近險易，置車鋪二十八，招刺兵士。從之。八月，詔開封府界、京西招軍依式賜外，仍增錢千。十二月，詔京城四面巡檢募士於四門，取民年三十五以下者。又詔河北立額步軍，各於逐指揮額外招百人。

五年〔四〕，詔一歲內能募及百人者，加秩一等。四月，河東路經略司請以麟州飛騎、府州威遠子弟二十五以下刺爲兵。

七年，廣西都鈐轄司言：「本路土兵闕額數多，乞選使臣往福建、江南、廣東招簡投換兵四千人。」詔於江南、福建路委官招換。

八年四月，河東路安撫使呂惠卿言：「河東敢勇以三百人爲額，請給微薄，應募者少。臣頃在鄜延路日，奏請增三等請給，借支省馬給七分草料，置營教習，自後應募者衆。願依陝西路已得指揮。」從之。

哲宗元祐元年三月，詔河北保甲願投軍人及得上四軍等杖事藝者，特許招填，合給例物外，更增錢五千，中軍以下三千。比等杖短一指，射保甲第一等弓弩，並許招刺。從右司諫蘇轍請也。六月，門下侍郎司馬光言：「諸州軍兵馬全欠，不足守禦之處，量與立額招添。」

八年，樞密院言：「今新招兵士多是饑民，未諳教閱，乞自今住營州軍差官訓練，候半年發遣赴軍前。」

紹聖元年，樞密院乞立招禁軍官員賞格，如不及數，罰亦隨之。

四年，熙河蘭岷路都總管、提點熙河蘭岷等路漢蕃弓箭手司言，蘭州金城關欲招置步軍保捷四指揮、馬軍蕃落一指揮，從之。詔陝西路添置蕃落軍十指揮，各以五百人爲額，於永興軍、河中、鳳翔、同華州各置兩指揮，並隸住營州軍將下統制訓練，委逐路所屬都總管司〔五〕選官招人。初，三省、密院欲以牧地募民牧養馬，久而未集，曾布以謂不若增騎兵爲簡便。兼土兵乃勁兵，又諸路出戍者已竭，及建此議，衆翕然皆以爲允，帝亦樂從之。蓋牧租〔六〕見存者七百萬，歲額一百七十萬，而十指揮之費二十五萬而已，故可與募人養馬之法兼行也。

徽宗崇寧元年，湖北都鈐轄舒亶奉旨相度召募施、黔州土丁，致討辰、沅山猺，每州無過七百人。緣猺賊深在溪洞，險阻不通正軍故也。

三年，京東等路招軍五萬，馬軍以崇捷、崇銳名，步軍以崇武、崇威名。

四年七月，熙河蘭湟路轉運使洪中孚自河東入覲，帝問崇威、崇銳新兵教閱就緒否。中孚曰：「教閱易事也。臣不知藝祖取天下之兵與神考所分將兵曾無減損，若未嘗減損，似不須增。蓋兵貴簡練不貴多，今遽增二軍，所費至廣，臣不知獻議者於經費之外別有措置，或只仰給朝廷也。」帝愕然曰：「初議增兵，未嘗議費，可卽罷去。」中孚曰：「惰游之卒不復安於南畝，今一旦罷遣，強者聚而爲盜，弱者轉徙，則重爲朝廷憂。不若使塡諸營闕；無闕，聽於額外收管，不一二年盡矣。」帝稱善。九月，詔：「近降指揮，在京、諸路招崇捷、崇武等指揮十萬人，又招效忠、蕃落指揮及額內不足人數，慮卒難敷額，可先招崇捷、崇武十萬人。候人數稍見次第，卽具申取旨。」

五年，詔：「抑勒諸色人投軍者，並許自身及親屬越訴，其已刺字，仍並改正。」

政和二年，廣西都鈐司奏：「廣西兩將額一萬三百餘人，事故逃亡，於荆湖南北、江南東西寄招，緣諸路以非本職，多不用心。今兵闕六分，欲乞本路、鄰路有犯徒并杖以下情重之人，除配沙門島、廣南遠惡并犯強盜兇惡、殺人放火、事干化外並依法外，餘並免決刺塡。」從之。

四年，中衞大夫童師敏言：「東南州郡例闕廂軍，凡有役使，並是和雇。若令諸郡守臣并提刑司措置招塡，庶可省費。」從之。

宣和元年，高陽關路安撫使吳玠奉手詔招塡諸路禁軍闕額，以十分爲率，招及四分以下遞展磨勘年，七分以上遞減磨勘年。高陽關路河間府、滄霸恩州、信安軍招塡數足，乞行推賞。從之。

二年，手詔：「比聞諸路州軍招置廂軍河清、壯城等，往往怯懦幼小，不及等樣，虛費廩食，不堪驅使。今後並仰遵著令招塡，如違戾，以違制論。」

四年正月，兩浙東路鈐轄司奏：「乞將溫、處、衢、婺州元管不係將禁軍六指揮，更招置增爲十指揮，並以五百人爲額，凡五千人，庶成全將。及更於台州招置不係將禁軍一指揮，以四百人爲額。」從之。三月，臣僚言：「竊聞道路洶洶相怖，云諸軍捉人刺涅以補闕額，率數人驅一壯夫，且曳且毆，百姓叫呼，或齧指求免。日者，金明池人大和會，忽遮門大索，但長身少年，牽之而去，云『充軍』。致賣蔬茹者不敢入城，行旅市人下逮奴隸，皆避藏恐懼，事駭見聞。今國家閒暇，必欲招塡禁旅，當明示法令，賚以金帛，捐財百萬，則十萬人應募矣。捉人於途，實虧國體，流聞四方，傳播遠邇，殊爲未便。伏望亟行禁止，以弭疑畏。」時寶籙宮道士張繼滋因往尉氏，亦被刺涅，事聞，手詔提刑司根治。四月，臣僚因言：「招刺闕額禁軍，樞密院立限太遽，諸營弗戢，人用大駭。幸不旋踵德音禁止，羣情悅服。其已被刺涅而非願者，頗亦改正，尚有經官求免而未得者。輦轂若此，況其遠乎？竊聞小人假借聲勢，因緣奪攘，所在多有，若或哀鳴得脫，其家已空。今往來猶懷畏避。伏望聖明特賜戒敕，應在外招軍去處，毋得橫濫。」從之。

七年，減掖庭用度，減侍從官以上月廩，罷諸兼局，有司據所得數撥充諸路糴本及募兵賞軍之用。

欽宗卽位，詔守令募州縣鄉村土豪爲隊長，各自募其親識鄉里以行。及五十人以上先與進義副尉，三百人以上與承信郎，募文武官習武勇者爲統領。行日，所發州軍授以器甲，人給糧半月，地里遠者，所至州縣接續批支。京畿輔郡兵馬制置使司言：「諸路召募敢勇效用，每名先給錢三千，赴本司試驗給據訖，支散銀絹激賞。若監司、知通、令佐幷應有官人，能召到敢勇效用事藝高強及二百人以上者，乞與轉一官，每加二百人依此。或監司、郡守、州縣官以下應緣軍期事件，稍有稽緩，並依軍法。」從之。

靖康元年春正月，臣僚言：「諸路見招募人兵，緣逐處漕計闕乏，乞於近州應奉司及延福宮西城錢帛，並許請用，庶得速辦。」從之。又詔：「龍猛、龍騎、歸遠、壯勇諸軍闕額，可行下諸路揀選配塡。」又詔：「已降指揮，逐處各以召募效用敢勇武藝人數多寡等第推賞。」又詔：「聞希賞之人，抑勒強募。自今並取情願，敢有違戾，當議重罰。毋得將羸弱不堪出戰及已有係軍籍者一例充募。」及詔〔七〕：「募武舉及第有材武方略，或有戰功、曾經戰陣，及經邊任大小使臣不以罪犯已發未敍〔八〕，及武學有方略智謀，及曾充弓馬所子弟，及諸色有膽勇敢戰之人，並許赴親征行營司。」又詔：「募陝西士人爲兵幷使臣、效用等赴姚平仲軍使喚，其應募人修武郎已上二十貫，進義副尉〔九〕以上十五貫，軍人、百姓十貫，並於開封府應管官錢內支。」

四月，詔：「已降指揮發還歸朝人往大金軍前，如不願往，所在量給口劵津遣；元有官守人並不釐務，支奉給之半。其願效力軍前者，許自陳。」

五月，河北、河東路宣撫司奏：「河北諸州軍所管正兵絕少，又陝西游手惰民願充軍者亦衆，秖緣招刺闕乏例物，是致軍額常闕。今若給一色銀絹，折充例物犒設起發，召募人作義勇，止於右臂上刺字，依禁軍例物支衣糧料錢，陝西五路共可得二萬人，比之淮、浙等路所得將兵，實可使喚。」從之，詔遣文武官各一員前去陝西路募兵二萬人赴闕。遂命趙鼎特除開封府曹官，种湘差宣撫司準備將領，並充陝西路幹當公事，專一募兵。是月，遣戶部員外郎陳師尹往福建路募槍杖手。都水使者陳求道言：「朝廷差官往陝西招軍，適當歲豐，恐未易招塡。若就委監司招募保甲，啖以例物，與免科差，以作其氣，可得勁兵五萬。」從之。

六月，樞密都承旨折彥實〔一〇〕奏：「西人結連女眞，爲日甚久，豈無覬覦關中之志？卽今諸路人馬皆空，萬一敵人長驅，何以枝梧？言之可爲寒心，朝廷似未深慮也。河東、河朔之患已形，人故憂之；陝西之患未作，人故忽之。若每路先與十萬緡，令帥臣招募土人爲保護之計，責以控扼，不得放令侵入，仍須朝廷應副。漕司乘時廣行儲蓄，以爲急務。」

又開封府尹聶山奏：「招兵者，今日之急務。近緣京畿諸邑例各招刺，至於無人就募，則強捕村民及往來行人爲之。遂致里甿奔駭，商旅不行，殊失朝廷愛民之意。檢準政和令，諸盜再犯杖以上、情理不可決放而堪充軍者，給例物刺充廂軍。今京城裏外間有盜賊，皆是豪猾，無所畏憚，雖經斷罪，頑惡弗悛，若依上條刺充廂軍，不惟得強壯之用，又且收集姦黠不復爲盜。如允所請，則自內及外皆可見之施行。」從之。

七月，陝西五路制置使錢蓋言：「都水使者陳求道請招刺保甲五萬充軍。緣比來陝右正兵數少，全籍保甲守禦，及運糧諸役差使外，所餘無幾，若更招刺五萬充軍，則是正丁占使殆徧，不唯難以選擇，兼慮民情驚疑，別致生事。欲乞令州縣曉諭保甲，取其情願；如未有情願之人，卽乞令保甲司於正丁餘數內選擇。通赴闕人共成七萬，可以足用。」從之。是月，錢蓋奏：「陝西募士人充軍，多是市井烏合，不堪臨敵。今折彥實支陝西六路銅錢各十萬緡，每名添錢十千，自可精擇少壯及等杖人，可得正軍一萬，六路共得六萬人。」從之。

十月，樞密院奏：「召募有材武勇銳及膽勇人幷射獵射生戶。」從之。又奏：「福建路有忠義武勇立功自效取仕之人，理宜召募，除保甲正兵外，弓手、百姓、僧行、有罪軍人並聽應募。如有武藝高強、實有膽勇、衆所推服、願應募爲部領人者，依逐項名目權攝部領，各以所募人數借補官資。」從之。

十一月，京城四壁共十萬人，黃人〔二〕黃旗滿市。時應募者多庸丐，殊無鬥志。閏十一月，何㮚用王健募奇兵，雖操瓢行乞之人，亦皆應募，倉卒未就紀律。奇兵亂，毆王健，殺使臣數十人，內前大擾。王宗濋斬渠魁數人，乃定。及出戰，爲鐵騎所衝，望風奔潰，殲焉。

十二月〔三〕，詔：「諸軍詐效蕃裝，焚劫財物，限十日齎賍自首，與免罪。」仍召募潰兵收管，給口食焉。

逃亡之法，國初以來各有增損。熙寧五年詔，禁軍奉錢至五百而亡滿七日者，斬。舊制，三日者死。初，執政議更法，請滿十日。帝曰：「臨陣而亡，過十日而首，得不長姦乎？」安石曰：「臨陣而亡，法不計日，即入斬刑。今當立在軍興所亡滿三日，論如對寇賊律。」樞密使蔡挺請沿邊而亡滿三日者斬。安石曰：「沿邊有非軍興之所，不可一概坐以重刑。本立重法，以禁避寇賊及軍興而已。」帝曰：「然。」文彥博固言：「軍法臣等所當總領，不宜輕改，如前代銷兵乃生變。」安石曰：「前代如杜元穎等銷兵，乃其措置失當，非兵不可銷也。且當蕭俛時，天下兵至多，民力不給，安得不減？方幽州以朱克融等送京師，請毋遣克融還幽州煽衆爲亂，而朝廷乃令克融等飄泊京師，久之不調，復遣歸北。克融所以復亂，亦何預銷兵事？」彥博曰：「國初，禁軍逃亡滿一日者斬，仁宗改滿三日，當時議者已慮壞軍法。」安石曰：「仁宗改法以來，活人命至多，然於軍人逃亡，比舊不聞加多，仁宗改法不爲不善。」帝乃詔增爲七日。

元豐元年，知鄂州王韶言：「乞自今逃亡配軍爲盜，聽捕斬，賞錢。」詔坐條箚韶照會：「如所犯情重，罪不至死，奏裁。」

三年六月，詔：「軍士、民兵逃亡隨軍效用，若首獲，並械送所屬論如法。雖立戰功不賞，仍不許以功贖過，令隨軍榜諭。」

四年，詔沈括：「奏以軍前士卒逃亡，潰散在路，本非得已，須當急且招安。卿可速具朝旨出榜，云聞戰士止是不禁饑寒，逃歸其家，可各隨所在城砦權送納器甲，請給糧食，聽歸所屬。節次具招撫數以聞。」

崇寧四年九月，樞密院言：「熙河都總管司舊無兵籍，乞令諸將各置籍，日具有無開收，旬具元額、見管及逃亡事故細目，申總管司，本司揭貼都簿，委機宜一員逐時抽摘點檢。」從之。

十月，尚書省言：「今所在逃軍聚集，至以千數，小則驚動鄉邑，大則公為劫盜。累降指揮，許以首身，或令投換，終未革絕。昔神宗以將不知兵，兵不知將，故分兵領將。統兵官司，凡兵之事無所不統，則其逃亡走死，豈得不任其責？檢會將敕與見行敕令，皆未有將官與人員任責之法，致今來兵將不加存恤，勞役其身，至於逃避，而任職之人悉不加罪。近日熙河一路逃者幾四萬，將副坐視而不禁，人員將校故縱而不問，至逃亡軍人所在皆有。蓋自來立法未詳，兼軍中長行節級人員，將校，什長相統，同營相依，上下相制，豈得致其逃亡漫不省察？況招軍既立賞格，則逃走安可無禁？今參詳修立賞罰十數條。」並從之。

五年，樞密院備童貫所言：「陝西等處差官招諭逃亡軍人，並許所在首身，更不會問，便支口劵令歸本營。邊上軍人憚於戍守之勞，往往逃竄於內郡首身，遂得口劵歸營，恐相習成風，有害軍政。乞自今應軍人首身，並須會問逃亡赦限，依今來招諭指揮；若係赦後逃亡，即乞依條施行。」從之。

大觀三年，樞密院備臣僚言云：「自陝西路提點刑獄吳安憲始陳招誘逃亡廂禁軍之法，乃著許令投換改刺之令。自此諸弊寖生，軍律不肅。朝廷洞見其弊，已嚴立法，然尚有冒名一節，其弊未除。請如主兵官舊曾占使書札、作匠、雜技、手業之徒〔三〕；或與統轄軍員素有嫌忌，意欲舍此而就彼；或所部逃亡數多，欲避譴責，輒將逃軍承逃亡之名便與請給。既避譴責，又冒請受，上下相蒙，莫之能革，致使軍士多懷擅去之心者，良以易得擅住之地也。若加重賞，申以嚴刑，庶革斯弊，有裨成法。」從之。

四年，樞密院言：「諸路及京畿逃亡軍數居多，雖赦敕立限許首，終懷畏避。若諸路專委知州、通判或職官一員，京畿委知縣，若招誘累及三百人以上，與減一年磨勘；五百人以上一年半，千人以上取旨推恩，於理爲便。」

政和二年，臣僚言：「祖宗軍政大備，無可議者。比多逃亡者，緣所在推行未至，及主兵司官遵奉未嚴故也。其弊有六：一曰上下率斂，二曰舉放營債，三曰聚集賭博，四曰差使不均，五曰防送過遠，六曰單身無火聚。似此雖具有條禁，而犯者極多。欲乞下有司推究，除兵將官歲終立定賞罰條格外，詔諸路提刑司，每歲終將本路州軍不係將禁軍見管及逃亡人數，參互比較，具最多最少處各一州知、通職位姓名，申樞密院。」從之。

三年十一月，開封少尹陳彥脩言：「諸廂收到寒凍赤露共五千七百餘人，其間逃軍數多，合行措置。今欲依押送逃軍格，每二十人各差使臣一員付與係押送人，各踏逐穩便官屋安泊，依居養法關請錢米存養，候晴和，管押前去。所有沿路支破口劵，並依本府押送逃軍法，請於合破口劵等外，更量支盤纏。」詔：「每人支盤纏錢三百，衲襖一領，候二月晴暖即行發遣。」

四年，尚書省着令：「諸禁軍差發出戍未到軍前，或已到而代去半年以上，逃亡首獲，雖會恩，配如捕獲法；上軍首身或捕獲，會恩，配依七日內法；下軍本名應配者，配千里。若本管輒停留，與同罪，雖該赦仍依配法。」從之。

五年，立錢監兵匠逃走刺手背法。

宣和二年，手詔：「逃卒頗多，仰宣撫司措置以聞。」童貫言：「凡逃卒，冬祀大赦已有百日首身免罪之文，緣內有元犯雖首身，於常法尚合移降移配者，卽未敢赴官自陳。欲乞在京幷京畿、京西、陝西、河東路逃軍，自今指揮到日，通未滿赦限共一百日，許令首身免罪，依舊軍分職次收管。仍免本司本營問償，及放免官逋。如本犯經冬祀赦後，猶有移降移配，特與原免。若限滿不首，則依常法科罪。凡逃軍係在京住營，依限於在京首身者，令所隸軍司當日押赴本營。若見出戍者，卽破口券，轉押赴本路駐泊州軍，並依前項指揮免罪，依舊收管。凡逃軍在外，依限首身者，並於所在日破米二升，其縣、鎭、砦並限當日解本州軍，每二十人作一番，差職員管押，仍沿路給破口食，交付前路州軍，轉送住營去處。如見出戍，卽轉駐泊州軍收管。凡首身軍人，並不許投換他軍。凡所在當職官，如能於限內用心招收逃軍，措置轉送住營或出戍處收管，候滿，在外委提刑司，在京委開封府取索到營、出戍處公文，驗人數，最優者申宣撫司取旨推恩。」並從之。

三年，詔：「江、浙軍前等處應逃竄軍兵，並特放罪，許於本將見出軍路分州縣首身，依舊給請，隨處權行收管。若走往他處，或於住營去處首獲，卽令所在官司逐旋發遣赴本將應副使喚。仍委逐路安撫、鈐轄、提刑司覺察，如所在輒敢隱芘，或逐司不行覺察，並論違制。」

四年，臣僚言：「中外士卒無故逃亡，所在有之。祖宗治軍紀律甚嚴，若在戍者還家，當役者避事，必有轘門之戮。今旣宥其罪，且許投換，不制於什伍之長；旣立赦限，又特展日，以寬其自首之期。臣恐逃亡得計，其弊益滋。乞除恩赦外不輕與限，使知限之不可爲常，庶有畏懼。」從之。

五年，臣僚言：「今諸軍逃亡者不以實聞。諸處冒名請給，至於揀閱差役，則巧爲占破；

甚不獲已，則雇募逋逃以充名數，旋卽遯去，無復實用。平居難於供億，緩急無以應用，而姦人攘臂其間，坐費財賦。雖開收勘斂，法制滋詳，而共利之人，一體傅會。望賜處分，先令當職官覈見實數，保明申達轉運司，期日委諸郡守貳點閱，仍關掌兵官司照會行下；不可勾押至州者，差官就閱，期以同日究見的實。稍涉欺罔，根治不赦。監司使者分郡覆實，具數申達于朝，以待差官分按，必行罪賞，使官無虛費，而軍有實用，則紀律可明，國用可省。」詔送樞密院條畫措置。

七年二月，尚書省言：「開封府狀：『乞應在京犯盜配降出外之人，復走入京投換者，許人告捕，科以逃亡捕獲之罪，酌情增配。其官司及本營典首人員、曹級容庇收留，各杖一百；因致爲盜者，依差使配軍入京作過法，與犯人同罪。罪止徒二年，不以去官赦原減。及在京犯罪編管出外逃亡入京之人，雖有斷罪增加地里條法，緣止是募告賞格太輕，是致往往復走入京。欲乞元犯杖罪賞錢十貫，徒罪二十貫，流罪三十貫，並以犯事人家財充。』」從之。

十二月，詔：「應諸路逃竄軍人或已該赦恩出首避免，却歸出戍去處再行逃竄之人，令於所在去處首身，並特與免罪，於一般軍分安排，支破請給，發赴軍前使喚。」

靖康元年三月，詔：「隨從行宮禁衞軍兵等有逃亡者，並依法施行。」五月，臣僚言：「泗州頃遣勤王之師，管押者不善統制，類多遁歸，既而畏法不敢出，本州遂開閤請受。在外無以給養，竊慮因聚爲盜，恐他州亦多如此。乞敕應勤王兵有遁歸已經赦宥者，並令首身。」從之。

六月，詔：「應河東潰散諸路將佐，並仰逐路帥守發遣赴河東、河北制置司，以功贖過。」河北路制置司都統制王淵言：「被旨差充招集种師道等下潰散人馬，應援太原，限滿不首，卽寄禁家屬，許人收捕赴軍前，重行處置。」從之。仍自指揮到日，限以十日。河北路制使劉韐奏：「近制置使种師中領軍到於榆次，失利潰散，師中不知存在。奉旨，師中下應統制、將佐、使臣等，並與放罪。臣按：用兵失主將，統制、將佐並合行軍法。軍法行，則人以主將爲重，緩急必須護救。若不行軍法，緩急之際爭先逃遁，視主將如路人，略不顧恤。近年以來，高永年陷歿，一行將佐及中軍將、提轄等未嘗罪以軍法，繼而劉法陷歿，今种師中又死王事。若兩軍相遇，勢力不加，血戰而敗，或失主將，亦無可言。榆次之戰，頃刻而潰，統制、將佐、使臣走者十已八九，軍士中傷十無一二，獨師中不出。若謂師中撫御少恩，紀律不嚴，而其受命卽行，奮不顧身，初聞右軍戰却，卽遣應援，比時諸將已無在者。至賊兵犯營，師中猶未肯上馬。使師中有偷生之心，聞敗卽行，亦必得出。一時將佐若能戮力相救，或可破敵。今一軍纔却，諸將不有主帥，相繼而遁。其初猶有懼色，既聞放罪，遂皆釋然。朝廷以太原之圍未解，未欲窮治。今師旅方興，深恐無所懲艾，遇敵必不用命。欲乞指揮，應种師中下統制、將佐並依聖旨處分，仍令軍前自効。如能用命立功，與免前罪；今後非立戰功，雖該恩赦不得敍復。仍乞優詔褒贈師中，以爲忠義之勸。」詔：「种師中下統制、將佐並降五官，仍開具職位、姓名申尙書省，餘依劉韐所奏。」

八月，河北、河東路宣撫司奏：「近據都統制王淵捉獲潰敗使臣，已管押赴宣撫副使劉韐軍前交割，依軍法施行外，訪聞尙有未曾出首將佐、使臣。」詔：「限今指揮到日更與展限十日，許令於所在州軍出首，仍依元降指揮免罪，特與支破遞馬驛劵，疾速發赴軍前自効，候立功日優加推賞。如再限滿日更不首身，當取見職名重賞購捕，定行軍法。仍多出榜示諭。」

二年四月，詔：「訪聞諸處潰散軍人嘯聚作過，將百姓強刺充軍，驅虜隨行使喚，遇敵使前，害枉良民。其令有司牓諭：被虜強刺之人許以自陳，給據各令歸業。願充軍者，隨等杖刺填禁、廂軍，依條支給例物。」又詔：「昨逃亡班直、諸軍，雖已降指揮撫諭，並與免罪，發歸元處。其管押兵官未有指揮，可候指揮到，許於所在官司自陳，亦與免罪。」

建炎初，招募多西北之人，其後令諸路州、軍、砦或三衙招募，或選刺三衙軍中子弟，或從諸郡選刺中軍子弟解發。復詔滄、濱及江、淮沿流州軍，募善沒水經時伏藏者，以五千爲額。神武右軍統制張俊言：「牙軍多招集烏合之衆，擬上等改刺勝捷，次等刺振華、振武，庶得部分歸一訓練爲便。」詔兩浙、江東，除江陰軍，各募水軍二百人。

紹興元年，廣東帥臣言：「本路將兵元五千二百，見千三百十九。今擬將官駐劄諸軍洎本路州軍，以十分爲率，各招其半。」

二年，累降令行在諸軍，毋互相招收，及將別軍人拘執，違者行軍法。

四年，詔：「所招河北人充河北振武，餘人刺陝西振華指揮；沿江招置水軍，備戰艦，募東南諳水者充，每指揮以五百爲額。」

十年，詔三京路招撫處置使司，招効用軍兵萬人，內招使臣二千員。

十五年，福建安撫莫將言：「汀、漳、泉、建〔四〕四州，與廣東、江西接壤。比年寇盜剽劫居民，土豪備私錢集社戶，防捍有勞，有司不爲上聞推恩，破家無所依歸，勢必從賊。官軍不習山嶮，且瘴癘侵加，不能窮追，管屬良民悉轉爲盜。請委四州守臣，募此游手無歸勇健之人，各收千人，仍以効用爲名，足可備用，實永久利。」詔令張淵同措置。

二十四年，殿前都指揮使楊存中言：「舊制，在京所管捧日、天武、拱聖、驍騎、驍勝、寧朔、神騎、神勇、宣武、虎翼、廣勇諸指揮禁軍內，捧日、天武依條升揀扈衞諸班直，拱聖、神勇以下升揀捧日、天武，除逃亡有故，僅千九百人。請於今年分定月內招千人。」

二十七年，楊存中奉旨，三衙所招効用兵令住招。今闕六千七百二十六人，若不招填，兵數日損。詔本司來年正月爲始，依舊招募。

隆興元年，步軍司郭振言：「本司在京日軍額三萬九千五百，今行在僅千二百一十九。」詔招填千七百八十一人，以三千爲額，刺充神衞，虎翼，飛山、床子弩雄武等指揮。

乾道七年，馬軍司王友直言：「見管戰馬二千七百餘，止有傔馬六百餘人，請招傔兵千五百，並充雄威。」詔招千人，刺「步傔」二字。步軍司吳挺言：「步司五軍，額二萬五千，見闕三千六百。」詔令招填。

淳熙十六年，殿前副都指揮郭鈞言：「淳熙五年住招兵，今踰十載，戰隊合用火分、傔兵闕。」詔招千人。

紹熙二年，詔步軍司招軍千人。

慶元元年，詔楚州招到二百六十一人補弩手、効用。五年，詔給降度牒付金州都統，招塡闕額并揀汰兵，照紹熙初年令，自五尺四寸至五尺六寸三等招收。

開禧元年，興元都統秦世輔言：「本司軍多闕額，紹興之末，管二萬九千餘人。乾道三年，立額二萬七千，今二萬五千四百，差戍、官占實萬一百四十三人，點閱所部，堪披帶人僅六百二十七。請從本司酌紹興額招刺。」參知政事蔣芾言：「在內諸軍，每月逃亡不下四百人，若權住招一年半，俟財用稍足招強壯，不惟省費，又得兵精。且南渡以來兵籍之數，紹興十二年二十一萬四千五百餘人，二十三年二十五萬四千五百四十人，三十年三十一萬八千一百三十八人，乾道三年三十二萬三千三百一人，只比二十三年已增六萬九千六十一人，如此何緣財用有餘？」

寶慶二年，知武岡軍吳愈言：「禁衞兵所以重根本、威外夷，太祖聚天下精兵在京者十餘萬，州郡亦十餘萬。嘉定十五年，三衙馬步諸軍凡七萬餘，闕舊額三萬，若以川蜀、荆襄、兩淮屯戍較之，奚啻數倍於禁衞？宜遵舊制，擇州郡禁兵補禁衞闕，州郡闕額帥守招塡。」

紹定四年，臣僚言：「州郡有禁卒，有壯城，有廂軍，有土兵，一州之財自足以給一州之兵。比年尺籍多虛，月招歲補，悉成文具。蓋州郡吝養兵之費，所招無二三，逃亡已六七。

宜申嚴帥臣，應郡守到罷，具兵額若干、逃故若干、招填若干，攷其數而黜陟之。」

寶祐間，州郡闕守，承攝者遣令招刺，不詢材武，務盜帑儲。

咸淳季年，邊報日聞，召募尤急，官降錢甚優厚。強刺平民，非無法禁。所司莫能體上意，執民爲兵。或甘言誑誘；或詐名買舟，候負販者羣至，輒載之去；或購航船人，全船疾趨所隸；或令軍婦治容誘于路，盡涅刺之。由是野無耕人，途無商旅，往往聚丁壯數十，而后敢入市。民有被執而赴水火者，有自斷指臂以求免者，有與軍人抗而殺傷者，無賴乘機假名爲擾。

九年，賈似道疏云：「景定元年迄今，節次招軍凡二十三萬三千有奇，除填額，創招者九萬五千，近又招五萬，謂之無兵不可。」十年，汪立信書抵賈似道陳三策，一謂：「內地何用多兵，宜悉抽以過江，可得六十萬矣。蓋兵不貴多，貴乎訓練之有素。苟不堪受甲，徒取充數，將焉用之！」

考之舊制，凡軍有闕額即招填。熙寧、元豐講求民兵之政，於是募兵寖減，而三衙多虛籍。至于靖康，禁衞弱矣。中興復用招募，立等杖，選勇壯，覈人才，驗虛實，審刺之法雖在諸屯，而已招者兵籍悉總于樞府云。

校勘記

〔一〕差以寸分而視其奉錢　句下各等尺寸疑有脫誤。通考卷一五二兵考載奉錢一千者，以五尺八寸、七寸三分、七寸爲三等。其餘待考。

〔二〕庲川　原作「床川」，據本書卷八七地理志、九域志卷三改。

〔三〕熟羊砦　原作「熟軍砦」，據本書卷一九八兵志、卷八七地理志改。

〔四〕五年　按上文已叙至五年十二月，此處不當又出「五年」；下文「四月」條，長編卷三二五繫於元豐五年四月，此「五年」當係重出；與上文時間順序失次，疑有舛誤。

〔五〕都總管司　「司」原作「同」，據長編卷四八七改。

〔六〕牧租　原作「收租」。按長編卷四八七作「牧租」，並有「以太僕牧租錢於陝西置蕃落馬軍十指揮」語，當以作「牧租」爲是，據改。

〔七〕及詔　「及」，通考卷一五三兵考作「又」。

〔八〕及經邊任大小使臣不以罪犯已發未敍　「發」，宋會要兵七之一四、北盟會編卷二七均作「敍」。

〔九〕進義副尉　「義」原作「議」，據本卷上文和本書卷一六九職官志改。

〔一〇〕折彥實　靖康要錄卷三、卷七和北盟會編卷四八均作「折彥質」。

〔一一〕黃人　靖康要錄卷一三、通考卷一五三兵考均無此二字。

〔一二〕十二月　原作「十一月」。按上文已叙至閏十一月，不當又出「十一月」。據靖康要錄卷一四、北盟會編卷七二改。

〔一三〕請如主兵官舊曾占使書札作匠雜技手業之徒　「請」疑當作「諸」。

〔一四〕汀漳泉建　「建」原作「劍」。按南劍州不與廣東、江西接壤，繫年要錄卷一五三作「建」，據改。

宋史卷一百九十四

志第一百四十七

兵八 揀選之制 廩給之制

揀選之制　建隆初，令諸州召募軍士部送闕下，至則軍頭司覆驗等第，引對便坐，而分隸諸軍焉。其自廂軍而升禁兵，禁兵而升上軍，上軍而升班直者，皆臨軒親閱，非材勇絕倫不以應募，餘皆自下選補。

咸平五年，於環、慶等州廂軍馬步軍六千餘人內選材勇者四千五百人，付逐砦屯防，以代禁兵。

景德二年，宣示：「殿前、侍衞司諸禁軍中老疾者衆，蓋久從征戍，失於揀練，每抽替至京，雖量加閱視，亦止能去其尤者。今多已抽還，宜乘此息兵，精加選揀，雖議者恐其動衆，亦當斷在必行。昔太祖亦嘗患此，遂盡行揀閱，當時人情深以爲懼，其後果成精兵。」樞密使王繼英等曰：「今兵革休息，不乘此時遴選，實恐冗兵徒費廩食。」帝曰：「然。近者契丹請盟，夏人納款，恐軍旅之情謂國家便謀去兵惜費。」乃命先於下軍選擇勇力者次補上軍；其老疾者，俟秋冬愼擇將臣令揀去之。

三年正月，詔遣樞密都承旨韓崇訓等與殿前司、侍衞馬步軍司揀閱諸軍兵士，供備庫使、帶御器械綦政敏等分往京東、西路揀閱。八月，詔效順第一軍赴京揀閱，以補虎翼名闕。是軍皆河東人，帝念其累戍勞苦，故升獎焉。

大中祥符二年四月，詔曰：「江南、廣東西路流配人等，皆以自抵憲章，久從配隸，念其遠地，每用軫懷。屬喬嶽之增封，洽溥天之大慶，不拘常例，特示寬恩。江南路宜差內殿崇班段守倫就昇州、洪州，廣南東、西路差殿直、閤門祗候彭麟就桂州，與本路轉運使同勾抽諸州雜犯配軍，揀選移配淮南州軍牢城及本城；有少壯堪披帶者，卽部送赴闕，當議近上軍分安排。如不願量移及赴闕者，亦聽。若地里遠處，卽與轉運使同乘傳就彼，依此揀選。」

五年正月，帝諭知樞密院王欽若等：「在京軍校差充外處人員，軍數不足，有妨訓練，可詔示殿前、侍衞馬步軍司簡補。禁軍逐指揮兵士內，捧日上三軍要及三百人，龍衞上四軍各二百五十人，拱聖、驍騎、驍勝、寧朔、神騎、雲武騎各三百五十人，並於下次軍營升塡，須及得本額等樣，及令軍頭司於諸處招揀到人內選塡。營在京者引見分配，在外處者準此，仍委逐司擘畫開坐以聞。在京差出者，候替回揀選。」

九年十一月，詔河北、河東、陝西諸州軍揀料本城兵，五百人以上升爲一指揮，於本處置營教閱武藝，升爲禁軍。

天禧元年二月，遣使分往諸州軍揀廂軍驍壯及等者升隸上軍。六月，召選天下廂兵遷隸禁軍者，凡五千餘人。

天聖間，嘗詔樞密院次禁軍選補法：

凡入上四軍者，捧日、天武弓以九斗，龍衞、神衞弓以七斗，天武弩以二石七斗，神衞弩以二石三斗爲中格；恩冀員僚直、驍捷軍士選中四軍，則不復閱試。自餘招揀中者，並引對。凡員僚直闕，則以選中上軍及龍衞等樣、弓射七斗合格者充，仍許如龍衞例選補班直。

凡選禁軍，自奉錢三百已上、弓射一石五斗、弩蹠三石五斗、等樣及龍衞者，並親閱，以隸龍衞、神衞。凡騎御馬直闕小底，則閱拱聖、驍騎少壯善射者充。凡弓手，內殿直以下選補殿前指揮使，射一石五斗；御龍弓箭直選補御龍直、御龍骨朵子直〔一〕，東西班帶甲殿侍選補長入祗候，御龍諸直將虞候選補十將，射皆一石四斗；東西班、散直選補內殿直，捧日、員僚直、天武、龍衞、神衞親從選補諸班直，御龍骨朵子直、弓箭直將虞候選補十將，御龍直長行選補將虞候，射皆一石三斗；員僚、龍御、驍御馬直小底選補散直，射皆一石二斗。凡弩手，東西班帶甲殿侍選補長騎祗候，射四石；御龍弩直將虞候選補十將，射三石八斗；長行選補將虞候，射三石五斗。其捧日、天武、龍衞親從選補弩手班、御龍弩直者，亦如之。其次別爲一等，減二斗。自餘殿前指揮使、諸班直以歲久若上名出補外職者，所試弓弩斗力皆遞減，弓自一石三斗至八斗，弩自三石二斗至五斗各有差。

凡班直經上親閱隸籍者，有司勿復按試。其升軍額者，或取少壯拳勇，或旌邊有勞。至於河清遞補，牢城配軍亦間下詔選補，蓋使給役者有時而進，負罪者不終廢也。其退老疾，則以歲首，或出軍回；轉員皆揀汰，上軍以三歲。河北遇大閱亦如之。

景祐元年，詔選教駿塡拱聖諸軍，退其老疾爲剩員，不任役者免爲民。

三年，詔選驍騎、雲騎、驍勝塡拱聖，武騎、寧朔、神騎塡驍騎。

康定元年，選御輦官爲禁軍。輦官二十六人遮輔臣諠訴，斬其首二人，餘黥隸嶺南，卒選如初。

慶曆三年，詔韓琦、田況選京師奉錢五百已上禁軍武技精捷者，營取五人，樞密院籍記姓名，以備驅使。況因言：「今天下兵踰百萬，視先朝幾三倍，自昔養兵之冗，未有若是。且諸路宣毅、廣勇等軍孱弱衆甚，大不堪戰，小不堪役。宜分遣官選不堪戰者降爲廂軍，不堪役者釋之。」上然其言。

皇祐元年，揀河北、河東、陝西、京東西禁廂諸軍，退其罷癃爲半分，甚者給糧遣還鄉里。係化外若以罪隸軍或嘗有戰功者，悉以剩員處之。

三年，韓琦奏：「河北就糧諸軍願就上軍者，許因大閱自言。若等試中格，舊無罪惡，即部送闕，量材升補。」乃詔四路都總管司：「自今春秋閱，委主管選長五尺六寸已上、弓一石五斗、弩三石五斗者，并家屬部送闕。」

嘉祐二年，詔神衞水軍等以五年，諸司庫務役兵以三年一揀。五年，選京東西、陝西、河北、河東本城、牢城、河清、裝卸〔三〕、馬遞鋪卒長五尺三寸勝帶甲者，補禁軍。其嘗犯盜亡坐黥者，配外州軍歸遠、壯勇。

八年，右正言王陶奏：「天下廂軍以歲首揀，至於禁軍雖有駐劄還日揀法，或不舉。臣竊惟調發禁軍本籍精銳，軍出之時尤當揀練。請下有司，凡調發禁軍，委當職官汰年六十已上，將校年六十五已上衰老者，如此則兵精而用省矣。」下其章。殿前、馬步軍司奏曰：「舊制，遣戍陝西、河北、河東、廣南被邊諸軍悉揀汰，餘路則無令。請自今諸軍調發，悉從揀法。」詔可。又詔：「凡選本城、牢城軍士以補龍猛等軍者，並案籍取嘗給奉錢五百及龍猛等者，以配龍猛；其不及等與嘗給奉錢四百以下，若百姓黥隸及龍騎等者，以配龍騎；其龍騎軍士戍還，卽選塡龍猛。自今本城、牢城悉三年一揀，著爲令。」

治平元年，閱親從官武技，得百二十人以補諸班直。乃詔：自今親從官，限年三十五以下者充。又詔：「如聞三路就糧兵，多老疾不勝鎧甲者，可勿拘時，揀年五十以上有子弟或異姓親屬等應樣者代之。如無，聽召外人。」是歲，詔京畿幷諸路揀龍騎、壯勇、歸遠、本城、牢城、宣効六軍；河淸、車營、致遠、窰務、鑄錢監、屯田務隸籍三十年勝鎧甲者，部送京師塡龍猛等軍；其自廣南揀中者，就塡江西、荊湖歸遠闕額。仍詔每三年以龍猛等軍闕數聞。又詔諸路，有步射引弓兩石、彍弩四石五斗已上者，奏遣詣闕。

二年，詔京東教閱補禁軍。先是，京東教閱本城，自初置卽番隸本路巡檢，久不選補。上聞其軍多勇壯可用者，欲示激勸，故有是詔。

治平四年五月，揀選拱聖、神勇以下軍分〔三〕，以補捧日、天武、龍、神衞闕數。

元豐三年六月，權主管馬步軍司燕達言：「內外就糧退軍二十一指揮八千餘人，以禁軍小疾故揀退及武藝淺弱人配塡，既不訓練，又免屯戍，安居冗食，耗蠹軍儲。若自今更不增補，庶漸銷減，候有闕，依禁軍選募，教習武藝，不數年間，退軍可盡變銳士。內奉錢七百者減爲五百，依五百奉錢軍等杖招揀。」從之。仍詔：「上四軍退軍改作五百奉錢軍額。」八月，殿前、步軍司虎翼十指揮出戍歸營，閔其勞苦，詔並升補爲神勇指揮。廣西路經略司言：「雄略、澄海指揮闕額，請以諸路配送隸牢城卒所犯稍輕及少壯任披帶者選補。」從之。

四年四月，提舉河北義勇保甲狄諮言：「舊制，諸指揮兵級〔四〕內有老疾年五十五已上有弟姪子孫及等杖者，令承替名糧，其間亦有不堪征役者，乞年四十已上許令承替。」詔河北馬步諸軍依此。十二月，詔諸班直、上四軍，毋得簡常有罪改配人。

元祐二年七月，詔諸路每歲於八月後解發試武藝人到闕，殿前司限次年正月，軍頭司限二月以前試驗推恩。呈試武藝人同。

三年閏十二月，樞密院言：「在京諸軍兵額多闕，而京東、西路就糧禁軍往往溢額。」詔差官往逐路同長吏〔五〕揀選發遣，以補其數。

大觀元年四月，詔曰：「東南諸郡軍旅之事，久失訓齊。民雖浮弱，而阻山帶江，輕而易搖。安必慮危，誠不可忽。其諸軍事藝生疎精熟不同，非獨見將官訓練優劣，實亦繫教頭能否。」樞密院請委逐路提舉訓練官妙選精熟教頭，二年一替，若能訓練精熟，然後推賞。從之。

至若省併之法，凡軍各有營，營各有額。皇祐間，馬軍以四百、步軍以五百人爲一營。承平既久，額存而兵闕，馬一營或止數十騎，兵一營或不滿一二百。而將校猥多，賜予廩給十倍士卒，遞遷如額不少損。帝患之，熙寧二年，始議併廢。陝西馬步軍營三百二十七，併爲二百七十，馬軍額以三百人，步軍以四百人。其後凡撥併者，馬步軍營五百四十五併爲三百五十五，而京師、府界、諸路及廂軍皆會總畸零，各足其常額。

凡併營，先爲繕新其居室，給遷徙費。軍校員溢，則以補他軍闕，或隨所併兵入各指揮，依職次高下同領。帝嘗謂輔臣曰：「天下財用，朝廷稍加意，則所省不可勝計。迺者銷併軍營，計減軍校、十將以下三千餘人，除三節賜予及傔從廩給外，計一歲所省，爲錢四十五萬緡，米四十萬石，紬絹二十萬匹，布三萬端，馬藁二百萬。庶事若此，邦財其可勝用哉！」

初議併營，大臣皆以兵驕已久，遽併之必召亂，不可。帝不聽，獨王安石贊決之。時蘇軾言曰：「近者併軍蒐卒之令猝然輕發，甚於前日矣，雖陛下不恤人言，持之益堅，而勢窮事礙，終亦必變。他日雖有良法美政，陛下能復自信乎？」樞密使文彥博曰：「近多更張，人情洶洶非一。」安石曰：「事合更張，豈憚此輩紛紛邪！」帝用安石言，卒併營之。自熙寧以至元豐，歲有併廢。

元符二年，樞密院言：「已詔諸路併廢堡砦，減罷兵將，鄜延、秦鳳路已減併，餘路未見施行。」詔涇原、熙河蘭會、環慶、河東路速議以聞。

三年，罷都護府，安撫使隸河、蘭州，以省餽運。詔邊帥減額外戍兵。

建中靖國元年，減放秦鳳路士兵。

大觀三年，詔：「昨降處分，措置東南利害，深慮事力未辦，應費不貲。其帥府、望郡添置禁軍，諸縣置弓手，並罷其壯城兵士，令帥府置一百人，餘望郡置五十人，舊多者自依舊。

沿邊州軍除舊有外，罷增招壯城。帥府、望郡養馬并步人選充馬軍指揮，及支常平錢收糴封樁斛斗指揮，並罷。已添置路分鈐轄、路分都監，許令任滿。江南東西、兩浙各共差走馬承受內臣一員、帥府添置機宜文字去處，並罷。」

四年，詔：「四輔州各減一將，其軍兵仰京畿轉運司將未足額并未有人，崇銳、崇威、崇捷、崇武內併廢四十四指揮已揀到人，隨等杖撥塡四輔見闕禁軍。仍將逐輔係將、不係將軍兵，以住營遠近相度，重別分隸排定，及八將訓練駐箚去處，疾速開具以聞。河北、河東崇銳、崇威，河東十八指揮，河北不隸將十三指揮併廢，見管兵令總管司撥塡本路禁軍闕額。河北路撥不盡人發遣上京，分塡在京禁軍闕額；河東撥不盡人，並於本路禁軍額外收管。」

宣和五年，詔：「兩浙盜賊寧息，其越州置捕盜指揮，可均塡江東、淮東三路州軍闕額。」

至神宗之世，則又有簡汰退軍之令。治平四年，詔揀拱聖、神勇以下軍補捧日、天武、龍衞、神衞兵闕。

熙寧元年，詔諸路監司察州兵招簡不如法者按之，不任禁軍者降廂軍，不任廂軍者免爲民。

二年，從陳升之議，量減衞兵年四十以上稍不中程者請受。呂公弼及龍圖閣直學士陳薦皆言退軍不便。三年二月，司馬光亦曰：

竊聞朝廷欲揀在京禁軍四十五以上微有呈切者，盡減請給，兼其妻子徙置淮南，以就糧食。若實有此議，竊謂非宜。何則？在京禁軍及其家屬，率皆生長京師，親姻聯布，安居樂業，衣食縣官，爲日固久。年四十五未爲衰老，微有呈切，尚任征役，一旦別無罪負，減其請給，徙之淮南，是横遭降配也。

且國家竭天下之財養長征兵士，本欲備禦邊陲。今淮南非用武之地，而多屯禁軍，坐費衣食，是養無用之兵，寘諸無用之地。又邊陲常無事則已，異時或小有警急，主兵之臣必爭求益兵。京師之兵既少，必須使使者四出，大加召募，廣爲揀選，將數倍多於今日所退之兵。是棄已教閱經戰之兵，而收市井畎畝之人，本欲減冗兵而冗更多，本欲省大費而費更廣，非計之得也。

臣愚欲願朝廷且依舊法，每歲揀禁軍有不任征戰者減充小分，小分復不任執役者，放令自便在京居止，但勿使老病者尙占名籍，虛費衣糧。人情既安於所習，國家又得其力，冗兵既去，大費自省，此國家安危所繫，不敢不言。

右正言李常亦以爲言。從之。是年，詔：「陝西就糧禁軍額十萬人，方用兵之初，其令陝西、河東亟募士補其闕。」

四年，詔：「比選諸路配軍爲陝西彊猛，其以爲禁軍，給賜視壯勇爲優，隸步軍司，役於逐路都監、總管司。」詔廣東、福建、江西選本路配軍壯勇者，合所募兵萬人，以備征戍。三月，詔廣東路選雜犯配軍丁壯，每五百人爲一指揮，屯廣州，號新澄海，如廣西之法。七月，手詔：「揀諸路小分年四十五以下勝甲者，升以爲大分，五十已上願爲民者聽。」舊制，兵至六十一始免，猶不卽許。至是免爲民者甚衆，冗兵由是大省。

十年，遣官偕畿內、京東西、陝西、荊湖長吏簡募軍士，以補禁軍之闕。

元豐元年，詔：以馬軍選上軍，上軍選諸班者，並馬射弓一石力。諸班直槍弩手闕，選親從、親事官，餘並選捧日、龍衞弓箭手。

二年，雲騎軍闕二千一百，以雲捷等軍補之。

六年，騎兵年五十以下，教武技不成而才可以肄習者，並以爲步軍。

元祐四年，詔：「今後歲揀禁軍節級，筋力未衰者，年六十五始減充剩員。」

八年，涇原路經略司奏：「揀選諸將下剩員，年六十以下精力不衰，仍充軍，以補闕額。」

從之。陝西諸路如之。

紹聖四年，樞密院言：「龍騎係雜犯軍額，闕數尚多。今欲將禁軍犯徒兵及經斷者，歲揀以塡闕。」從之。

元符元年又言：「就糧禁軍闕額，於廂軍內揀選年四十以下者塡。」從之。

宣和七年，詔京東西、淮南、兩浙帥司精選諸軍驍銳，發赴京畿輔郡兵馬制置使司。

靖康元年，詔：「軍兵久失教習，當汰冗濫，精加揀擇。」然不能精也。方兵盛時，年五十已上皆汰爲民，及銷併之久，軍額廢闕，則六十已上復收爲兵，時政得失因可見矣。

中興以後，兵不素練。自軍校轉補之法行，而揀選益精〔六〕。大抵有疾患則選，有老弱則選，藝能不精則選，或由中軍揀補外軍，或揀外邊精銳以升禁衞。考軍防令，諸軍招簡等杖：天武第一軍五尺有八寸，捧日、天武第二軍、神衞五尺七寸三分，龍衞五尺有七寸，拱聖、神勇、勝捷、驍捷、龍猛、清朔〔七〕五尺六寸五分，驍騎、雲騎、驍勝、宣武、殿前司虎翼、殿前司虎翼水軍五尺有六寸，武騎、寧朔、步軍司虎翼水軍、揀中龍衞、神騎、廣勇、龍騎、驍猛、雄勇、吐渾、擒戎、新立驍捷、驍武、廣銳、雲翼、有馬勁勇、步武、威捷、武衞、牀子弩雄武、飛山雄武、神銳、振武、新招振武、新置振武、振華軍、雄武弩手、上威猛、廳子、無敵、上招收、冀州雄勝〔八〕、澄海水軍弩手五尺五寸，廣捷、威勝、廣德、克勝、陝府雄勝、驍雄、雄威、神虎、保捷、清邊弩手、制勝、清澗、平海、雄武、龍德宮清衞、寧遠、安遠五尺四寸五分，克戎、萬捷、雲捷、横塞、捉生、有馬雄略、効忠、宣毅、建安、威果、全捷、川効忠、揀中雄勇、懷順、忠勇、教閱忠節、神威、雄略、下威猛五尺四寸，亳州雄勝、飛騎、威遠、蕃落、懷恩、勇捷、上威武、下威武、忠節、靖安、川忠節、歸遠、壯勇、宣効五尺三寸五分，濟州雄勝、騎射、橋道、清塞、奉先、奉國〔九〕、武寧、威勇、忠果、勁勇、下招收、壯武、雄節、靜江、武雄、廣節、澄海、懷遠、寧海、刀牌手、必勝五尺三寸，揀中廣効、武和、武肅、忠靖、三路廂軍五尺二寸。

建炎三年，詔：「江南、江東、兩浙諸州軍正兵、土兵，除鎭江、越州，委守臣兵官巡檢，六分中選一分，部轄人年四十五以下，長行年三十五以下，合用器甲，候旨選擇赴行在。有愞弱不堪，年甲不應，或占庇不如數選發，其當職官有刑。」

四年，詔：「神武義軍統制〔一〇〕王瓔下閱到第三等軍兵一千六百六十人，塡廂禁軍，其不任披帶者，分塡嚴州新禁軍。」

紹興二年，上謂輔臣曰：「邵青〔一一〕、單德忠、李捧三盜，招安至臨安日久，卿等其極揀汰。」呂頤浩、秦檜得旨與張俊同閱視，堪留者近七千人。詔命張俊選精銳，得兵五千人詣行在。

二十年，樞密院言都統吳玠選中護衞西兵千人，詔隸殿司。又統制楊政選西兵三百二十五人，塡步軍司。

二十四年，詔：「御龍直見闕數，可以殿、步二司選拍試塡諸班。」

乾道二年，詔王琪選三百人充馬軍。

慶元三年，殿司言：「正額効用萬一千五百九十二人，闕二百五十九人，於雄効內及効用帶甲拍試一石力弓、三石力弩合格人塡闕額。」詔：「崇政殿祗候、親從塡班直人數，特與免；其三衙舊司官兵及御馬直合揀班人，照闕額補。」

嘉定十一年，臣僚言「今軍政所先，莫如汰卒。」謂「如千兵中有百人老弱，遇敵先奔，卽千人皆廢矣。乞嚴敕中外將帥，務覈其實。」

其省倂法，自咸平始。建炎以後，臣僚屢言，軍額有闕則倂隸一等軍分，足其舊額，以便教閱，而指揮、制領、將佐之屬亦或罷或省，悉從其請。蓋當多事之秋，患兵之不足，望增補以壯軍容。事既寧息，患其有餘，必倂省以覈軍實，意則在乎少蘇民力也。

嘉熙初，臣僚言：「今日兵貧若此，思變而通之。於卒伍中取強勇者，異其籍而厚其廩，且如百人之中揀十人，或二十，或三十，則是萬人中有三千兵矣。時試之弓弩，課之武藝，暇則馳馬擊毬以爲樂，秋冬使之校獵。其有材力精彊，則厚賞賚之。又於其中拔其尤者，數愈少而廩愈厚，待之如子弟，倚之如腹心，緩急可用。蘇轍〔三〕有言：『天子必有所私之將，將軍必有所私之士。』又必申命主帥、制、領，鼓動而精擇之，假之統御之權，嚴其階級之法。將樂與士親，士樂爲將用，則可以運動如意，不必別移一軍，別招新軍矣。」

咸淳間，招兵無虛日，科降等下錢以萬計。奈何任非其人，白捕平民爲兵，召募無法，揀選云乎哉！

廩祿之制　爲農者出租稅以養兵，爲兵者事征守以衞民，其勢然也。唐以天下之兵分置藩鎮，天子府衞，中外校卒，不過十餘萬，而國用不見其有餘。宋懲五代之弊，收天下甲兵數十萬，悉萃京師，而國用不見其不足者，經制之有道，出納之有節也。國初，太倉所儲纔支三、二歲。承平既久，歲漕江、淮粟六百萬石，而縑帛、貨貝、齒革百物之委不可勝用。其後軍儲充溢，常有餘羨。內外乂安，非偶然也。

凡上軍都校，自捧日、天武暨龍衞、神衞左右廂都指揮使遙領團練使者，月俸錢百千，粟五十斛；諸班直都虞候、諸軍都指揮使遙領刺史者半之。自餘諸班直將校，自三十千至二千，凡十二等；諸軍將校，自三十千至三百，凡二十三等，上者有傔；廂軍將校，自十五千至三百五十，凡十七等，有食鹽；諸班直自五千至七百，諸軍自一千至三百，凡五等；廂兵閱教者，有月俸錢五百至三百，凡三等，下者給醬菜錢或食鹽而已。自班直而下，將士月給粮，率稱是爲差；春冬賜衣有絹綿，或加紬布、緡錢。凡軍士邊外，率分口券，或折月粮，或從別給。其支軍食，粮料院先進樣，三司定倉敖界分，而以年月次之。國初，諸倉分給諸營，營在國城西，給粮于城東，南北亦然。相距有四十里者，蓋恐士卒習墮，使知負檐之勤。久之，有司乃取受輸年月界分，以軍次高下給之。

凡三歲大祀，有賜賚，有優賜。每歲寒食、端午、冬至，有特支，特支有大小差，亦有非時給者。邊戍季加給銀、鞵，邠、寧、環、慶緣邊難於爨汲者，兩月一給薪水錢，苦寒或賜絮襦袴。役兵勞苦，季給錢。戍嶺南者，增月奉。自川、廣戍還者，別與裝錢。川、廣遞鋪卒或給時服、錢、屨〔三〕。屯兵州軍，官賜錢宴犒將校，謂之旬設，舊止待屯泊禁軍，其後及于本城。

天聖七年，法寺裁定諸軍衣裝，騎兵春冬衣各七事，步兵春衣七事、冬衣六事，敢質賣者重寘之法。

景祐元年，三司使程琳上疏，論：「兵在精不在衆。河北、陝西軍儲數匱，而召募不已，且住營一兵之費，可給屯駐三兵，昔養萬兵者今三萬兵矣。河北歲費芻糧千二十萬，其賦入支十之三；陝西歲費千五百萬，其賦入支十之五。自餘悉仰給京師。自咸平〔四〕逮今，凡二邊所增馬步軍指揮百六十。計騎兵一指揮所給，歲約費緡錢四萬三千，步兵所給，歲約費緡錢三萬二千，他給賜不預。合新舊兵所費，不啻千萬緡。天地生財有限，而用無紀極，此國用所以日屈也。今同、華沿河州軍，積粟至於紅腐而不知用；沿邊入中粟，價常踊貴而未嘗足。誠願罷河北、陝西募住營兵〔五〕，勿復增置，遇闕即遷廂軍精銳者補之，仍漸徙營內郡，以便糧餉。無事時番戍于邊，緩急即調發便近。嚴戒封疆之臣，毋得侵軼生事以覬恩賞，違令者重寘之法。如此，則疆埸無事，而國用有餘矣。」帝嘉納之。

康定元年，詔戰場士卒給奉終其身。宰臣張士遜等言禁兵久戍邊，其家在京師者，或不能自給。帝召內侍即殿隅條軍校而下爲數等〔六〕，特出內藏庫緡錢十萬賜之。

慶曆五年，詔：「湖南路發卒征蠻，以給裝錢者，毋得更予帶甲錢。」

七年，帝因閱軍粮，諭倉官曰：「自今後當足數給之。」初，有司以粮漕自江、淮，積年而後支，惟上軍所給斗升僅足，中、下軍率十得八九而已。

嘉祐八年，殿前諸班請粮，比進樣異，輒不受散去。御史中丞王疇以爲言。詔：「提點倉官自今往檢視，有不如樣，同坐之。軍士不時請及有諠譁，悉從軍法。」

皇祐二年〔七〕，詔：「在外禁軍，凡郊賚折色，並給以實估之直。」

五年，詔：「廣南捕蠻諸軍歲滿歸營，人賜錢二千，月增奉錢二百。度嶺陣亡及瘴癘物故者子孫或弟姪，不以等樣收一人隸本營者，支衣廩之半。」

治平二年，詔：「涇原勇敢軍揀爲三等，差給奉錢一千至五百爲三等，勿復置營，以季集渭州按閱。」

熙寧三年，帝手詔：「倉使給軍粮，例有虧減，出軍之家，侵牟益甚，豈朕所以愛養將士意哉！自今給粮毋損其數，三司具爲令。」於是嚴河倉乞取減刻之事。

四年，詔付趙卨：「聞鄜延路諸軍數出，至鬻衣裝以自給，可密體量振恤之。」先是，王安石言：「今士卒極窘，至有衣紙而擐甲者，此最爲大憂，而自來將帥不敢言振恤士卒，恐成姑息，以致兵驕。臣愚以爲親士卒如愛子，故可與之俱死；愛而不能令，譬如驕子不可用也。前陛下言郭進事，臣案進傳，言進知人疾苦，所至人爲立碑紀德；士卒小有違令，輒殺之。惟其能犒賞存恤，然後能殺違令者而人無怨。今宜稍寬牽拘將帥之法，使得用封椿錢物隨宜振恤，然後可以責將帥得士卒死力也。」

四年〔八〕，樞密院言：「不教閱廂軍撥併，各帶舊請外，今後招到者，並乞依本指揮新定請受。河北崇勝、河東雄猛、陝西保寧、京東奉化、京西壯武、淮南寧淮各醬菜錢一百，月粮二石，春衣絹二匹、布半匹、錢一千，冬衣絹二匹、紬半匹、錢一千、綿十二兩。兩浙崇節、江東西効勇、荆南北宣節、福建保節、廣東西清化除醬菜錢不支外，餘如六路。川四路克寧已上各小鐵錢一千，粮二石，春衣絹一匹、小鐵錢十千，冬衣絹一匹、紬一匹、綿八兩、小鐵錢五千。」並從之。

七年，增橋道、淸塞、雄勝諸軍奉滿三百。又詔：「今後募禁軍等賞給，並減舊兵之半。」十年，詔：「安南道死戰沒者，所假衣奉咸蠲除之。弓箭手、民兵、義勇等有貸於官者，展償限一年。又中外禁軍有定額，而三司及諸路歲給諸軍亦有常數。其闕額未補者，會其歲給並封椿，樞密承旨司簿其餘數，輒移用，論如法。」

元豐二年，詔：「荆南雄略軍十二營南戍，瘴沒者衆，其議優恤之。軍校子孫降授職，有疾及不願爲兵若無子孫者，加賜緡錢；軍士子孫弟姪收爲兵，並給賻，除籍後仍給糧兩月；卽父母年七十已上無子孫者，給衣廩之半，終其身。」

哲宗卽位，悉依舊制。

徽宗崇寧四年，詔：「諸軍料錢不多，比聞支當十錢，恐難分用，自今可止給小平錢。」初，蔡京謀逐王恩，計不行，欲陰結環衞及諸士卒，乃奏皇城鋪兵月給食錢五百者，日給一百五十。自是，每月頓增四貫五百，欲因以市私恩也。

五年，樞密院言：「自熙寧以來，封樁隸樞密院，比因創招廣勇、崇捷、崇武十萬人，權撥封樁入尙書省。緣禁軍見闕數多，若專責戶部及轉運司應副，恐致悞事。」詔：「尙書省候極足十萬人外，理合撥還。自今應禁軍闕額封樁錢，仍隸樞密院。」

宣和七年，詔：「國家養兵，衣食豐足。近歲以來，官不守法，侵奪者多；若軍司乞取及因事率斂，刻剝分數，反致不足。又官吏冗占猥多，修造役使，違法差借。雜役之兵，食浮於禁旅，假借之卒，役重於廂軍。近因整緝軍政，深駭聽聞。自今違戾如前者，重寘之法。」

靖康元年，詔：「諸路州軍二稅課利，先行樁辦軍兵合支每月粮料、春衣、冬賜數足，方許別行支散官吏請給等。禁軍月粮，並免坐倉。」

自國初以來，內則三司，外則漕臺，率以軍儲爲急務，故錢粮支賜，歲有定數。至於征戍調發之特支，將士功勞之犒賞，與夫諸軍闕額而收其奉廩以爲上供之封樁者，雖無定數，而未嘗無權衡於其間也。封樁累朝皆有之，而熙寧爲盛。其後雖有今後再不封樁之詔，然軍司告乏，則暫從其請，稍或優足，則封樁如舊。蓋宰執得人，則闕額用於朝廷；樞筦勢重，則闕額歸之密院。此政和軍政所以益不逮於崇寧、大觀之間者，由兩府之勢互有輕重，而不能恪守祖宗之法也。

中興以後，多遵舊制。紹興四年，御前軍器所言：「萬全雜役額五百，戶部廩給有常法。比申明裁減，盡皆逋逃。若依部所定月米五斗五升，日不及二升；麥四斗八升，斗折錢二百，日餐錢百，實不足贍。」詔戶部裁定，月米一石七斗，增作一石九斗。

五年，詔：「効用八資舊法，內公據、甲頭名稱未正，其改公據爲守闕進勇副尉，日餐錢二百五十、米二升；甲頭爲進勇副尉，日餐錢三百、米二升。非帶甲入隊人自依舊法。」宣撫使韓世忠言：「本軍調發，老幼隨行。緣効用內有不調月粮，不增給日請，軍兵米二升半、錢百，効用米二升、錢二百，乞日增給贍米一升半，庶幾戰士無家累後顧憂，齊心用命。」詔分屯日即陳請。

十三年，詔：「殿司諸統領將官別無供給職田〔一九〕，日贍不足，差兵營運，浸壞軍政。可與月支供給：統制、副統制月一百五十千〔二〇〕，統領官百千，正將、同正將五十千，副將四十千，準備將三十千，皆按月給。既足其家，可責後效。若仍前差兵負販，從私役禁軍法，所販物計贓坐之，必罰無赦。州縣知而不舉，同罪。」主管步軍司趙密言：「比定諸軍五等請給，招塡闕額，要以屏革姦弊。第數內招收白身効用，塡馬步軍使臣闕。其五等請給例內，馬軍効用依五人衙官例，步軍効用依三人衙官例。緣舊効用曾經帶甲出入，日止餐錢二百、米二升；有少壯善射者，既見初收効用廩給稍優，因逃他軍以希厚請。今擬五等招收白身効用與舊効用，不以馬步軍論，槪增其給，人日支錢二百、米二升，塡使臣闕。」

隆興二年，殿前司言：「諸軍法，兵級年六十，將校年六十五，減充剩員給請，內有戰功亦止半給。比來年及不與減落，乞每營置籍，鄉貫、年甲、招刺日月悉書之，一留本營，一留戶部，一留總領，以備開落。」

乾道八年，樞密院言：「二月爲始，諸軍七人例以上，二分錢、三分銀、五分會子；五人例，三分錢、四分銀、三分會子。軍兵折麥、餐錢，全支錢。使臣折麥、料錢，統制、軍佐供給分數仍舊。」

淳熙三年，樞密院言：「兵部定請受格：効用一資守闕毅士，二資毅士，三資守闕効士，月各錢三千，折麥錢七百二十，米一石五升，春冬衣絹各二匹；四資効士，錢三千，折麥錢九百七十二，米一石一斗三升有奇，衣絹各二匹；五資守闕聽候使喚，錢四千五百，折麥錢一千八十，米一石二斗，絹三匹有半；六資聽候使喚，錢四千五百，折麥錢一千二百六十，米一石四斗七升，絹五匹；七資守闕聽候差使，八資聽候差使，錢四千五百，折麥錢一千四百四十，米一石六斗八升，絹各五匹；九資守闕準備使喚，十資準備差使，錢五千，折麥錢一千四百四十，米六石八升，絹各五匹。」

紹熙元年，知常德府王銖言：「沿邊城砦之官，以備疆埸不虞，廩祿既薄，給不以時，孤寒小吏，何以養廉？致使熟視姦猾泄漏禁物，公私庇蓋，恬不加問，從而狥私受賕者有矣。弓手、土軍、戍卒傭直粮食，累月不支，迫於饑寒，侵漁蠻獠，小則致訟爭，大則啓邊釁。乞嚴敕州、軍按月廩給，如其未支，守倅即不得先請己奉。庶俾城砦官兵有以存濟，緩急之際，得其宣力。安邊弭盜，莫此爲急。」

歟後弊日以滋，迨至咸淳，軍將往往虛立員以冒稍食。以建康言之，有神策二軍，有游擊五軍，有親兵二軍，有制効二軍，有靖安、唐灣水軍，有游擊采石〔三〕水軍，有精鋭破敵軍，有効用、防江軍，原其初起，惟騎、戎兩司額耳。後乃各創軍分，額多而員少。一統制月請，以會子計之，則成一萬五百千，推之他軍，概可見矣。

九年，四川制司有言：「戍兵生券，人月給會子六千，蜀郡物賈翔貴，請增人月給九千。」當是時財賦之出有限，廩稍之給無涯，浚民膏血，盡充邊費，金帛悉歸于二三大將之私帑，國用益竭，而宋亡矣。

臣僚嘗言：「古者兵與農一，官無供億之煩，國有備禦之責。後世兵與農二，竭國力以養兵，奉之若驕子，用之若傭人。今守邊急務，非兵農合一不可。其說者有二：曰屯田，曰民兵。川蜀屯田爲先，民兵次之；淮、襄民兵爲先，屯田次之。此足食足兵之良策也。」其言阨于權姦，竟不行。

校勘記

〔一〕御龍骨朵子直　「直」字原脫，據本書卷一八七兵志、通考卷一五五兵考補。

〔二〕裝卸　原作「裝御」。按本書卷一八九兵志，廂兵軍額無「裝御」，而京東、京西路有「裝卸」，「御」字當爲「卸」字之誤，據改。

〔三〕神勇以下軍分　「軍」原作「勇」。按本卷下文記簡汰退軍時，重敍此事說：「詔揀拱聖、神勇以下軍補捧日、天武、龍衞、神衞兵闕。」則「勇」字當作「軍」，據改。

〔四〕諸指揮兵級　「兵級」原作「兵給」。長編卷三一二作「兵級」。按宋會要兵二五之三〇載，「兵級」係軍兵和節級之合稱，長編是，據改。

〔五〕長吏　原作「長使」。長編卷四一九作「長吏」。按本書卷一八七兵志，宋代禁軍係委諸州軍長吏募選部送，作「長吏」是，據改。

〔六〕自軍校轉補之法行而揀選益精　按上文既說「中興以後」，而下文所記年號爲建炎三年，則此處所敍應屬南宋事。但本句以下直至「五尺二寸」一段，所記內容屬於揀選，和上文所載簡汰事不相銜接。又據本書卷一九六兵志，軍校轉補法自北宋以來已在施行，中間未聞廢罷，而志文所引軍防令，列舉的都是北宋時軍額，可見此處所記並非南宋時事，疑志文有錯簡。

〔七〕清朔　原作「精朔」，據本書卷一八七兵志、通考卷一五四兵考改。

〔八〕冀州雄勝　「冀州」原作「翼州」。按本書卷一八七、卷一八八兵志，雄勝軍駐地有「冀州」，而宋代未置翼州，「冀」、「翼」形近易訛，據改。

〔九〕奉國　按同上書同卷無此軍額，但有「奉先園」，中興後置；宋會要刑法七之一五治平四年詔，有奉園、奉先二軍額，「奉國」疑爲「奉園」。

〔一〇〕神武義軍統制　按繫年要錄卷三五，王璆此時爲神武前軍統制，熊克中興小紀卷九則說是神武前軍都統制，疑「義軍」爲「前軍」之誤。

〔一一〕邵青　原作「邵淸」，據本書卷二七高宗紀、繫年要錄卷五一改。

〔一二〕蘇轍　當作「蘇軾」。按下引文句出蘇東坡集應詔集卷五策別二十二、經進東坡文集事畧卷一八倡勇敢一文。

〔一三〕屨　原作「屢」，據通考卷一五二兵考改。

〔一四〕咸平　原作「成平」，據同上書同卷、長編卷一一四改。

〔一五〕誠願罷河北陝西募佳營兵　「罷」字原脫，據長編卷一一四、編年綱目卷一〇補。

〔一六〕帝召內侍卽殿隅條軍校而下爲數等　「卽」原作「郎」。按宋代官制無內侍郎，長編卷一二六記此事作：「上召內侍就殿隅索紙筆，自指揮使而下條爲數等。」「就」、「卽」二字同義，「卽」、「郎」二字形近而誤，今改。

〔一七〕皇祐二年　按年代順序，皇祐在嘉祐之前。本句以下至「支衣屨之半」一段，應移至上文「嘉祐八年」句前。

〔一八〕四年　按上文已說是四年，此處當係重出，或有誤。

〔一九〕別無供給職田　「別無」二字原倒，據宋會要職官五七之七三乙正。

〔二〇〕一百五十千　「一」原作「五」。按下文列舉月支的級別差距，最大數字是五十千，統制一級和統領官之間，不應差距如此之大。宋會要職官五七之七三作：「統制、副統制一百五十貫。」繫年要錄卷一四九作：「統制、統領、將官月支供給錢自百五十千至三十千，凡五等。」據改。

〔二一〕采石　原作「菜石」。按朝野雜記甲集卷一八平江許浦水軍條，有「靖安、唐灣、采石諸水軍」，「菜」爲「采」字之訛，據改。

宋史卷一百九十五

志第一百四十八

兵九 訓練之制

訓練之制 禁軍月奉五百以上，皆日習武技；三百以下，或給役，或習技。其後別募廂兵，亦閱習武技，號教閱廂軍。戍川、廣者舊不訓練，嘉祐以後稍習焉。凡諸日習之法，以鼓聲爲節，騎兵五習，步兵四習，以其坐作進退〔一〕非施於兩軍相當者然。自宋初以來，中外諸軍皆用之。

明道二年，樞密使王曙言：「天下廂軍〔二〕止給役而未嘗習武技，宜取材勇者訓肄，升補禁軍。」上可其奏。

康定元年，帝御便殿閱諸軍陣法。議者謂諸軍止教坐作進退，雖整肅可觀，然臨敵難用，請自今遣官閱陣畢，令解鐙以弓弩射。營置弓三等，自一石至八斗；弩四等，自二石八斗至二石五斗，以次閱習。詔行之陝西、河東、河北路。是歲，詔：「教士不衹帶金革，緩急不足以應敵。自今諸軍各予鎧甲十、馬甲五，令迭披帶。」又命諸軍班聽習雜武技，勿輒禁止。

慶曆元年，徙邊兵不教者于內郡，俟習武技卽遣戍邊。

二年，諸軍以射親疎爲賞罰，中的者免是月諸役，仍籍其名。闕校長，則按籍取中多者補。樞密直學士楊偕〔三〕請教騎兵止射九斗至七斗三等弓，畫的爲五暈，去的二十步，引滿卽發，射中者，視暈數給錢爲賞。騎兵佩劈陣刀，訓肄時以木梃代之。奏可。

四年，詔：「騎兵帶甲射不能發矢者，奪所乘馬與本營藝優士卒。」韓琦言：「教射唯事體容及彊弓，不習射親不可以臨陣。臣至邊，嘗定弓弩挽彊、蹠硬、射親格，願行諸軍立賞肄習。歲以春秋二時各一閱，諸營先上射親吏卒之數，命近臣與殿前、馬步軍司閱之。其射親入第四至第七等，量先給賜；入第三等已上及挽彊、蹠硬中格，悉引對親閱；等數多者，其正副指揮使亦第賜金帛。」詔以所定格班教諸軍。四年〔四〕，遣官以陝西陣法分教河北軍士。

五年，密詔益、利、梓、夔路鈐轄司，以弓弩習士卒，候民間觀聽寖熟，卽便以短兵日教三十人，十日一易。知幷州明鎬言：「臣近籍諸營武藝之卒，使帶甲試充奇兵外，爲三等，庶幾主將悉知軍中武技強弱，臨敵可用。」詔頒其法三路。范仲淹請以帶甲射一石充奇兵，餘自九斗至七斗第爲三等，射力及等卽升之。詔著爲令。

六年，詔諸軍夏三月毋教弓弩，止習短兵。又詔：「以春秋大教弓射一石四斗、弩彍三石八斗、槍刀手勝三人者，立爲武藝出衆格。中者，本營闕階級卽以次補。」

至和元年，詔：「諸軍選將校，武藝鈞，以射親爲上。」韓琦又言：「奉詔，軍士弩彍四石二斗幷弓箭、槍手應舊規選中者，卽給挺補守闕押官，然則排連舊制爲虛文矣。請三路兵遇春秋大教，武技出衆者優給賞物，免本營他役，候階級闕，如舊制選補。」奏可。

治平二年，詔：「河北戰卒三十萬一千、陝西四十五萬九百幷義勇等，委總管司訓練，毋得冗占。」

熙寧元年，詔曰：「國家置兵以備戰守，而主兵之官冗占者衆，肄習弗時，或誤軍事。帥臣、安撫、監司其察所部有占兵不如令者以聞。」十月，樞密院請陝西、河東選三班使臣及士人任殿侍者，以爲河北諸路指使，教習騎軍。或言河朔兵有教閱之名而無其實，請班教法於其軍，久而弗能者，罷爲廂軍。奏可。

二年，帝常語執政：「並邊訓練士卒，何以得其精熟？」安石對曰：「京東所教兵已精強，願陛下推此法以責邊將，間詔其兵親臨閱試。訓練簡閱有不如詔者罰之，而賞其能者。賞不遺賤，罰不避貴，則法行而將吏加勸，士卒無不奮勵矣。」九月，選置指使巡教諸軍，殿前司四人，馬、步軍司各三人。

三年，帝親閱河東所教排手，進退輕捷，不畏矢石。遂詔殿前司，步軍指揮當出戍者，內擇槍刀手伉健者百人，教如河東法，藝精者免役使〔五〕，以優獎之。

五年四月，詔在京殿前馬步諸軍巡教使臣，並以春秋分行校試。射命中者第賜銀楪，兵房置籍考校，以多少定殿最。五月，詔以涇原路蔡挺衙教陣隊於崇政殿引見，仍頒諸路。其法：五伍爲隊，五隊爲陣，陣橫列，騎兵二隊亦五伍列之。其出皆以鼓爲節，束草象人而射焉，中者有賞。馬步皆前三行槍刀，後二行弓弩，附隊以虎蹲弩、床子弩各一，射與擊刺迭出，皆聞金卽退。預籍人馬之疆者隱於隊中，遇可用，則別出爲奇。帝以其點閱周悉，常有出野之備，故令頒行。

六年，詔：「河北四路承平日久，重於改作，苟遂因循，益隳軍制。其以京東武衞等六十二營隸屬諸路，分番教習，餘軍並分遣主兵官訓練。」九月，詔：「自今巡教使臣校殿最，雖以十分爲率，其事藝第一等及九分已上，或射親及四分，雖殿，除其罰；第二等事藝及八分，或射親不及三分，雖最，削其賞。」十月，選涇原士兵之善射者，以教河朔騎軍馳驟野戰。帝曰：「裁併軍營，凡省軍員四千餘人，此十萬軍之資也。儻訓練精勇，人得其用，不惟勝敵，亦以省財。」安石等曰：「陛下頻年選擇使臣，專務訓練，間御便殿躬親試閱，賞罰既明，士卒皆奮。觀其技藝之精，一人爲數夫之敵，此實國家安危所繫也。」是時，帝初置內教法，旬一御便殿閱武，校程其能否而勸沮之，士無不爭勸者。

七年，詔教閱戰法，主將度地之形，隨宜施行。二月，詔：「自今歲一遣使，按視五路安撫使以下及提舉教閱諸軍、義勇、保甲官，課其優劣以聞而誅賞之。」

八年，詔：「在京諸軍營屯迫隘，馬無所調習。比創四教場，益寬大，可以馳騁。其令騎軍就教者，日輪一營，以馬走驟閱習。」五月，臧景陳馬射六事：一、順鬉直射，二、背射，三、盤馬射，四、射親，五、野戰，六、輪弄，各爲說以曉射者。詔依此教習。八月，帝令曾孝寬視教營陣。大閱八軍陣於荆家陂，訖事大賞。

元豐元年十月，詔立在京校試諸軍技藝格，第爲上中下三等。步射，六發而三中爲一等，二中爲二等，一中爲三等。馬射，五發驟馬直射三矢、背射二矢，中數、等如步射法。弩射，自六中至二中，床子弩及砲自三中至一中，爲及等。並賞銀有差。槍刀幷標排手角勝負，計所勝第賞。其弓弩墜落，或縱矢不及埒，或挽弓破體，或局而不張，或矢不滿，或弩蹠不上牙，或擭不發，或身倒足落，並爲不合格。即射已中賞，餘箭不合格者，降一等。無可降者，罷之。

是月，賈逵〔六〕、燕達等言：「近者增損東南排弩隊法，與東南所用兵械不同，請止依東南隊法，以弩手代小排。若去敵稍遠則施箭，近則左手持弩如小排架隔，右手執刀以備斬伐，與長兵相參爲用。」詔可，其槍手仍以標兼習。十一月，京西將劉元言：「馬軍教習不成，請降步軍；又不成，降廂軍。」乃下令諸軍，約一季不能學者，如所請降之。十二月，詔：「開封府界、京東西將兵，十人以一人習馬射，受教於中都所遣教頭；在京步軍諸營弓箭手，亦十人以一人習馬射，受教於教習馬軍所。藝成，則展轉分教于其軍。」

二年四月，遣內侍石得一閱視京西第五將所教馬軍。五月，得一言其教習無狀，詔本將陳宗等具析。宗等引罪，帝責曰：「朝廷比以四方驕悍爲可虞，選置將臣分總禁旅，俾時訓肄，以待非常。至於部勒規模，悉經朕慮，前後告戒已極周詳。使宗等稍異木石，亦宜略知人意。尸祿日久，旣頑且慵，苟遂矜寬，實難勵衆，可並勒停。」是月，詔殿前、步軍司兵各置都教頭掌隸教習之事，弩手五營、弓箭手十營、槍刀標排手五營各選一人武藝優者奏補。逐司各舉散直二人爲指使，罷巡教使臣。是日〔七〕，詔河東、陝西諸路：「舊制，馬軍自十月一日馳射野戰，至穀雨日止。塞上地涼，自今教起八月，止五月一日。」七月，詔諸路教閱禁軍毋過兩時。九月，內出教法格并圖象頒行之。步射執弓、發矢、運手、舉足、移步，及馬射、馬使蕃槍、馬上野戰格鬥，步用標排，皆有法象，凡千餘言，使軍士誦習焉。

四年五月，詔東南諸路轉運、提點刑獄司，體量將兵自降教閱新法之後，軍士有所倍費以聞。蓋自團立將兵以來，軍人日新教閱，舊資技藝以給私費者，悉無暇爲故也。

六年，從郭忠紹之請，步軍弩手第一等者，令兼習神臂弓。

七年八月，詔開封府界、京東西路專選監司提舉教閱。神宗留心武備，既命立武學、校七書以訓武舉之士，又頒兵法以肄軍旅，微妙淵通，取成于心，羣臣莫望焉。

元祐元年四月，右司諫蘇轍上言：「諸道禁軍自置將以來，日夜按習武藝，將兵皆蚤晚兩教，新募之士或終日不得休息。今平居無事，朝夕虐之以教閱，使無遺力以治生事，衣食殫盡，憔悴無聊，緩急安得其死力！請使禁軍，除新募未習之人，其餘日止一教〔八〕。」是月，朝請郎任公裕言：「軍中誦習新法，愚懵者頗以爲苦。夫射志於中，而擊刺格鬥期於勝，豈必盡能如法？」樞密院亦以爲元降教閱新法自合教者指授，不當令兵衆例誦。詔從之。九月，樞密院奏：「異時馬軍教御陣外，更教馬射。其法：全隊馳馬皆重行爲『之』字，透空發矢，可迭出，最便利。近歲專用順鬃直射、抹鞦背射法，止可輕騎挑戰，卽用衆乃不能重列，非便。請自今營閱排日，馬軍『之』字射與立背射，隔日互教。」詔可。

三年五月，罷提舉教習馬軍所。

六年六月，三衙申樞密院，乞近伏七十日依令式放諸軍教〔九〕。王巖叟白韓忠彥曰：「景德故事，皆內侍省檢舉傳宣，今但歲舉爲常，則不復見朝廷恩意。」忠彥以爲然，又開陳太皇太后。曰：「如此則爲常事，待處分內侍省。」遂詔：「今後入伏，遣中侍傳宣諸軍住教。」

紹聖元年三月，樞密院言：「禁軍春秋大教賞法，每千人增取二百一十人，給賞有差。」從之。

二年二月，樞密院言：「馬軍自九月至三月，每十日一次出城滓渲，教習回答野戰走驟向背施放，遇風雪假故權住。」從之。

三年五月，詔在京、府界諸路禁軍格鬥法，自今並依元豐條法教習。七月，詔選弩手兼習神臂弓。八月，詔：「殿前、馬步軍司見管教頭，別選事藝精強、通曉教像體法者，展轉教習。其弓箭手馬、步射射親，用點藥包指及第二指知鏃，並如元豐格法。」是月，又詔復神臂弓射法爲百二十步。

元符元年十月，曾布既上巡教使臣罰格，因言：「祖宗以來，御將士常使恩歸人主，而威令在管軍。凡中嚴軍政，豈待朝廷立法而後施行耶？是管軍失職矣。」帝深以爲然。

政和元年二月，詔：「春秋大教，諸軍弓弩斗力，並依元豐舊制。」

四年五月，臣僚上言：「神臂弓垛遠百二十步，給箭十隻，取五中爲合格，軍中少得該賞，恐惰於習射。乞殿前、馬步軍司勘會，將中貼箭數並改爲上垛，其一中貼此兩上垛〔10〕。」從之。

五年三月，詔：「自今敢占留將兵，不赴教閱，並以違御筆論。不按舉者，如其罪。」十一月，臣僚言：「春秋大教，諸軍弓弩上取斗力高強，其射親中多者，激賞太薄，無以爲勸。」詔依元豐法。

八年，詔州郡禁軍出戍外，常留五分在州教閱，從毛友之請也。

重和元年正月〔11〕，而兵部侍郎宇文粹中進對，論禁軍訓練不精，多充雜役。帝曰：「祖宗軍旅之法最爲密緻，神考尤加意訓習，近來兵官寖以弛慢。古者春振旅，夏茇舍，秋治兵，冬大閱，皆於農隙以講事，大司馬教戰之法，大宗伯大田之禮。細論周制，大抵軍旅之政，六卿無有不總之者。今士人作守倅，任勸農事，不以勸耕稼爲職；管軍府事，不以督訓練爲意。自今如役使班直及禁衞者，當差人捉探懲戒。更候日長，卽親御教閱激賞。」尋以粹中所奏參照條令行之。

宣和三年四月，立騎射賞法，其背射上垜中貼者，依步射法推賞。

靖康元年二月，詔：「軍兵久失教習，當汰冗濫〔三〕。今三衙與諸將招軍，惟務增數希賞，但及等杖，不問勇怯。招收既不精當，教習又不以時，雜色占破，十居三四。今宜招兵之際，精加揀擇，既係軍籍，專使教習，不得以雜色拘占。又神臂弓、馬黃弩乃中國長技，宜多行教習，以扞邊騎。仍令閒用衣甲教閱，庶使習熟。」四月，詔復置教場，春秋大閱，及復內教法以激賞之。

陣法　熙寧二年十一月，趙卨乞講求諸葛亮八陣法，以授邊將，使之應變。詔郭逵同卨講求，相度地形，定爲陣圖聞奏。

五年四月，詔蔡挺先進教閱陣圖。帝嘗謂〔四〕：「今之邊臣無知奇正之體者，況奇正之變乎！且天地五行之數不過五，五陣之變，出於自然，非強爲之。」宰相韓絳因請諸帥臣各具戰陣之法來上，取其所長，立以爲法。從之。帝患諸將軍行無行陣之法，嘗曰：「李靖結三人爲隊必有意。星書，羽林皆以三人爲隊〔一四〕，靖深曉此，非無據也。」乃令賈逵、郭固試之。十二月，知通遠軍王韶請降合行條約，詔賜御製攻守圖、行軍環珠、武經總要、神武祕略、風角集占〔一五〕、四路戰守約束各一部，餘令關秦鳳路經略司抄錄。

六年，詔諸路經略司，結隊並依李靖法，三人爲一小隊，九人爲一中隊，賞罰俟成序日取裁。其隊伍及器甲之數，依涇原路牙教法。九月，趙卨言：「欲自今大閱漢蕃陣隊，且以萬二千五百人爲法，旌旗麾幟各隨方色。戰國時，大將之旗以龜爲飾，蓋取前列先知之義。令中軍亦宜以龜爲號〔一六〕。其八隊旗，別繪天、地、風、雲、龍、虎、鳥、蛇。天、地則象其方圓，風、雲則狀其飛揚，龍、虎則狀其猛厲，鳥、蛇則狀其翔盤之勢〔一七〕，以備大閱。」樞密院以爲陣隊旗號若繪八物，應士衆難辨，且其間亦有無形可繪者。遂詔止依方色，仍異其形制，令勿雜而已。

七年，又命呂惠卿、曾孝寬比校三五結隊法。十月，以新定結隊法并賞罰格及置陣形勢等，遣近侍李憲付趙卨曰：「陣法之詳已令憲面諭，今所圖止是一小陣，卿其從容析問，憲必一一有說。然置陣法度，久失其傳，今朕一旦據意所得，率爾爲法，恐有未盡，宜無避忌，但具奏來。」繼又詔曰：「近令李憲齎新定結隊法并賞罰格付卿，同議可否，因以團立將官，更置陣法，卿必深悉朝廷經畫之意。如日近可了，宜令李憲齎赴闕。」卨奏曰：

置陣之法，以結隊爲先。李靖以五十人爲一隊，每三人自相得者結爲一小隊，合三小隊爲一中隊，合五中隊爲一大隊，餘押官、隊頭、副隊頭、左右傔旗五人即充五十，並相依附。今聖制：每一大隊合五中隊，五十人爲之；中隊合三小隊，九人爲之；小隊合三人爲之，亦擇心意相得者。又選壯勇善槍者一人爲旗頭，令自擇如己藝、心相得者二人爲左右傔；次選勇悍者一人爲引戰〔一八〕；又選軍校一人執刀在後，爲擁隊。凡隊內一人用命，二人應援；小隊用命，中隊應援；中隊用命，大隊應援；大隊用命，小隊應援。如逗撓觀望不即赴救，致有陷失者，本隊委擁隊軍校〔一九〕，次隊委本轄隊將，審觀不救所由，斬之。其有不可救，或赴救不及，或身自受敵，體被重創，但非可救者，皆不坐。其說雖與古同，而用法尤爲精密。此蓋陛下天錫勇智，不學而能也。

然議者謂四十五人而一長，不若五人而一長之密。且以五人而一長，即五十人而十長也，推之於百千萬，則爲長者多，而統制不一也。至如周制：五人爲伍，屬之比長；五伍爲兩，屬之閭胥；四兩爲卒，屬之族師；五卒爲旅，屬之黨正；五旅爲師，屬之州長；五師爲軍，屬之命卿。此猶今之軍制，百人爲都，五都爲營，五營爲軍，十軍爲廂。自廂都指揮使而下，各有節級，有員品，亦昔之比長、閭胥、族師、黨正之任也。

議者謂〔一〇〕什伍之制，於都法爲便，然都法恐非臨陣對敵決勝之術也。況八陣之法，久失其傳，聖制一新，稽之前聞，若合符節。夫法一定，易以致人。敵好擊虛，吾以虛形之；敵好背實，吾以實形之。然而所擊者非其虛，所背者非其實，故逸能勞之，飽能飢之，此所謂致人而不致於人也。

七年七月〔一一〕，詔諸路安撫使各具可用陣隊法，及訪求知陣隊法者以聞。九月，崇儀使郭固以同詳定古今陣法賜對，於是內出攻守圖二十五部付河北。

八年二月，帝批：「見校試七軍營陣，以分數不齊，前後牴牾，難爲施用。可令見校試官摭其可取者，草定八軍法以聞。」初，詔樞密院曰：「唐李靖兵法，世無全書，雜見通典，離析譌舛〔一二〕。又官號物名與今稱謂不同，武人將佐多不能通其意。令樞密院檢詳官與王震、曾收、王白、郭逢原等校正〔一三〕，分類解釋，令今可行。」又命樞密院副都承旨張誠一、入內押班李憲與震、逢原行視寬廣處〔一四〕，用馬步軍二千八百人敎李靖營陣法。以步軍副都指揮使楊遂爲都大提舉，誠一、憲爲同提舉，震、逢原參議公事，夏元象、臧景等爲將副、部隊將、幹當公事，凡三十九人。

誠一等初用李靖六花陣法，約受兵二萬人爲率，爲七軍，內虞候軍各二千八百人，取戰兵千九百人爲七十六隊，戰兵內每軍弩手三百〔一五〕，弓手三百，馬軍五百，跳盪四百，奇兵四百，輜重每軍九百，是爲二千八百人。帝諭近臣曰：

黃帝始置八陣法，敗蚩尤於涿鹿。諸葛亮造八陣圖於魚復平沙之上，壘石爲八行。晉桓溫見之曰：「常山蛇勢。」此卽九軍陣法也。至隋韓擒虎深明其法，以授其甥李靖。靖以時遇久亂，將臣通曉者頗多，故造六花陣以變九軍之法，使世人不能曉之。大抵八陣卽九軍，九軍者方陣也。六花陣卽七軍，七軍者圓陣也。蓋陣以圓爲體，方陣者內圓而外方，圓陣卽內外俱圓矣。故以方圓物驗之，則方以八包一，圓以六包一，此九軍六花陣之大體也。六軍者，左右虞候軍各一，爲二虞候軍；左右廂各二，爲四廂軍；與中軍共爲七軍。八陣者，加前後二軍，共爲九軍。開國以來，置殿前、馬步軍三帥，卽中軍、前後軍帥之別名；而馬步軍都虞候是爲二虞候軍，天武、捧日、龍神衞四廂是爲四廂軍也。中軍帥總制九軍，卽殿前都虞候，專總中軍一軍之事務，是其名實與古九軍及六花陣相符，而不少差也。今論兵者俱以唐李筌太白陰經中陣圖爲法，失之遠矣。

朕嘗覽近日臣僚所獻陣圖，皆妄相眩惑，無一可取。果如其說，則兩敵相遇，必須遣使豫約戰日，擇寬平之地，夷阜塞壑，誅草伐木，如射圃教場，方可盡其法爾。以理推之，其不可用決矣。今可約李靖法爲九軍營陣之制。然李筌圖乃營法，非陣法也。

朕採古之法，酌今之宜，曰營曰陣，本出于一法，特止曰營，行曰陣；在奇正言之，則營爲正、陣爲奇也。

於是以八月大閱八軍陣於城南荆家陂。已事，賜遂而下至指使、馬步軍銀絹有差。

八年〔三六〕，詔諸路權住教五軍陣，止教四御陣。

九年四月，帝與輔臣論營陣法，謂：「爲將者少知將兵之理，且八軍、六軍皆大將居中，大將譬則心也，諸軍四體也，運其心智，以身使臂，以臂使指，攻左則右救，攻右則左救，前後亦然，則軍何由敗也！」

元豐四年，以九軍法一軍營陣按閱於城南好草陂，已事，獎諭。

七年，詔：「已降五陣法，令諸將教習〔三七〕，其舊教陣法並罷。」蓋九軍營陣爲方、圓、曲、直、銳，凡五變，是爲五陣。

元祐元年，高翔言，乞以御陣與新陣法相兼教閱，從之。蓋元豐七年，詔專用五陣法，而舊教御陣遂廢；至是，復令互教。

紹聖三年，復罷教御陣。

大觀二年，詔以五陣法頒行諸路。

靖康元年，監察御史胡舜陟奏：「通直郎秦元所著兵書、陣圖、師律三策、大八陣圖一、小圖二，皆酌古之法，參今之宜，博而知要，實爲可用。」詔令賜對。當時君臣雖無雄謀遠略，然猶切切焉以經武爲心。

高宗建炎元年，始頒樞密院教閱法，專習制禦摧鋒破敵之藝、全副執帶出入、短椿神臂弓、長柄刀、馬射穿甲、木挺。每歲倣春秋教閱法，立新格。神臂弓日給箭二十，射親去垛百二十步。刀長丈二尺以上，氈皮裹之，引門五十二次，不令刀頭至地。每營選二十人閱習，經兩閱者五十人爲一隊，教習分合，隨隊多少，分隸五軍。每軍各置旗號，前軍緋旗，飛鳥爲號；後軍皂旗，龜爲號；左軍青旗，蛟爲號；右軍白旗，虎爲號；中軍黃旗，神人爲號。又別以五色物號制招旗、分旗。舉招旗，則五軍以旗相應，合而成陣；舉分旗，則五軍以旗相應，分而成隊。左右前却，或分藏爲伏，或分出爲奇，皆舉旗爲號。更鳴小金、應鼓，備瞻望不及者。豫約伏藏之所，緩鳴小金卽止，急鳴應鼓卽奇兵出陣趍戰，急鳴小金卽伏兵出。其春秋大教推賞，依海行格法。

李綱言：「水戰之利，南方所宜。沿河、淮、海、江帥府、要郡，宜倣古制造戰船，以運轉輕捷安穩爲良。又習火攻，以焚敵舟。」詔命楊觀復往江、浙措置，河、淮別委官。三年，親閱水軍于鎭江登雲門外。

紹興四年，詔內殿按閱神武中軍官兵推賞。

二十四年，臣僚言：「州郡禁卒，遠方縱弛，多不訓練，春秋教閱，臨時備數，乞申嚴舊制。」

三十一年，詔：「比聞諸路州廂、禁軍、土軍，有司擅私役，妨教閱。帥府其嚴責守兵勤兵歸營，訓練精熟，以備點視。」

孝宗乾道二年，幸候潮門外，次幸白石閱兵，三衙率將佐道駕，射生官兵就御輦下獻所獲。是日，有數將獨手運大刀，上曰：「刀重幾何？」李舜舉奏：「刀皆重數十斤〔三八〕。」有旨：「卿等教閱精明。」又諭陳敏曰：「軍馬衣裝整肅如此。」特錫賚鞍馬、金帶，士卒推賞有差。

四年，幸茅灘教閱。舉黃旗，連三鼓，變方陣；五鼓，舉白旗，變圓陣〔三九〕；次二鼓，舉赤旗，變銳陣；青旗，變直陣。畢事，上大悅，賞賚加倍。兵分東西，呈大刀、火砲，上問李舜舉：「按閱比曩時如何？」舜舉奏：「今日之兵，陛下親訓練，撫以深恩，錫以重賞，忠勇倍常。」

乾道中，詔弓箭手元射一石四斗力升加三斗，元射一石力升加五斗，弩手元射四石力升加五斗，元射兩石七斗力升加八斗，進秩推賞有差。宰執進射親賞格，虞允文曰：「拍試以斗力升請給，今用射親定賞，恐不加意斗力。」上曰：「然。他日雖強弓弩可以取勝，若止習射親，則斗力不進。此賞格不須行。」

淳熙間，立槍手及射鐵簾格。上謂輔臣曰：「聞射鐵簾，諸軍鼓躍奮厲。」周必大曰：「兵久不用，此輩無進取，自然氣惰。今陛下激勸告戒，人人皆勝兵。」於是殿前、步軍司諸軍及馬軍舊司弓弩手，射鐵簾合格兵共一千八百四十餘。詔中垛簾弓箭手一石二斗力十箭，弩手四石力八箭，依格進兩秩，各賜錢百緡；弓箭手一石力十箭以上，弩手三石力八箭，各進兩秩。詔中外諸軍賞格亦如之。

紹熙元年，詔殿司：「許浦水軍并江上水軍歲春秋兩教外，每月輪閱習。沿海水軍準是。」知徽州徐誼言：「諸路禁軍，近法以十分爲率，二分習弓，六分習弩，餘二分習槍、牌。習弓者聽兼習弩，斗力可以觀其進退，射親可以察其能否。勤惰之實，人有稽考。」詔下諸路遵守之。執政胡晉臣言：「比年用射鐵簾推賞，往往獲遷秩，是亦足以作成人才。」上曰：「射鐵簾不難，此賞格太濫，其專以武藝精熟爲尙。」

二年，樞密院言：「殿、步司諸軍弓箭手，帶甲六十步射，一石二斗力，箭十二，六箭中垛爲本等。弩手，帶甲百步射，四石力，箭十二，五箭中垛爲本等。槍手，駐足舉手攛刺，以四十攛爲本等。主帥委統制、統領較其藝。本等外取升加多者，每軍五千五百人以上弓、弩、槍手各十五人，詣主帥審實，上樞密院覆試。各擇優等二人升轉兩秩，餘人給錢五緡，俟將來再試。」

慶元二年，幸候潮門外大閱。

嘉泰二年，詔將按閱諸軍，賞賚依慶元二年增給。

寶慶二年，莫澤言：「州郡禁軍，平時則以防寇盜，有事則以備戎行，實錄於朝廷，非州郡可得私役。比年州郡軍政隳廢，各於廩給，闕額恆多。郡官、主兵官有窠占，寓公有借事，存留者不什一。當教閱時，鈐、總、路分雖號主兵，僅守虛籍，莫敢號召。入教之次，坐作進退殆同兒戲。守臣利虛劵不招塡，主兵受厚賂改年甲。且一兵請給，歲不下百緡，以小計之，一郡占三百人，是虛費三萬緡也。私役禁軍，素有常憲。守帥闢園池，建第宅，不給餐錢；寓公去城遼絕，類得借兵，擾害鄉閭，近而輔郡至有寓公占四五百兵者。良由兵官之權輕，而私占之禁弛也。乞嚴戒監司、守倅等，止許借廂軍，仍不得妨教閱，餘官雖廂軍亦勿借。」

淳祐十一年，臺臣條陳軍匠不閑閱習之弊：「按舊制，禁兵毋私役。比歲凡州軍屯營駐箚之處，多循舊習，每一州軍匠無慮數百，官無小大各占破〔三〇〕，而雕鏤、組繡、攻金、設色之事靡所不有。工藝雖精，擊刺不習，設有小警，何能授甲？乞申嚴帥守及統兵官，應軍匠聽歸營伍閑習訓練，勿競作無益，虛糜廩稍，以妨軍實。」

咸淳初，臣僚言：「諸軍統領、統制、正將、副將正欲在軍訓練，閑於武事，一有調用，令下卽行，士悉將智，將悉士勇，所向無敵。今江南州郡、沿江制閫置帳前官，專任營運，不爲軍計，實爲家謀，絕無戰陣新功，率從帳前升差。大略一軍僅二三千，而使臣至五六百，以供雜役。」

九年，臣僚言：「比者招募軍兵，一時徒取充數，以覬賞格。涅刺之後，更不教閱。主兵官苦以勞役，日夜罔休，一或少違，卽罹囹圄榜掠之酷，兵不堪命，而死者逃者接踵也。今請以新招軍分隸諸隊，使之熟紀律，習事藝，或旬或月上各郡閱試。」蓋弊至於此，而訓練之制大壞矣。

校勘記

〔一〕以其坐作進退　「其」，通考卷一五七兵考、武經總要前集卷二作「教」。

〔二〕天下廂軍　「天」原作「本」，「下廂」二字原倒，據長編卷一一三、通考卷一五七兵考改。

〔三〕楊偕　原作「楊楷」，據本書卷三〇〇本傳、長編卷一三八改。

〔四〕四年　按上文已說是四年，而長編卷一五〇記此事也將韓琦等奏繫於慶曆四年，此二字當係重出。

〔五〕藝精者免役使　「免」字原脫。長編卷二一四本句作：「藝精與免本指揮差使。」據補。

〔六〕賈逵　原作「賈達」，據本書卷三四九本傳、長編卷二九四改。下文同。

〔七〕是日　上文「是月」事，長編卷二九八繫於元豐二年五月乙酉。承上文，此「是日」當是「乙酉」日。

〔八〕其餘日止一教　「日」原作「月」，據蘇轍欒城集卷三七乞禁軍日一教狀、通考卷一五七兵考改。

〔九〕乞近伏七十日依令式放諸軍教　「伏」原作「狀」。按長編卷四五九：「初，三衙申樞密院狀，近伏七十日已依令式減放訖。」則本句係指伏天減免軍士教閱事，「狀」字當爲「伏」字之訛，據改。

下文「今後入伏」句同。

〔一〇〕其一中貼此兩上垛　按文義，「此」字疑是「比」字之訛。

〔一一〕重和元年正月　按重和元年即政和八年，此處紀年和上文的「八年」相混。

〔一二〕軍兵久失敎習當汰冗濫　「失」、「當」二字原脫，據本書卷一九四兵志、北盟會編卷三七補。

〔一三〕帝嘗謂　按長編卷二五四、玉海卷一四三，「帝嘗謂」以下語和韓絳建議都是熙寧七年六月的事。因神宗論結隊法同蔡挺進敎閱陣圖事有關，故前後連寫在一起。

〔一四〕皆以三人爲隊　按武經總要後集卷一七諸星占條：「羽林四十五星，三三而聚，散在壘壁之南，主天軍營陣翊衞之象。」「羽林」即此羽林星座，「三人」，疑當作「三星」。

〔一五〕風角集占　「占」原作「古」，據長編卷二四一、玉海卷一四一改。

〔一六〕令中軍亦宜以龜爲號　「令」，長編卷二四七、通考卷一五七兵考都作「今」，作「今」字於義爲長。

〔一七〕龍虎則狀其猛厲鳥蛇則狀其翔盤之勢　「猛」字以下七字原脫，據長編卷二四七、玉海卷一四三補。

〔一八〕次選勇悍者一人爲引戰　「次」原作「自」，據長編卷二五七、羣書考索後集卷四七改。

〔一九〕擁隊軍校　「隊」字原脫，據上文「爲擁隊」句及長編卷二五七補。

〔二〇〕議者謂　「者」原作「曰」，據長編卷二五七改。

〔二一〕七年七月　按上文已敍至七年十月，此處不應又出「七年七月」，「七年」二字當係重出；「七月」以下至「付河北」一段，應移至上文「十月」之前。

〔二二〕離析譌舛　「析」原作「拆」，據長編卷二六〇、通考卷一五七兵考改。

〔二三〕令樞密院檢詳官與王震曾收王白郭逢原等校正　「令」原作「今」，據長編卷二六〇、通考卷一五七兵考改。「震」原作「振」（下文同），據長編卷二六〇、本書卷三二〇王震傳改。「曾收」，長編卷二六〇作「曾旼」，通考卷一五七兵考作「曾皎」。

〔二四〕行視寬廣處　「處」字原脫，據長編卷二六〇、玉海卷一四三補。

〔二五〕三百　原作「二百」，據武經總要前集卷六、長編卷二六〇改。

〔二六〕八年　按此事長編卷二六〇繫於熙寧八年，和上文的「八年」是同一年，疑此當爲「是年」之誤。

〔二七〕七年詔已降五陣法令諸將教習　句首原衍「熙寧」二字，但此詔實頒於元豐七年，和上文「元豐四年」相接，據下文高翔言和玉海卷一四三删；「令」原作「今」，今改。

〔二八〕數十斤　「十」字原脫，據玉海卷一四五、通考卷一五七兵考補。

〔二九〕舉黃旗連三鼓變方陣五鼓舉白旗變圓陣　按同上書同卷「黃」、「白」二字互易，鼓數也有所不同。

〔三〇〕占破　「占」原作「戰」。按「占破」爲當時習用語，上文即有「雜色占破」一語，據改。

宋史卷一百九十六

志第一百四十九

兵十 遷補之制 屯戍之制

遷補之制　自殿前、侍衞馬步軍校，每遇大禮後，各以次遷，謂之「轉員」。轉員至軍都指揮使，又遷則遙領刺史，又遷爲廂都指揮使，遙領團練使。員溢，即從上罷軍職，爲正團練使、刺史之本任，或有他州總管、鈐轄〔一〕。其老疾若過失者，爲御前忠佐馬軍都軍頭、副都軍頭〔二〕，隸軍頭司。其黜，則爲外州馬步軍都指揮使。凡軍主闕，以軍都指揮使遞遷；餘闕，以諸軍都虞候、指揮使、副指揮使、行首、軍使、副行首、副兵馬使、十將遞遷。凡將校，一軍營止補十人，其廂都指揮使、軍都指揮使、都虞候、指揮使，營主其一，即闕其三。殿前左右班都虞候遙領刺史，即與捧日軍都指揮使通，以次遷捧日、龍衞廂都指揮使，仍遙領團練使。若員溢，即爲正刺史補外，他如諸軍例遞遷。

凡列校轉補，有司先閱走躍、上下馬〔三〕；次出指二十步，掩一目試之，左右各五占數爲見物。武藝，弓射五斗，弩彍一石五斗，槍刀手稍練。負罪不至徒，年未高，或雖年高而無疾、精力不耗者，並取之。

凡諸軍轉員後，取殿前指揮使長入祗候填行門，取東西班長入祗候、殿侍、諸班直充諸班押班、諸軍將校者，皆親閱。前一日，命入內都知或押班一人、勾當御藥院內侍一人，同軍頭引見司較定弓弩斗力標誌之。凡弓弩藝等者，人占其一。至日，引見，弓弩列置殿前，命取一以射。軍頭引見司專視喝箭以奏。如喝失當，卽奏改正。入內都知或押班同勾當御藥院內侍殿上察視，如引見司不覺舉，亦奏改正。槍刀手竭勝負，若喝不以實，并引見司失覺舉，並劾其罪。

太平興國九年，上詣崇政殿轉改諸軍將校，自軍都指揮使以下、員僚以上，皆按名籍驗勞績而升陟之，凡數日而畢。內外感悅。乃謂宰臣等曰：「朕遷轉軍員，先取其循謹能御下者，武勇次之。若不自謹飭，則其下不畏憚，雖有一夫之勇，亦何所用！」

咸平三年五月，上御便殿遷補軍職，凡十一日而畢。自神衞右第二軍都指揮使、恩州刺史周訓而下，遞遷者千三十一人。

四年十二月，帝謂呂蒙正曰：「選衆求才，誠非易事。朕常孜孜詢訪，冀有所得。向求於軍校中，超擢八九人，委以方任，其間王能、魏能頗甚宣力，陳興、張禹珪亦有能名。」蒙正等曰：「才難求備。今拔十得五，有以見陛下知臣之明也。」

五年，帝謂知樞密院周瑩曰：「國朝之制，軍員有闕，但權領之，三歲一遷補。未及期以功而授，止奉朝請而已。今闕員處則乏人部轄，須當例與轉補。」於是召瑩等至便殿，按軍籍次補，其屯戍於外及軍額在下素不該恩例，亦溥及之。凡再旬方畢。

景德二年四月，帝曰：「殿前諸班、侍衞馬步諸軍及軍頭司諸軍員，因衰病或以他事出補外職，率皆臨事奏裁，殊無定制，可條其所入職名類例以聞。」又曰：「近累有諸處立功指揮使，未可別加遷擢，皆特補本軍都虞候。舊無此職名，蓋權宜加置，若後有闕，不須復補。」又曰：「內外諸軍所闕小校，儻以名次遷補，或慮不能盡得武幹之士，自今並令閱試武藝，選擢爲之。」

大中祥符四年七月，詔曰：「自來轉補軍員，皆是議定降宣命訖，方引見轉補。其間有老病不任職者，臨時易之，無由整齊。經汾陰大禮，應殿前馬步軍諸班諸軍員，並分作甲次於崇政殿逐人唱名引見，朕自視之。有不任職者，當於不係禁軍處優與安排，免轉員之際，旋議改易。」八月，詔：「殿前、侍衞馬軍步軍司所管內外禁軍軍員，自來補轉，體例不一，未得均平。朕夙夜思之。今來該汾陰轉員，可立定久遠規制。其馬軍、步軍，自指揮使以下，各別轉補，皆令自下而升。仍將殿前、侍衞馬軍步軍司所轄軍分，各衮同轉補。如馬軍軍員自近下補至拱聖，即雙取之，以分補捧日、龍衞，其近下軍分有闕，即却自捧日、龍衞雙取，升一員資補塡。其步軍有闕，塡補並準此。」又詔：「所議改更轉補軍員職名，恐諸軍未喻，可降宣命云：殿前、侍衞馬步軍司自來多是龍衞更轉入捧日，并神衞更入天武之類，是致難得出職，久成沉滯。今來轉員，出自朕意，並各與分兩頭遷改，其龍衞更不入捧日，并神衞更不入天武。其捧日、龍衞闕，於拱聖內隔間取人，分頭充塡。其拱聖闕，即將驍騎、雲騎分頭轉入。其天武、神衞闕，於神勇內隔間取人，分頭充塡。其神勇闕，即將宣武充塡。其宣武闕，取殿前、步軍司虎翼充塡。已上如取盡指定軍員，即轉已次軍員充塡。所有寧朔軍分次第請受并轉員出入，今後並特與依驍勝體例施行。」

六年十月，詔：「諸班直并馬步軍事〔四〕軍員，其諸班、捧日、龍衞、天武、神衞五頭下出人外，其御龍諸直作一處轉；員僚直、拱聖、驍騎、雲騎、驍勝、武騎、寧朔、神騎已上軍額軍員，作一處挨排遞遷；水軍神勇、宣武、殿前司虎翼、衞聖，步軍司虎翼、奉節、廣勇、神射已上軍額軍員，作一處挨排轉補；事內殿前指揮使〔五〕押班至都知只本班轉，其神衞、廣勇、神射已下至軍使、都頭，卽逐指揮內遞遷。內有年及六十已下者〔六〕並勾押赴闕，令殿前司看驗聞奏，當議相度安排。所有副兵馬使、副都頭員闕，仍取捧日、龍衞、神勇十將充塡，餘並從之。內神衞水軍第一指揮，令立充神衞水軍指揮；殿前司上虎翼第二、步軍司上虎翼第一，並立充虎翼水軍指揮，依舊係逐司管押。其神衞水軍見管軍員，先自奉節補入，多不會舟楫，並一齊轉上外，却將虎翼水軍兩指揮會水軍員與神衞水軍共三指揮一處衮轉。如轉至神衞水軍指揮使，除年老病患依例出職安排外，更不轉上。」

天禧元年十月，以御前忠佐郭豐等六人並受將軍。初，軍頭司定年老負犯者將黜之。帝以其久居武列，命寘環衞，其帶遙郡者與大將軍，不帶遙郡者與將軍。

天聖六年，將轉員，樞密院奏：「諸軍將校有因循不敢戢士者，請諭殿前、馬步軍司密以名聞。」八年，詔殿前、侍衞司同定內外諸軍排立資次。

景祐二年，詔緣邊就粮兵有員闕，奏以舊人次遷。

康定元年，詔三路就粮將校半以次遷，半遣自京師。又詔陝西土兵校長遣自京師，情不諳達，自今悉就本路通補。

慶曆四年，詔捧日、天武選退將校超三資，餘超二資，悉補外職。五年，眞定府、定州路都總管司奏：「奉詔閱教軍士，選補階級，弓射九斗至一石，距垛七十步至百步，射最親者爲第一等。其閱教時，弓不必引滿，力競卽發，務在必中。伏緣舊例軍中揀節級，以挽彊引滿爲勝。今一旦取射親者爲第一等，其弓力止九斗、一石，箭留三兩指，而退素習挽強引滿之士，於理未便。」詔諸軍選節級用舊例，遇閱教卽如近制。

皇祐元年，詔：諸路就粮兵闕將校，須轉補滿三年聽遷。又詔：將帥麾下兵，非有戰功毋得請遷隸上軍。

嘉祐二年〔七〕，詔：京東教閱本城、騎射、威邊、威勇、壯武，自初募置，卽給鼓旗閱教以代禁軍，如有員闕，聽遞遷至副指揮使止，轉補後滿三歲，闕三分已上卽舉行。其指揮使闕，卽步軍司補之。

至和三年，詔親從官入殿滿八年者補節級，從樞密院之請也。

治平元年，選諸班直長行洎禁軍副兵馬使已上有材武者，得七十人，帝臨軒親閱。喻天武右第三軍都指揮使王秀曰：「爾武藝雖不中格，而有戰功，且能恪守法度，其以爾爲正刺史，務勤乃職，無負朕之委寄也。」又喻散直都虞候胡從、內殿直副都知張思曰：「爾能勤以持身，忠以事上，治軍又皆整肅，其以從爲內園使，思爲崇儀副使。」自餘擢遷有差。

二年，詔：「廣南教閱忠敢、澄海，一營者即本營遞遷，兩營已上者，營三百人補五人，二百人至三百人補三人，二百人以下補二人，百人以下補一人，止於副指揮使。凡遞遷滿三歲，五階闕二、三階闕一即補。」四年，詔：「自今一營及二百五十人已上，置校十人，闕三人即補。二百五十人已下，置校七人，闕二人即補。京師非轉員并諸道就粮並準此令。」

凡軍頭、十將、節級轉補，謂之「排連」，有司按籍閱試，如列校轉員法。弓射六斗、弩彍一石七斗、槍刀手稍練並取之。如舊不試武技者，即遞遷。其不教閱廂軍節級，則其半遞遷，其半取伉健未嘗犯徒刑、角力勝者充。

治平四年，有司言：「軍士闕額多而將校衆，請以實領兵數制將校額，第其遷補，並通領五都之事。」乃詔：「二百五十人以上，補指揮使十人，以下七人，闕二人者以次補。補十將者，馬軍四十人，步軍如馬軍之數而加其一焉。百五十人以上者三十人，闕五人者以次補。不及百五十人者，如舊格補單將二十人。」

熙寧二年，樞密院請：「自今捧日、龍衞、天武、神衞廂都指揮使闕，無當次遷者，並虛之。其諸軍都指揮使、都虞候當遷者，闕多則間一名補轉，兼以次職事。吐渾等軍都指揮使、都虞候闕者，虛其闕。」六月，詔：「河東、陝西就粮軍士將校，其間材効之人，孤遠無由自達，有司審度其有軍功驍勇者以名聞，當擢寘班行，以備本路任使。」

四年，詔：「諸班直嘗備宿衞，病告滿尚可療者，殿前指揮使補外牢城指揮使，餘以爲捧日、天武第五軍押營，奉錢三千者予五百，二千以下者予三百。」

六年，詔：「軍校老而諳部轄者優假之；雖疾不至罷癃，或未七十猶堪任事者勿罷；即法雖當留而不能部轄者以聞，當議處之廂軍。」十月，詔：「軍士選爲節級，取兩嘗有功者，功等以先後，又等以重輕，又等以傷多者爲上。」

七年，詔：「十將以下當轉資而不欲者，凡一資，以功者賜帛十五匹，技優者十匹。」六月，詔：「在京轉員諸軍都虞候已上至軍都指揮使，以軍功當遷而願以授子孫者聽，視其秩有差。」

八年，轉員，帝親閱，凡三日。舊制，捧日都虞候四人，至是，補者五人，而馬軍都指揮使闕驍騎二人〔八〕，以捧日一人補驍騎軍主，餘四人如故則次軍皆不得遷，乃補四人者皆爲馬步軍副都軍頭。舊龍衞、拱聖、驍騎、武騎、寧朔、神騎爲一百三十一營，今省五十營〔九〕，而馬軍指揮以下已補八十一營，補外尚有溢員，乃詔所省營未移併者凡四十三，每營權置下名指揮使、副指揮使各一，軍使三，以便遞遷。

九年，將轉員，樞密院奏：「換官稍優，軍校由行伍有功，不久乃至團練使。」帝曰：「祖宗以來，軍制固有意。凡隸在京殿前、馬步軍司所統諸營，置軍都指揮使、都虞候分領之。凡軍事，止責分領節制之人。責之既嚴，則遇之不得不優。至若諸路，則軍校不過各領一營，不可比也。」吳充等以本大末小對，帝然之。因言：「周室雖盛，成、康之後，寖以衰微。本朝太平百有餘年，由祖宗法度具在，豈可輕改也。」

元豐元年，詔禁軍排連者三分其人，以其一取立功額外人，二分如令簡試。十二月，詔諸軍軍使、都頭以下並充兵額，正副指揮使以上置於額外，軍行則分押諸隊。又詔：「內殿直以下諸班直闕，按籍闕二分者虛其闕四之一，二分以上亦如之，不及二分補其半，餘並闕之。」四年，詔：「五路衮轉土軍與諸路不衮轉禁軍法，十將、副都頭、副兵馬使、都頭、軍使〔一〇〕並如令。自副都指揮使至都虞候嘗轉資者，間以賜帛，已賜帛乃遷。」

五年，詔以諸路教閱廂軍爲下禁軍，排連如禁軍法。

七年，樞密院言：「騎軍諸營、諸班直以年勞升至軍使者甚衆，無闕可補。」詔捧日、龍衞、拱聖、驍騎、雲騎、驍勝權置下名軍使，凡二百四十員，拱聖、驍騎、雲騎權置副兵馬使，凡九十員以處之。

元祐元年，樞密院奏：「諸軍將年七十，若有疾，假滿百日不堪療者，諸廂都指揮使〔一一〕

除諸衞大將軍致仕；諸軍都指揮使、諸班直都虞候帶遙郡除諸衞將軍致仕；諸班直、上四軍除屯衞，拱聖以下除領軍衞：仍並以有功勞者爲左，無功勞者爲右。」從之。

二年，樞密院言：「舊例，行門對御呈試武藝，並臨時特旨推恩，前期未嘗按試，至日旋乞增加斗力，或涉唐突，因以抵罪。請於轉員前一日，按定斗力。」從之。四月，樞密院言：「舊例，諸班直長行補諸軍員僚，並取入班及轉班二十年、年四十以上人。迨元豐四年，以闕額數多，乃特詔減五年，繫一時之命。今諸軍員僚溢額，儻不定制，卽異時遷補不行；若便依限年舊法，又慮未有合該出職之人。請於三次漸次增及舊例年限。」從之。

五年，樞密院言：「轉員馬軍指揮使以下至副兵馬使，人數溢額，轉遷不行。」詔權置下名軍使一百七十人，副兵馬使一百七十五人。又言：「禁軍大閱，請以匹帛、銀楪支賜，罷轉資。」從之。六年，又言：「應排連長行充承局、押官者，先取年五十五以下、有戰功公據者，仍以戰功多少、得功先後、傷中輕重爲次，事等而俱無傷中，則以事藝營名爲次。」從之。

紹聖二年，詔：「將來轉員換前班人，並從元豐轉員令，仍不得過一百二十人。元祐所限人數比試家狀指揮勿用。」

三年，樞密院進呈轉員及行門試武藝、換前班、留住等條例。曾布言：「國初以來，皆面問其所欲，察相人才，或換官，或遷將校，或再任，此則威福在人主。以至唐突，或放罪，或行法，亦視其情狀而操縱之。元祐改法，乃令大閤與三司、軍頭司先指試定，但對御引呈，依拍定等第推恩，殊失祖宗馭衆之法。不許唐突，例坐徒罪兼決責人員，皆非舊法。唐突人雖有理，亦不施行。緣情輕者放罪，重者取旨，自有舊格。先朝燕達、林廣嘗唐突當降配，先帝釋之，後皆爲名將。至情重則杖脊配嶺表者，有王明者仕留叫呼，云：『若不得換前班，乞納命。』管軍賈逵乞重配〔三〕，先帝亦貸之，但降一等，與換外官。如此，故人知恩威皆自人主出，豈可一切付之有司！」帝悅，詔令並依元豐以前條例施行。

五年〔三〕，馬步軍司言：「三路衮轉軍員，請依元豐七年詔，『應三月一日後續有得功嵌補升名并改轉名職自充下名者，並依先補名次，各理降宣月日以爲高下，審會給據，候再經衮轉，卽依嵌補升轉名次高下轉那。』自今三路軍員衮轉亦如之。」詔侍衞馬、步軍司，自今開具合轉補職名申樞密院降宣，餘並從之。七月，軍頭司引見殿前、馬步軍司揀到御龍諸直人材事藝應格，並補逐直將虞候，賜杖子。一名開弓偃身不應法，黜之。

八月，樞密院言：

轉員旁通格：「捧日、天武不帶遙刺軍都指揮使，換左藏庫使，仍除遙刺；殿前班不帶遙刺都虞候，換左藏庫使。」看詳殿前班帶遙郡都虞候，係與捧日帶遙郡軍都指揮使理先後相壓轉遷；其不帶遙郡殿前班都虞候、捧日軍都指揮使換官班，合一等推恩。欲殿前班不帶遙郡都虞候，依捧日不帶遙郡軍都指揮使換官。

又拱聖、神勇與驍騎已下軍分有異，其逐軍都虞候、指揮使理難一等換官。欲拱聖、神勇都虞候依舊換供備庫使外，驍騎、雲騎、宣武都虞候換左藏庫副使，拱聖、神勇指揮使換內殿承制。捧日、天武、神、龍衞指揮使皆係上四軍，其捧日、天武換西京左藏庫副使，龍、神衞換內殿承制，比捧日、天武隔兩官，理有未均，欲神、龍衞指揮使換供備庫副使。

又殿前班上名副都知換供備庫副使，下名副都知換內殿承制，自來以左右第一、第二班爲資次，欲第一班換供備庫副使，第二班換內殿承制。

又：「換前班差遣，州總管以下，並以五路緣邊爲優，諸路爲次。正團練使，州總管；正刺史，州鈐轄；諸司使副，都巡檢使、駐泊都監；內殿承制、崇班，巡檢、州都監；供奉官至借職，教押軍隊指使。」看詳諸司使、副已上差遣，見依格施行外，承制以下，欲依今來轉員所差遣例。

又：「拱聖、神勇、驍騎、雲騎、宣武軍都指揮使換文思，仍除遙刺，已帶者依舊；御龍直都虞候，文思使，帶遙刺者依舊；內殿直兩次都虞候換左藏庫使，一次文思使，帶遙刺者依舊。」看詳拱聖、神勇與驍騎以下軍分有異，兼御龍直都虞候遇轉員合次神勇軍都指揮使轉行，及係環衞諸直人員最上名人，兼內殿直都虞候以次殿前班，及轉員無闕，合隨龍衞軍都指揮使轉行，理難於驍騎、雲騎、宣武軍都指揮使之下換官。欲御龍直、內殿直都虞候依格合換官外，並除遙刺；驍騎、雲騎、宣武軍都指揮使止與換文思使，更不除遙郡刺史，內已帶遙刺者並依舊。內殿前班副都知並與換供備庫副使。

今馬步軍諸指揮事藝高彊十將引見，取揀充員僚，內弓箭手短一指箭人合降一軍安排；弩手括不發，事體頗同，幷弩手墮箭與括不發亦同，欲並降一軍安排。

從之。

十一月，樞密院言：「轉員旁通册內御龍直都虞候至副都頭換官，惟指揮使上兩直與文思副使係降兩資，餘止降一資，散員至金槍都知、副都知皆換內殿承制，不惟職名有差，自副都知約六遷方轉都知；兼東西班、散直、鈞容直係近下班分，副都知亦降都知一等換內殿崇班。其東西班、散直押班與副都知職名不等，兩經轉遷，方入近下班分副都知，理難與都知一等換內殿崇班。又散指揮至鈞容直指揮使並換供備庫副使，緣東西班、散直、鈞容直遇轉員，止是遷入上班，亦難一等換官。」詔：「御龍下兩直指揮使換左藏庫副使，散員、散指揮、散都頭、散祗候、金槍都知換供備庫副使，東西班、散直押班換東頭供奉官，東西班指揮使換官依舊外，散直、鈞容直指揮使換左藏庫副使。」緣轉員旁通册內未載雲、武騎軍都指揮使轉遷換官并恩例等，詔並依驍騎軍都指揮使格。

四年二月，軍頭司引見捧日等兵試藝，帝於行間召邢斌、韓晟問曰：「開弓猶有餘力乎？」各對願增二石二斗弓。遣內侍監定斗力授之，射皆應法，並特充殿前指揮使，賜緡錢。

元符元年七月，樞密院言：「將校、軍頭、十將各轉補者，委本將體量，不掩眼試五次，二十步見，若一次不同，減五步，掩一眼再試。但兩眼共見二十步，或一眼全不見二十步，仍試上下馬。如無病切，弓射五斗，弩踏一石五斗，槍刀、標牌手各不至生疎，並與轉補。即有病切，或精神尩悴，或將校年六十九，或經轉補後犯姦盜贓罪情罪重以上〔四〕雖該降，並隔下奏聽旨。如差出者勾赴本將體量，在別州者報所在州體量。排連長行充承局、押官者，先取年五十五以下、有兩次以上戰功人塡闕，六人更取一名；餘取年四十以下、武藝高彊、無病切人，試兩眼各五次，二十步見者選拍。內步軍以闕六分爲率，先取弓手一分，次取弩手三分，次取槍牌刀手二分，更有零分者依六分爲率，資次取揀，周而復始。長行犯徒經決及二年，或軍人因犯移配杖罪經三年、徒罪經四年，或已升揀軍分又經一年，各無過犯，並聽排連。不應充軍人，已投狀後，審會取放逐便，雖未給公憑，其請給差使並罷，有違犯，加凡人二等。不應充軍人，於法許逐便者，並追納元請投軍例物訖，報合屬去處，給公憑放逐便。如非品官之家，無例物回納，願依舊充軍者聽。」從之。

三月〔三五〕，禮部言：「檢會故事，臣僚申請諸州軍府管押進奉衙校等，祖宗以來，並加散官。自更官制，階散並罷，既罷階散，若與轉資，似屬太優。欲每轉一資，支賜絹二十疋。如一名管押兩處，只許就一處支給。或一州一軍差二人同押，亦共與上件支賜。若一員官兩處進奉，只隨本官合推恩處從一支給。今押進奉皇帝登寶位禮物衙校等，欲依故例施行。」並從之。

宣和七年十一月，南郊制：「應軍員送軍頭司未得與差遣者，如後來別無過犯，却與差遣。應廂軍人員補職及十五年未經遷補者，令所屬保明聞奏。應禁軍、廂軍因一犯濫情重不得補充人員及遞遷資給者，若經斷及五年不曾再犯，及不曾犯贓，委所在候排連日審實，特與不礙遷補。」

建炎、紹興之間，排連、轉員屢嘗損益，而大率因於舊制。

乾道六年，主管侍衞馬軍司公事李顯忠言：「本司諸兵將官有闕，自來擇衆所推者，不以次序上聞升遷。比年須自訓練官充準備將，準備將及二年升副將，副將及二年升正將，正將及三年升統領官，再及三年升統制官，竊恐無以激揚士氣。請今後兵將官有闕，不以年爲限，許本司銓量人材膽勇服衆上聞補用。」詔從其請。此誠砥礪兵將之良法也。

嘉定中，樞密院言：

諸軍轉員遷補，務在均一。如內諸班直循舊格排連，積習既久，往往超躐升轉，後名反居前列，高下不倫，甚失公平之意。

今參酌前後例格，均次資序：其一曰，內殿直左第一班副都知轉東西班西第二都知，內殿直左第二班副都知轉散直左班都知；其二曰，散員左第二班副都知升內殿直左第一班副都知，散員右第一班副都知升內殿直左第一班副都知；其三曰，散員右第一班副都知升內殿直右第一班副都知，散員左第二班副都知升內殿直右第二班副都知；其四曰，散指揮左第一班副都知升散員左第一班副都知，散指揮右第一班副都知升散員右第一班副都知；其五曰，散指揮左第二班副都知升散員左第二班副都知，散指揮右第三班副都知升右第二班副都知；其六曰，散都頭左班副都知升散指揮左第一班副都知，散都頭右班副都知升散指揮右第一班都知〔一六〕；其七曰，散祗候左班副都知升散指揮左第二班副都知，散祗候右班副都知升散指揮右第二班副都知；其八曰，內殿直左第一班押班遷轉東西班西第一班副都知，內殿直右第一班押班轉東西班西第三班副都知。

以上各係升四名外，御龍直御龍左第一直十將轉御龍弓箭直副都頭，御龍直右第一直十將轉御龍弩直副都頭，御龍骨朵子直左第一直十將升御龍左第一直十將，御龍弩直左第一直十將升御龍弓箭左第三直十將，係各升六名。於是超躐積習之弊盡革，而爲定制焉。

淳祐十一年，御史臺條奏軍功賞格違法之弊：「在法，邊戍獲捷、奇功、暴露、撤戍者，制閫、軍帥舉奏授官，必其人身親行陣，有戰禦功。今自守闕進勇副尉至承信郎、承節郎者，其弊尤多，迺以奉權要，酬私恩，或轉售於人。方等第功賞之初，卽竄名其中，朝廷審核，動涉歲年，已無稽考。甚至承受、廳吏、廝卒之流，足跡未嘗出都門，而沾親冒矢石、往來軍旅之恩，授以名器。請申嚴帥閫，令立功人親授告身，庶革冒濫。」

寶祐五年，樞密院言：「應從軍職事，必立戰功，幷隊伍中人曾經拍試武藝；若訓練官以遞而升者，或年限未及仍帶『權』字，俟年及方升正統制，此定法也。近年任子、雜流冒授者，纔無差遣，便請從軍，繇統領至總管，曾幾何時，超躐而進。甫得總管，却耻軍職，輒稱私計不便，或托父母老疾，巧計離軍，又以筋力未衰，求差正任，甚非法意。」

至咸淳中，大將若呂文德、夏貴、孫虎臣、范文虎輩，矜功怙寵，慢上殘下，行伍功賞，視爲己物，私其族姻故舊，俾戰士身膏於草莽，而姦人坐竊其勳爵矣。

屯戍之制

凡遣上軍，軍頭司引對，賜以裝錢；代還，亦入見，犒以飲食，簡拔精銳，退其癃老。至於諸州禁、廂軍亦皆戍更，隸州者曰駐泊。戍蜀將校，不遣都虞候，當行者易管他營。凡屯駐將校帶遙郡者，以客禮見長吏，餘如屯駐將校。凡駐泊軍，若捍禦邊寇，卽總管、鈐轄共議，州長吏等毋預。事涉本城，幷屯駐在城兵馬，卽知州、都監、監押同領。若州與駐泊事相關者，公牒交報。凡戍更有程：京東西、河北、河東、陝西、江、淮、兩浙、荆湖、川峽、廣南東路三年，廣南西路二年，陝西城砦巡檢幷將領下兵半年。

景祐元年，詔：「若聞陝西戍卒，多爲大將選置麾下，及偏裨臨陣，鮮得精銳自隨。自今以全軍隸逐將，毋得選占。」三年，詔廣、桂、荆、潭、鼎、澧六州各置雄略一營，與歸遠軍更戍嶺外。

康定元年，頒銅符、木契、傳信牌。銅符上篆刻曰「某處發兵符」，下鑄虎豹爲飾，而中分之。右符五，左旁作虎豹頭四；左符五，右旁爲四竅，令可勘合。又以篆文相向側刻十干字爲號：一甲己，二乙庚，三丙辛，四丁壬，五戊癸。左符刻十干半字，右符止刻甲己等兩半字。右五符留京師，左符降總管、鈐轄、知州軍官高者掌之。凡發兵，樞密院下符一至五，周而復始。指揮三百人至五千人用一虎一豹符，五千人已上用雙虎豹符。樞密院下符，以右符第一爲始，內匣中，緘印之，命使者齎宣同下，云下第一符，發兵與使者，復緘右符以還，仍疾置聞。所在籍下符資次日月及兵數，毋得付所司。

其木契上下題「某處契」，中剖之，上三枚中爲魚形，題「一、二、三」，下一枚中刻空魚，令可勘合，左旁題云「左魚合」，右旁題云「右魚合」。上三枚留總管、鈐轄官高者掌之，下一枚付諸州軍城砦主掌之。總管、鈐轄發兵馬，百人已上，先發上契第一枚，貯以韋囊，緘印之，遣指揮〔一七〕齎牒同往。所在驗下契與上契合，即發兵，復緘上契以還，仍報總管、鈐轄。其發第二、第三契亦如之。掌契官籍發契資次日月及兵數以爲驗。

傳信牌中爲池槽，藏筆墨紙，令主將掌之。每臨陣傳命，書紙內牌中，持報兵官，復書事宜內牌中而還。主將密以字爲號驗，毋得漏泄軍中事。

呂夷簡言：「自元昊反，被邊城砦各爲自守計，萬一賊有奔衝，即關輔驚擾。雖夏竦等屯永興，其實兵少。自永興距鄜延、環慶諸路，皆數百里，設有急緩，內外不能相救。請募勇敢士三萬，訓以武技，分置十隊，以有謀勇者三人將之，分營永興。西寇至，則舉烽相應，或乘勢討擊，進退不以地分，並受夏竦等節制。」詔從之。初，趙元昊反，以夏竦、陳執中知永興軍，節度陝西諸軍，久之無功。乃析秦鳳、涇原、環慶、鄜延爲四路，以秦、渭、慶、延知州分領本路馬步軍。是歲，罷銅符、木契。詔曰：「陝西屯重兵，罄本路租稅，益以內庫錢帛，幷西川歲輸，而軍儲猶不足。宜度隙地爲營田務，四路總管、轉運悉兼領使。」

慶曆二年，詔：「已發士三萬戍永興，委總管司部分閱敎。歲以八月遣萬五千人戍涇原儀渭州、鎮戎軍，十二月以萬五千人代，至二月無警卽還，歲以爲常。」葛懷敏等喪師，命范仲淹、韓琦、龐籍復統四路，軍期中覆不及者，以便宜從事。四年，夏人已納款，乃罷。四月，帝謂輔臣曰：「湖廣擊蠻吏士，方夏瘴熱，而罹疾者衆，宜遣醫往爲胗視。」

六年，詔：「騎軍以盛夏出戍，馬多道死。自今以八月至二月遣發。」又詔：「廣南方春瘴癘，戍兵在邊者權休善地。其自嶺外戍回軍士，予休兩月。」李昭亮上言：「舊制，調發諸軍先引見，試以戰陣，遷補校長。今或不暇試戰陣，請選彊壯有武技者，每十人引見轉資後遣。」詔可。

時契丹使來議關南地，朝廷經制河北武備，議者欲增兵屯。程琳自大名府徙安撫陝西，上言曰：「河朔地方數千里，連城三十六，民物繁庶，川原坦平。自景德以前，邊數有警，官軍雖衆，罕有成功。蓋定州、眞定府、高陽關三路之兵，形勢不接，召發之際，交錯非便。況建全魏以制北方，而兵隸定州、眞定府路，其勢倒置。請以河朔兵爲四路，以鎭、定十州軍爲一路，合兵十萬人；高陽關十一州軍爲一路，合兵八萬人；滄、霸七州軍爲一路，合兵四萬人；北京九州軍爲一路，合兵八萬人。其駐泊鈐轄、都監各掌訓練，使士卒習聞主將號令，急緩卽成部分。」

天子下其章，判大名府夏竦奏：「鎭、定二路當內外之衝，萬一有警，各藉重兵，控守要害，迭爲應援。若合爲一，則兵柄太重，減之則不足以備敵。又滄州久隸高陽關，道里頗近，瀕海斥鹵，地形沮洳，東北三百里，野無民居，非賊蹊徑。萬一有警，可決漳、御河東灌，塘淀隔越，賊兵未易奔衝，不必別建一路。惟北京爲河朔根本，宜宿重兵，控扼大河南北，內則屛蔽王畿，外則聲援諸路。請以大名府、澶懷衞濱棣德博州、通利軍建爲北京路。四路各置都總管、副都總管一人，鈐轄二人，都監四人。平時祇以河北安撫使總制諸路，有警，卽北京置四路行營都總管，擇嘗任兩府重臣爲之。」

議未決，竦入爲樞密使，賈昌朝判大名府，復命規度。昌朝請如竦議，惟保州沿邊巡檢幷雄、霸、滄州界河二司兵馬，國初以來，拓邊最號彊勁，今未有所隸，請立沿邊巡檢司隸定州路，界河司隸高陽關路。

於是下詔分河北兵爲四路：北京、澶懷衞德博濱棣州、通利保順軍合爲大名府路；瀛莫雄霸貝冀滄州、永靜乾寧保定信安軍合爲高陽關路；鎭邢洛相趙磁州合爲眞定府路；定保深祁州〔一八〕、北平廣信安肅順安永寧軍合爲定州路。凡兵屯將領，悉如其議。韓琦謂兵勢大分，請合定州、眞定府爲一，高陽關、大名府爲一，朝廷以更賨甫新，不報。詔四路兵依陝西遣部將往來按閱。又詔自今兵戍回，揀充〔一九〕捧日、龍衞、天武、神衞等軍。

皇祐元年，發禁兵十指揮戍京東，以歲饑備盜。詔陝西邊警既息，土兵可備守禦，東軍屯戍者徙內郡，以省餉饋。二年，詔：「如聞河北諸屯將校，有老疾廢事而不知退，有善部勒著勞效而不得進，帥臣、監司審察，密以名聞。」

四年，詔：「戍兵歲滿，有司按籍，遠者前二月，近者前一月遣代，戍還本管聽休。」五年〔二〇〕，又詔：「廣西戍兵及二年而未得代者罷歸，鈐轄司以土兵歲一代之。」自儂智高之亂，戍兵踰二萬四千，至是聽還，而令土兵代戍。

至和元年，詔陳、許、鄭、滑、曹州各屯禁兵三千。嘉祐五年，用賈昌朝奏，京北路〔二一〕置都監三人，駐劄許、蔡、鄭州，分督近畿屯兵。七年，詔陝西土兵番戍者毋出本路。

治平二年，發兵指揮二十，分戍永興軍、邠州、河中府，仍遣官專掌訓練。三年，詔員僚直、龍衞毋出戍，神衞嘗留十指揮在營。又詔：「頃以東兵戍嶺南，冒犯瘴癘，得還者十無五六。自今歲滿，以江、淮教閱忠節、威果代之。」

神宗嗣位，軍政多所更革。熙寧初，嘗與輔臣論河北守備。韓絳等曰：「漢、唐重兵皆在京師，其邊戍裁足守備而已。故邊無橫費，彊本弱末，其勢亦順。開元後，有事四夷，權臣皆節制一方，重兵在西北。天寶之亂，由京師空虛，賊臣得以肆志也。」帝曰：「邊上老人亦謂今之邊兵過於昔時，其勢如倒植浮圖。朕亦每以此爲念也。」三年，詔：「諸路戍兵，畸零不成部伍，致乖紀律，或互遣郡兵，更相往來，道路艱梗，宜悉罷之，易以上番全軍或就粮兵爲戍；當遣者並隸總管司，以詔令從事。」

舊制，河北軍馬不出戍，帝慮其驕惰，五年，始命河北、河東兵更戍，減其一歲以優之。其年，詔徙河州軍馬駐熙州，熙州軍馬駐通遠軍，追召易集，可省極邊軍儲。帝嘗曰：「窮吾國用者，冗兵也。」其議徙軍於內郡，以弓箭手代之，冀省邊費。」

九年，詔：「京師兵比留十萬，餘以備四方屯戍，數甚減少。自今戍兵非應發京師者勿遣。」其後，言者屢請損河北冗兵，詔立額止留禁兵七萬，而京東增置武衞軍四十二營，訓練精銳，皆以分隸河北，而以三千人散戍東南杭、揚、江寧諸州，以備盜賊。嶺外惟廣、韶、南雄州常有戍兵千人，桂林以瘴癘，間徙軍於全、永。元豐中，或請遣陝西路騎軍五七百戍桂林者，詔遣在京軍馬以戍之。

元祐元年六月，右諫議大夫孫覺言：「將兵之禁，宜可少解，而責所在守臣與州郡兵官，可令乘時廣行召募，稍補前日之額。循祖宗之法，使屯駐三邊及川、廣、福建諸道州軍，往來道路，足以服習勞苦，南北番戍，足以均其勞佚。」詔：「陝西、河東、廣南將兵，不輪戍他路，河北輪近裏一將赴河東，府界、諸路逐將與不隸將兵，並更互差撥出戍別路。赴三路者差全將或半將，餘路聽全指揮分差，仍不過半將。」

十月，樞密院言：「東南一十三將，自團將以來，未曾均定出戍路分，及不隸將兵內有出戍窠名數少、所管指揮數多去處，未得均當。欲除廣南東、西兩路駐劄三將只充本路守禦差使，虔州第六將、全永州第九將準備廣南東、西路緩急勾抽策應，並不差戍他路外，餘八將及不隸將兵依均定路分都鈐轄司駐泊，分擘差使。內將兵、不隸將兵路分，却於自京差撥步軍前去補戍，候將兵回日，却行勾抽。」從之。

十二月，廣西經略安撫使、都鈐轄司言：「乞除桂〔三〕、宜、融、欽、廉州係將、不係將馬步軍輪差赴邕州極邊水土惡弱砦鎮監栅及巡防幷都同巡檢等處，並乞依邕州條例，一年一替；其餘諸州差往邕州永平、古萬、太平、橫山、遷隆砦鎮及左、右江溪洞巡檢幷欽州如昔峒駐箚抵棹砦，並二年一替；其諸州巡檢下，一年一替。」從之。

二年，河東經略安撫使曾布言：「河外上番四將，每將內抽減步軍赴嵐、石州，分擘沿河等處差使，代開封府界等五將兵馬歸營；及赴岢嵐、火山軍駐箚，代東兵兩指揮赴太原府就食。」從之。是月〔三〕，樞密院言：「昨爲熙河蘭會路戍兵數多，尋以年滿，二千餘人節次抽減歸營，兼本路卽目見管戍兵比額尙多一千三百餘人。今朝旨令熙河蘭會路都總管司，遇本路緩急闕人，許於秦鳳路勾抽一將應副。緣本路卽目事宜，慮向秋闕人防守，欲熙河蘭會路都總管司遇本路緩急闕人，聽全勾抽秦鳳路九將應副差使，從京東〔四〕差步軍五指揮赴永興軍、商虢州權駐箚，以備秦鳳路勾抽。」從之。

紹聖四年，樞密院備呂惠卿所言：「『比緣邊牒報，西界點集本路叛卒。見闕守禦人兵，兼土兵未塡闕額，幷蕃兵弓箭手比元豐元年少二千二百有餘，東兵馬步軍比元豐四年、七年少十六指揮。乞於東兵步人內差撥一十六指揮添助防守。』兼本路自去歲泛差過軍馬三十六指揮，比之他路，已是倍多，卽今戍兵三萬六千餘人，比之元豐四年人數，亦不至闕少，自可那融使喚。」詔：「鄜延路都總管司詳此照會，如遇賊兵犯塞，或本路舉兵，委是闕人，其年滿人指揮兵級，令相度事宜，權留三兩月，候事宜稍息遣還。」是月〔三五〕，詔：「河東路總管司那融替換上番兵馬，無令戍邊日久，致有勞弊。如無人替換，候春月事宜稍息，卽先後上番四將抽減一番兵馬歸營。」

元符二年閏九月，遣秦鳳戍兵十指揮應副熙河新邊戍守。十一月，以呂惠卿奏，減鄜延戍兵五十指揮。三年八月，詔遣虎翼軍六千戍熙河路，令代蕃兵及弓箭手還家休息。十二月，詔邊帥減額外戍兵。

崇寧四年，詔：「廣南瘴癘之鄉，東西雖殊，氣候無異。西路戍兵二年一代，而東路獨限三年，代不如期，有隕於瘴癘者，朕甚惻然。其東路亦令二年一替，前期半年差人，如違，以違制論。」

大觀二年六月，詔：「陝西諸路，自罷兵以來，數年于此，兵未嘗徹。蓋緣邊將怯懦，坐費邊儲，戍卒勞苦。可除新邊的確人外，餘並依元豐罷邊事日戍額人數外，餘並直抽歸營。有司不得占吝，如違，以違制論。」又詔：「東南除見兵額外，帥府別屯二千人，望郡一千人。帥府置奉錢五百一指揮，以威捷爲名；望郡奉錢四百一指揮，以威勝爲名；帥府三指揮、望郡一指揮各奉錢三百，以全捷爲名；並以步軍五百人爲額。」三年六月，詔：「國家承平百五十年，東南一方，地大人衆，已見兵寡勢弱，非持久之道。可除見今兵額外，帥府別屯兵士二千人，望郡一千人。」

宣和二年，詔河北軍馬與陝西、河東更戍。

三年正月，詔：「河北軍馬與陝西、河東更戍，非元豐法，遂罷其令。應拖後人並與免罪，依舊收管。」閏五月，江、浙、淮南等路宣撫使童貫奏：「勘會江南東路、兩浙東西路各有東南一將，平日未嘗訓練武藝，臨敵必誤驅策。昨睦寇初發，天兵未到已前，遣令上項將兵捕賊，遂致敗衄，亡失軍兵甚多。今睦賊討平之後，脅從叛亡者方始還業，非增戍兵鎭遏，無以潛消兇暴。臣今擬留戍兵二萬五千五百七十八人，分置江南東路、兩浙東西路州軍防把〔三六〕，一年滿替出軍一次，依平蠻故事，每月別給錢三百，歲給鞋錢一千。其兵並隸本路安撫司統轄訓練。」詔從之。是年，權知婺州楊應誠奏：「凡屯戍將兵，須隸守臣，使兵民之任歸一，則號令不二，然後可以立事。」詔從之。續有旨改從舊制。

四年，臣僚言：「東軍遠戍四川，皆京師及府界有武藝無過之人。既至川路，分屯散處，多不成隊，而差使無時，委致勞弊。蓋四川土兵既有詔不得差使，則其役併著東軍，實爲偏重。若令四川應有土兵、禁軍與東軍一同差使，不惟勞逸得均，抑亦不失熙、豐置東軍彈壓蜀人兼備蠻寇之意。」詔本路鈐轄、轉運兩司公同相度利害以聞。

五年，制置所奏：「江、浙增屯戍兵，相度節鎭增添兩指揮處，餘州各一指揮，各不隸將。內兩指揮處，將一指揮以威果爲名，一指揮以全捷爲名，餘州並以威果爲名。」從之。

七年三月，詔：「廣南東、西路地遠山險，盜賊間有竊發。內郡戍兵往彼屯守，多緣瘴癘疾病，不任捕盜；又不諳知山川道里、林壑曲折，故盜不能禁。可令每巡檢下招置土人健勇輕捷者，參戍兵之半，互相關防，易於擒捕。令樞密院行之。」

靖康元年四月，以种師道爲太尉，依前鎭洮軍節度使、河北河東宣撫使，後加同知樞密院事。時師道駐軍滑州，實無兵從行，請合山東、陝西、京畿兵屯於靑、滄、滑、衞、河陽，預爲防秋之計。徐處仁等謂：「金人重載甫還，豈能復來？不宜先自擾費，示之以弱。」議格不行。

七月，河北東路宣撫使李綱奏：「臣兩具論，以七月七日指揮止諸路防秋之兵爲不可，必蒙聖察。今宣撫司既無兵可差，不知朝廷既止諸路防秋之兵，將何應副。兼遠方人兵各已在路，又已借請數月，本路漕司、州縣又已預備半年、百日之糧，今一放散，皆成虛費，而實要兵用處無可摘那，深恐誤國大計。」詔依所奏。

紹興之初，羣盜四起，有若岳飛、劉光世諸大將領兵尤重，隨宜調發，屯泊要害，控制捍蔽，是亦權宜之利矣。厥後樞府、帥臣屢言久戍之弊，甚者或十年或二十年而不更，尤可閔念。蓋出戍者皆已老瘁，而諸州所留，類皆少壯及工匠，三司多以坐甲爲名，占留違制，有終身未嘗一日戍者。於是命帥臣、鈐轄司置諸州尺籍，定其姓名，依期更戍。帥臣又言：「有如貴溪戍兵，三月一更，繇貴溪至池州，往返一千五百里，卽是一月在途，徒有勞費。願以一年終更。」

今攷紹興閒邊境弗靖，故以大軍屯戍，而踐更之期，近者三月，遠者三年。逮和議既成，諸軍移屯者漸歸營矣，惟防秋仍用移屯更戍之法，沿邊備禦亦倚重焉。乾道、淳熙、紹熙之際，一遵其制。開禧初，復議用兵，駐劄諸兵始復移屯。和議再成，邊地一二要郡雖循舊貫，其諸駐劄更戍之法不講，而常屯之兵益多。逮夫端平破川蜀，咸淳失襄樊、裂淮甸，疆宇蹙而兵法壞。叛將賣降，庸夫秉鉞，間有圖國忘死之士，則遙制于權姦，移屯更戍，靡有定方。於是戍卒疲於奔命，不戰而斃者衆矣。至若將校之部曲，諸軍之名號，士卒之衆寡，詳列于屯駐者，茲不重錄云。

校勘記

〔一〕或有他州總管鈐轄　按洪邁容齋三筆卷一五禁旅遷補條說：「高者以正任團練使、刺史補外州總管、鈐轄。」下文也有「若員溢，即爲正刺史補外」語　志文「有」字疑當作「補」。

〔二〕副都軍頭　「都」字原脫，據本書卷一八七兵志、范鎮東齋記事卷二補。

〔三〕有司先閱走躍上下馬　「閱」原作「闕」。按本書卷一九三兵志，宋初沿襲後梁制度，募兵時「先度人材，次閱走躍」。據改。

〔四〕馬步軍事　疑當作「馬步軍司」。

〔五〕事內殿前指揮使　「事」字疑衍，或爲「自」字之訛。

〔六〕年及六十已下者　「已下」，疑當作「已上」。

〔七〕嘉祐二年　按年代順序，嘉祐當在至和後，今此條置在至和三年之前，疑有舛誤。

〔八〕闕驍騎二人　「二人」，長編卷二六一作「一人」，按下文有「以捧日一人補驍騎軍主」一語，疑作「一人」爲是。

〔九〕今省五十營　「省」下原衍「爲」字。按下文「已補八十一營」，八十一加五十恰爲一百三十一，和上文所載數字相合，可見省去的是五十營；長編卷二六一「省」下無「爲」字，據刪。

〔一〇〕都頭軍使　「頭軍」二字原倒。按本書卷一八七兵志，禁軍將校無「都軍頭使」之名；而十將之上爲副兵馬使（步軍謂之副都頭），其上爲軍使（步軍謂之都頭）。今上文既爲「副都頭、副兵馬使」，則此處當爲「都頭、軍使」，據改。

〔一一〕諸廂都指揮使　「都」原作「軍」。按本書卷一八七兵志：「馬步軍有捧日、天武左右四廂都指揮使。」長編卷三六五「軍」也作「都」，據改。

〔一二〕賈逵　原作「賈達」，據本書卷三四九本傳、長編卷二九四改。

〔一三〕五年　承上文當指紹聖五年。按紹聖五年六月改爲元符元年，志文於敍述五年十一月之後，又出「四年二月」和「元符元年七月」，顯有舛誤。

〔一四〕犯姦盜贓罪情罪重以上　「罪情」下「罪」字疑衍。

〔一五〕三月　上文既敍至元符元年七月，此處不應又出「三月」。按下文有「今押進奉皇帝登寶位禮物衙校等」一語，則此當爲元符三年徽宗即位時事，「三月」疑爲「三年」之誤。

〔一六〕右第一班都知　據上下文，「都知」上疑脫「副」字。

〔一七〕指揮　按宋會要刑法七之一三、長編卷一二九都作「指使」，武經總要前集卷一五作「指揮使或職員」。

〔一八〕定保深祁州　「定」字原脫。按本路名定州路，不應無定州。據本書卷八六地理志、長編卷一六四補。

〔一九〕揀充　「充」字原脫，據長編卷一六四補。

〔二〇〕五年　原作「五月」。按儂智高事發生在皇祐五年，本條詔文宋會要兵五之四、長編卷一七五都繫於皇祐五年閏七月，「五月」當爲「五年」之誤，據改。

〔二一〕京北路　按宋無此路；太平興國間分京西路爲京西南路和京西北路，至嘉祐五年未聞廢置；又下文列舉的許、蔡、鄭州，據本書卷八五地理志，都屬京西北路。疑「京」下當脫「西」字。

〔二二〕除桂　原脫，據宋會要兵五之一一、長編卷三九三補。

〔二三〕是月　按上文「二年」條未記月份，長編卷四〇二繫於元祐二年六月甲辰；此條，同。宋會要兵五之一一，此條繫於元祐二年六月二十四日。

〔二四〕京東　按宋會要兵五之一一、長編卷四〇二都無「東」字；上文又有「自今戍兵非應發京師者勿遣」一語，此處「東」字疑衍。

〔二五〕是月　按上文「紹聖四年」條未記月份，宋會要兵五之一三繫於紹聖四年二月二十二日；此條，宋會要兵五之一二繫於紹聖四年二月九日。

〔二六〕防把　按宋會要兵五之一五作「防托」。

宋史卷一百九十七

志第一百五十

兵十一 器甲之制

器甲之制　其工署則有南北作坊〔一〕，有弓弩院，諸州皆有作院〔二〕，皆役工徒而限其常課。南北作坊歲造塗金脊鐵甲等凡三萬二千，弓弩院歲造角弝弓等凡千六百五十餘萬，諸州歲造黃樺、黑漆弓弩等凡六百二十餘萬。又南北作坊及諸州別造兵幕、甲袋、梭衫等什物，以備軍行之用。京師所造，十日一進，謂之「旬課」，上親閱視，置五庫以貯之。嘗令試牀子弩於郊外，矢及七百步，又令別造步弩以試。戎具精緻犀利，近代未有。

開寶三年五月，詔：「京都士庶之家，不得私蓄兵器。軍士素能自備技擊之器者，寄掌本軍之司；俟出征，則陳牒以請。品官準法聽得置隨身器械。」時兵部令史馮繼昇等進火箭法，命試驗，且賜衣物束帛。

淳化二年，申明不得私蓄兵器之禁。

至道二年二月，詔：先造光明細鋼甲以給士卒者，初無襯裏，宜以紬裏之，俾擐者不磨傷肌體。

咸平元年六月，御前忠佐石歸宋獻木羽弩箭，箭裁尺餘而所激甚遠，中鎧甲則簳去而鏃存，牢不可拔。詔增歸宋月奉，且補其子爲東西班侍。

三年四月，神騎副兵馬使焦偓獻盤鐵槊，重十五斤，令偓試之，馬上往復如飛，命遷本軍使。八月，神衞水軍隊長唐福獻所製火箭、火毬、火蒺藜，造船務匠項綰等獻海戰船式，各賜緡錢。先是，相國寺僧法山，本洛州人，彊姓，其族百口，悉爲戎人所掠。至是，願還俗隸軍伍以効死力，且獻鐵輪撥，渾重三十三斤，首尾有刃，爲馬上格戰具。詔補外殿直。

五年，知寧化軍劉永錫製手砲以獻，詔沿邊造之以充用。

六年十月，給軍中傳信牌。其制，漆木爲牌，長六寸，闊三寸，腹背刻字而中分之，置鑿枘令可合；又穿二竅容筆墨，上施紙札。每臨陣則分而持之，或傳令，則署其言而繫軍吏之頸，至彼合契，乃書復命。因冀州團練使石普之請也。

仁宗時，天下久不用兵。天聖四年，詔減諸路歲造兵器之半。是歲，詔作坊造鐵槍一萬五千，給秦渭環慶延州、鎮戎軍。

六年，詔：外器甲久不繕，先遣使分詣諸路閱視修治之。

景祐二年，罷秦州造輸京師弓弩三年。詔：「廣南民家毋得置博刀，犯者并鍛人並以私有禁兵律論。」先是，嶺南爲盜者多持博刀，杖罪輕，不能禁，轉運使以爲言，故著是令。

四年，詔作坊製栓子槍、柧槍各五萬。

康定元年四月，詔江南、淮南州軍造紙甲三萬，給陝西防城弓手。又詔河東彊壯習弩者聽自置，戶四等以下官給之。八月，詔陝西製柳木旁牌。

慶曆元年，知并州楊偕遣陽曲縣主簿〔三〕楊拯獻龍虎八陣圖及所製神盾、劈陣刀、手刀、鐵連槌、鐵簡，且言龍虎八陣圖有奇有正，有進有止，遠則射，近則擊以刀盾。彼蕃騎雖衆，見神盾之異，必遽奔潰，然後以驍騎夾擊，無不勝者。歷代用兵，未有經慮及此。帝閱于崇政殿，降詔獎諭。其後，言者以爲其器重大，緩急難用云。

二年，詔鄜延、環慶、涇原、秦鳳路各置都作院，賜河北義勇兵弓弩箭材各一百萬。

四年，賜鄜延路總管風羽子弩箭三十萬。

五年，詔諸路所儲兵械悉報三司，三司歲具須知以聞，仍約爲程式頒之。

八年，詔：「士庶之家，所藏兵器，非法所許者，限一月送官。敢匿，聽人告捕。」

皇祐元年，御崇政殿閱知澧州、供備庫副使宋守信所獻衝陣無敵流星弩、拒馬皮竹牌、火鑠石火綱三刃、黑漆順水山字鐵甲、野戰拒馬刀弩、砦脚車、衝陣劍輪無敵車、大風翎弩箭八種。

四年，河北、河東、陝西都總管司言，郭諮所造獨轅衝陣無敵流星弩，可以備軍陣之用。詔弓弩院如樣製之。除諮爲鄜延路鈐轄，許置弩五百，募士民教之。既成，經略夏安期言其便，詔立獨轅弩軍。

五年，荆南兵馬鈐轄王遂上臨陣枴槍。

至和元年，詔河北、河東、陝西路每歲夏曝器甲，有損斷者，悉令完備。如復閱視有不堪用者，知州、通判幷主兵官並貶秩。

嘉祐四年，詔：京師所製軍器，多不鋒利，其選朝臣、使臣〔四〕各一員揀試之。

七年，詔江西制置賊盜司，在所有私造兵甲匠並籍姓名，若再犯者，幷妻子徙淮南。

熙寧元年，始命入內副都知張若水、西上閤門使李評料簡弓弩而增修之。若水進所造神臂弓，實李宏所獻，蓋弩類也。以檿爲身，檀爲弰，鐵爲蹬子槍頭，銅爲馬面牙發，麻繩扎絲爲弦。弓之身三尺有二寸，弦長二尺有五寸，箭木羽長數寸，射三百四十餘步〔五〕，入榆木半笴。帝閱而善之。於是神臂始用，而他器弗及焉。

二年，命河北州軍凡戎器分三等以聞，又詔內庫凡器甲擇其良若干條上。

四年，詔諸路遣官詣州，分庫藏甲兵器爲三等如沿邊三路，而川峽不與。

五年，帝匣斬馬刀以示蔡挺，挺謂製作精而操擊便，乃命中人領工造數萬口賜邊臣，鐔長尺餘，刃三尺餘，首爲大環。是歲，詔權三司度支副使沈起詳定軍器制度。起以爲一己之見有限，宜令在京及三路主兵官、監官、工匠審度法度所宜，庶可傳久。詔從之。

時，帝欲利戎器，而患有司苟簡。王雱上疏曰：「漢宣帝號中興賢主，而史稱技巧工匠，獨精於元、成之時。是雖有司之事，而上繫朝廷之政。方今外禦邊患，內虞賊盜，而天下歲課弓弩、甲冑入充武庫者以千萬數，乃無一堅好精利實可爲備者。臣嘗觀諸州作院兵匠乏少，至拘市人以備役，所作之器，但形質而已。武庫之吏，計其多寡之數而藏之，未嘗責其實用，故所積雖多，大抵敝惡。夫爲政如此，而欲抗威決勝，外攘內修，未見其可也。儻欲弛武備，示天下以無事，則金木、絲枲、筋膠、角羽之材，皆民力也，無故聚工以毀之，甚可惜也。莫若更制法度，斂數州之作聚爲一處，若今錢監之比，擇知工事之臣使專其職；且募天下良工散爲匠師，而朝廷內置工官以總制其事，察其精窳而賞罰之，則人人務勝，不加責而皆精矣。聞今武庫太祖時弓尙有如新者，而近世所造往往不可用，此可見法禁之張弛矣。」大抵雱爲此言，以迎逢上意，欲妄更舊制也。

六年，始置軍器監，總內外軍器之政。置判一人，同判一人。屬有丞，有主簿，有管當公事。先是，軍器領於三司，至是罷之，一總於監。凡產材州，置都作院。凡知軍器利害者〔六〕，聽詣監陳述，於是吏民獻器械法式者甚衆。是歲，又置內弓箭南庫。軍器監奏以利器〔七〕頒諸路作院爲式。是年冬，以騎兵據大鞍不便野戰，始製小鞍，皮韉木鐙，長於回旋，馬射得以馳驟，且選邊人習騎者分隸諸軍。

時周士隆上書論廣西、交阯事，請爲車以禦象陣，文彥博非之。安石以爲自前代至本朝，南方數以象勝中國，士隆策宜可用，因論自古車戰法甚辯，請以車騎相當試，以觀其孰利。帝亦謂北邊地平，可用車爲營，乃詔試車法，令沿河採車材三千兩，軍器監定法式造戰車以進。

七年，判監呂惠卿言，其「所上弓式及其他兵器制度，下殿前、馬、步三司令定奪去取，而逐司不過取責軍校文狀以聞，非獨持其舊說不肯更張，又其智慮未必能知作器之意。臣於朝廷已行之令，非敢言改，乞就一司同議」。帝乃遣管軍郝質赴監定奪，皆曰「便」。時軍器監製器不一，材用滋耗。於是詔不以常制選官馳往州縣根括牛皮角筋，能令數羨，次第加獎。是歲，始造箭曰狠牙，曰鴨觜，曰出尖四楞，曰一插刃鑿子，凡四種推行之。

八年，詔：「河北拒馬，或多以竹爲之，不足當敵。令軍器監造三萬具赴北京、澶定州。」又令計河北所少兵器製造，其不急者毋得妄費材力。又詔民戶馬死，舊不以報官者並報，輸皮筋以充用。

帝慮置監未有實效，而虛用材役，詔中書、樞密院覈實其事，令條畫以聞。軍器監奏，置監以來，增造兵器若干，爲工若干，視前器增而工省。帝復詰之，且令與御前工作所較工孰省，驗器孰良。王韶謂：「如此，恐內外相傾成俗。且往年軍器監檢察內臣折剝弓弩，隙由此生。今令內臣較按軍器監，又如曩日相傾無已。」帝曰：「比累累說軍器監事，若不較見事實，卽中外便以爲聽小臣譖愬。今令得實行法，所以明曲直也。」安石曰：「誠當如此。若每事分別曲直，明其信誕，使功罪不蔽，則天下之治久矣。」王韶曰：「軍器監事不須比較。」帝曰：「事不比較，無由見枉直。」安石曰：「朝廷治事，唯欲直而已。」其後，安石卒以辯口解帝之疑，而軍器監獲免欺冒之罪。冬十月，軍器監欲下河東等路采市曲木爲鞍橋，帝以勞民費財，不許。是時，河東、陝西、廣南帥臣邀功不已，請增給兵器，帝各令給與之。至是，有乞以耕牛博買器甲者。

元豐元年冬，鄜延路經略使呂惠卿乞給新樣刀，軍器監欲下江、浙、福建路製造，帝不許，給以內南庫短刃刀五萬五千口。

二年，御批有曰：「河東路見運物材於緣邊造軍器，顯爲迂費張皇，可令軍器監速罷之。」

三年，吉州奏：「奉詔市箭笴三十萬，非土地所產，且民間不素蓄，乞豫給緡錢，期以一年和市。」從之。

時西邊用兵久不解。四年春，陝西轉運使李稷奏：「本道九軍，什物之外，一皆無之，乞於永興軍庫以餘財立法營辦。」七月，涇原路奏修渭州城畢，而防城戰具寡少，乞給三弓八牛床子弩、一槍三劍箭，各欲依法式製造。詔圖樣給之。

五年七月，鄜延路計議邊事所奏乞緡錢百萬、工匠千人、鐵生熟五萬斤、牛馬皮萬張造軍器，並給之。八月，詔令沈括以劈陣大斧五千選給西邊諸將。十一月，陝西轉運使李察言：「本路都作院五，宜各委監司提舉。」從之。

六年二月，詔：熙河路守具有闕，給氈三千領、牛皮萬張，運送之。八月，從環慶路趙卨之請，以神臂弓一千、箭十萬給之。未幾，賜蘭會路藥箭二十五萬。

七年，陝西轉運副使葉康直言：「秦鳳路軍器見闕名物計四百三十餘萬，使一一爲之，非十餘年可就，乞自京給賜。」詔量給之。

帝性儉約。有司造將官皮甲，欲以生絲染紅代氂牛尾爲瀝水，帝惜之，代以他毛。於一弓、一矢、一甲、一牌之用，無不盡心焉。弓曰闊閃促張弓，罷長弰舊法。矢曰減指箭。牌以欒竹穿皮爲之，以易桐木牌。改素鐵甲爲編揳甲〔八〕。其法精密，乃劉昌祚、尹抃、閻守懃等所定制度云。

八年十月，詔內外所造軍器，以見餘物材工匠造之，兵匠、民工即罷遣之。

元祐元年，詔：「三路既罷保甲團教，其器甲各送官收貯，勿得以破損拘民整治。八月，詔太僕少卿高遵惠，會工部及軍器監內外作坊及諸州都作院工器之數，以要切軍器立爲歲課，務得中道，他非要切，並權住勿造。於是數年之間，督責少弛。

紹聖三年，有司言：「州郡兵備，全爲虛文，恐緩急不足備禦。請稍推行熙寧之詔，常令封樁、排垛，依雜隊法。」從之。

元符元年，詔江、湖、淮、浙六路合造神臂弓三千、箭三十萬。

二年，臣僚奏乞增造神臂弓，於是軍器監所造歲益千餘弓。是歲，詔河北沿邊州城壁、樓櫓、器械，各務修治，有不治者罪之。

先是，二廣路土丁令依熙寧指揮修置器械。三年，知端州蕭刓上疏，極言傷財害民，其弊非一，乞住買槍手器械。疏奏不報。

崇寧初，臣僚爭言元祐以來因循弛廢，兵不犀利。詔復令諸路都作院創造修治，官吏攷察一如熙寧時矣。時，有詔造五十將器械。從工部請，令內外共造，由是都大提舉內外製造軍器所之名立焉。

初，從邢恕之議，下令創造兵車數十乘，買牛以駕。已而蔡碩又請河北置五十將兵器，且爲兵車萬乘。蔡京主其說，姦吏旁緣而因爲民害者深矣。

崇寧三年，河北、陝西都轉運司言：「兵車之式，若用許彥圭所定，則車大而費倍；若依往年二十將舊式，則輕小易用，且可省費。」詔卒以許彥圭式行之。時熙河轉運副使李復先奏曰：「今之用兵，與古不同。古者征戰有禮，不爲詭遇，多由正塗，故車可行而敵不敢輕犯。今之用兵，盡在極邊，下砦駐軍，各以保險爲利，車不能上。又戰陣之交，一進一退，車不能及，一被追襲，遂非己有。臣屢觀戎馬之間，雖糗糧、衣服、器械不能爲用，況於車乎？臣聞此車之造，許彥圭因姚麟以進其說。朝廷以麟熟於邊事，而不知彥圭輕妄、麟立私恩以誤國計。其車比於常法闊六七寸，運不合轍，東來兵夫牽輓不行，以致典賣衣物，自賃牛具，終日而進六七里，棄車而逃者往往而是。夫未造則有配買物材、顧差夫匠之擾；既成，又難運致，則爲諸路之患有不可勝言者矣。彥圭但圖一官之得，不知有誤於國，此而不誅，何以懲後！今乞便行罷造，已造者不復運來，以寬民力。」其後，彥圭卒得罪。

元豐之時，河北、河東路軍器，每季終委逐路職司更互攷察。元祐罷之。四年，因工部之請，復行之。

大觀二年，手詔曰：「前東南備禦指揮，深慮監郡縣吏急切者倚法害民，廢職者慢令失事，如築城壁、造軍器、收戰馬、習水戰之類，並可量度工力，計以歲月，漸次興作，毋得急遽科斂及差雇百姓，使急不擾民，緩不廢事，然後爲稱。」尋詔限十年一切畢工。四月，罷黎、雅等州市犛牛尾，慮爲民害。八月，提舉御前軍器所奏，乞如崇寧五年指揮，下諸路買牛角四十萬隻、筋十萬斤。從之。

政和二年二月，詔諸路州郡造軍器有不用熙寧法式者，有司議罰，具爲令。六月，又詔並用御前軍器所降法式，前二月指揮勿行。

三年，詔：「馬甲曩用黑髹漆，今易以朱。」是歲，姚古奏更定軍器，曩時甲二副，今拆造三副；曩時手刀太重，今皆令輕便易用；曩時神臂弓硾二石三斗，今硾一石四斗。從之，悉下諸路改造。

六年，軍器少監鄧之綱奏：「國家諸路爲將一百三十有一，訓練士卒，各給軍器，以備不虞。惟河北諸將軍器乃熙、豐時造，精利牢密，冠於諸路。臣恐歲久因循，多致損弊。乞自河北、陝西路爲首，令諸路一新戎器，仰稱陛下追述先志，儲戎器、壯國威之意。」從之。

七年，之綱三上奏，一言修武庫，二言整軍器，大省國用。詔升之綱爲大監，又遷一官。時宇文粹中賜對崇政殿，奏武庫事，因奏：「武庫有祖宗所御軍器十餘色，乞編入鹵簿圖志，遇郊兵重禮，陳於儀物之首，以識武功，且示不忘創業艱難意。」是年，御筆以武庫當修軍器近一億萬，其中箭鏃五千餘萬，用平時工料，須七十年餘然後可畢。於是令鄧之綱分給沿流作院，限三年修之，而權住三年上供軍器。

八年，以之綱奏，諸路歲起上供料買分數，特免三年綱發。然自時厥後，申明郡縣牛皮角筋之禁，紛然爲害者，之綱之請也。

宣和元年，權荆湖南路提點刑獄公事鄭濟奏：「本路惟潭、邵二州，各有年額製造軍器。今年製造已足，躬親試驗，並依法式，不誤施用。」詔加旌賞，以爲諸路之勸。然自是歲督軍器率用御筆處分，工造不已而較數嘗闕，繕修無虛歲而每稱弊壞。大抵中外相應，一以虛文，上下相蒙，而馴致靖康之禍矣。

靖康初，兵仗皆闕，詔書屢下，嚴立賞刑，而卒亦無補。時通判河陽、權州事張旂奏曰：「河陽自今春以來，累有軍馬經過，軍士舉隨身軍器若馬甲、神臂弓、箭槍牌之類，於市肆博易熟食，名爲寄頓，其實棄遺，避逃征役。拘收三日間，得器械四千二百餘物。此乃太原援師，尙且棄捐器甲，則他路軍馬事勢可知。宜諭民首納，免貽他患。」帝善旂奏，賞以一官。

初，御前軍器監、軍器所萬全軍匠以三千七百爲額，東西作坊工匠以五千爲額。紹興初，役兵纔千人，久之，增至五千六百餘〔九〕，又於諸道增二千九百餘，本劵外復增給日錢百七十、月米七斗半〔一〇〕。於是內庫累歲兵械山積，而諸軍悉除戎器。二十六年〔一一〕，詔：「工匠宜減免，江、浙、福建諸州物料悉蠲之。」有司奏物料減三之一，工匠二千、雜役兵五百爲額。

舊，軍器所得專達。建炎中，嘗以閹官董懿提舉，尋罷之。紹興五年，隸工部，後復以中人典領〔一二〕。三十年，工部言非祖宗建官意，詔依條檢察。孝宗受禪，增提點官一員，御史力論其不可，復隸工部焉。

造車之制。渡江後，東南地多沮洳險隘，不以車爲主。宗澤、李綱有戰車法，王大智獻車式，皆不復用，而屬意甲冑、弧矢之利矣。建炎初，上諭宰執曰：「方今戰士無慮三十萬，若皆被堅執銳，加以弧矢之利，雖彊敵，無足畏也。造弓必用良工善價。」紹興三年，提舉製造軍器所言：「以七十工造全裝甲一。又長齊頭甲每一甲用工百四十一，短齊頭甲用工七十四。乞以本所全裝甲爲定式。」席益言：「諸州造馬蝗弩，不若令造弓。」詔並改造弓弩，內馬蝗弩改手射弓。

紹興四年，軍器所言：「得旨，依御降式造甲。緣甲之式有四等，甲葉千八百二十五，表裏磨鋥。內披膊葉五百四，每葉重二錢六分；又甲身葉三百三十二，每葉重四錢七分；又腿裙鶻尾葉六百七十九，每葉重四錢五分；又兜鍪簾葉三百一十，每葉重二錢五分。并兜鍪一，盃子、眉子共一斤一兩〔三〕，皮線結頭等重五斤十二兩五錢有奇。每一甲重四十有九斤十二兩。若甲葉一一依元領分兩，如重輕差殊，卽棄不用，虛費工材。乞以新式甲葉分兩輕重通融，全裝共四十五斤至五十斤止。」詔勿過五十斤。三十二年，詔江東安撫司造木弩五千、箭五十萬。

隆興元年，御降木羽弩箭式，每路依式製箭百萬。淳熙九年，衢州守臣製到木鶴觜弩二千、箭十萬。又湖北、京西造納無羽箭。上曰：「箭不用羽，可謂精巧，其屋藏之。」淮東總領朱佺言：「鎭江一軍，乃韓世忠部曲。世忠造克敵弓，以當敵騎衝突，其發可至百步，其勁可穿重甲，最爲利器。往歲調發，弓不免損失，存者歲久亦漸弛壞。今考諸軍見弩手八千八百四十二人，人合用兩弓，一弓一日上教，一弓備出戰，合用弓萬七千六百八十有四，僅存六千五百七十有四，餘皆不堪施教，乞下鎭江都統司足其額。」

十五年，工部侍郎李昌圖言：「弓矢之利，貴於便疾。神臂弓斗力及遠，屢獲其用。後又造神勁弓，及遠雖在神臂弓上，軍中多言其發遲，每神臂三矢而神勁方能一發，若臨敵之際，便疾反出神臂下。」上曰：「平原曠野宜用神勁弓，西蜀崇山峻嶺，未知孰利。」詔金州都統司詳議以聞。既而都統制吳挺奏：「神勁弓幷彈子頭箭，諸軍用之誠便疾，神臂不及也。」詔從其便。楚州兵馬鈐轄言：「弩之力，勁者三十石，次者十五石，矢之鏃狀若鍬，所發何啻數百步，洞穿數人。江上諸軍有弩式，皆廢不修。」詔兩淮、荆襄沿邊城守，各製二十枝，御前軍器所亦如之。紹熙而後，日造器械，數目山積。

開慶元年，壽春府造䥫筒木弩，與常弩明牙發不同，箭置筒內甚穩，尤便夜中施發。又造突火槍，以鉅竹爲筒，內安子窠，如燒放，焰絕然後子窠發出，如砲聲，遠聞百五十餘步。

尤奇。咸淳九年，沿邊州郡，因降式製回回砲，有觸類巧思，別置砲遠出其上。且為破砲之策尤奇。其法，用稻穰草成堅索，條圍四寸，長三十四尺，每二十條為束，別以麻索繫一頭於樓後柱，搭過樓，下垂至地，栿梁垂四層或五層，周庇樓屋，沃以泥漿，火箭火砲不能侵，砲石雖百鈞無所施矣。且輕便不費財，立名曰「護陣籬索」。是時，兵紀不振，獨器甲視舊制益詳。

校勘記

〔一〕南北作坊　「坊」下原衍「院」字。據下文及長編卷一七、曾鞏元豐類稿卷四九兵器條刪。下文「南北作院」亦當作「南北作坊」，據改。

〔二〕作院　「院」原作「坊」。據下文及長編卷一七、通考卷一六一兵考改。

〔三〕知幷州楊偕遣陽曲縣主簿　「幷」字原脫，據本書卷三〇〇楊偕傳、長編卷一三二補；「陽曲」二字原倒，據本書卷八六地理志、九域志卷四乙正。

〔四〕使臣　原脫，據長編卷一九〇、羣書考索後集卷四三補。

〔五〕三百四十餘步　按宋會要兵二六之二八、洪邁容齋三筆卷一六、朱弁曲洧舊聞卷九都作「二百四十餘步」，疑此有誤。

〔六〕凡知軍器利害者　「軍器」下原衍「監」字。按通考卷一六一兵考同；長編卷二四五六月戊戌條注無「監」字；本卷下文有「於是吏民獻器械法式者甚衆」語，當以長編所載爲是，據刪。

〔七〕利器　原作「利害」，據長編卷二四五六月戊戌條注、通考卷一六一兵考改。

〔八〕編挨甲　長編卷二四六注引國史兵志同，但同書卷三三九、卷三四二和羣書考索後集卷四三都作「偏挨甲」。

〔九〕五千六百餘　按朝野雜記甲集卷一八御前軍器所條、通考卷一六一兵考都無「五」字。

〔一〇〕月米七斗半　同上朝野雜記作「月斛半米」。

〔一一〕二十六年　「二」原作「三」。按紹興無三十六年；繫年要錄卷一七一、同上朝野雜記都作二十六年，據改。

〔一二〕後復以中人典領　「後」字原脫。按上文既說改隸工部，即不得說是復以中人典領，據同上朝野雜記、玉海卷一五一補。

〔一三〕共一斤一兩　同上朝野雜記作「共重二斤十二兩」，通考卷一六一兵考作「共重二斤一兩」。

宋史卷一百九十八

志第一百五十一

兵十二 馬政

國馬之政，歷五代寖廢，至宋而規制備具。自建隆而後，其官司之規，廐牧之政，與夫收市〔一〕之利，牧地之數，支配之等，曰券馬，曰省馬，曰馬社，曰括買，沿革盛衰，皆可得而考焉。

凡御馬之等三，入殿祗候十五匹，引駕〔二〕十四匹，從駕二十匹。給用之等十有五，曰揀中，曰不得支使，曰添價，曰國信，曰臣僚，曰諸班，曰御龍直，曰捧日、龍衞，曰拱聖，曰驍騎，曰雲、武騎，曰天武、龍猛，曰配軍，曰雜使〔三〕，曰馬鋪。羣號之字十有七〔四〕，曰「左」，曰「右」，曰「千」，曰「立」，曰「永」，曰「官」，曰「吉」，曰「天」，曰「主」，曰「王」，曰「方」，曰「興」，曰「來」，曰「萬」，曰「小」，曰「官」，曰「退」。毛物之種九十有二，叱撥之別八，青之別二，白之別一，烏之別五，赤之別五，紫之別六，騘〔五〕之別十一，赭白之別六，騮之別八，騧之別六，駱之別五，騅之別五，騟之別八，駁胯之別六，駮之別三，驃之別七。

其官司之規，則太祖承前代之制，初置左、右飛龍二院，以左、右飛龍二使領之。太平興國五年，改飛龍爲天廐坊〔六〕。雍熙四年，改天廐爲左、右騏驥院，左右天駟監四、左右天廐坊二皆隸焉。

眞宗咸平元年，創置估馬司。凡市馬，掌辨其良駑，平其直，以分給諸監。三年，置羣牧使，以內臣勾當制置羣牧司，京朝官爲判官。景德二年，改諸州牧龍坊悉爲監，賜名，鑄印以給之。在外之監十有四：大名曰大名，洺州曰廣平，衞州曰淇水，並分第一、第二，河南曰洛陽，鄭州曰原武，同州曰沙苑，相州曰安陽，澶州曰鎭寧，邢州曰安國，中牟曰淳澤，許州曰單鎭。

四年，以知樞密院陳堯叟爲羣牧制置使，又別置羣牧使副、都監，增判官爲二員。凡廐牧之政，皆出於羣牧司，自騏驥院而下，皆聽命焉。諸州有牧監，知州、通判兼領之，諸監各置勾當官二員。又置左右廂提點。又置牧養上下監，以養療京城諸坊、監病馬。又詔左右騏驥院諸坊、監官，並以三年爲滿；如習知馬事願留者，羣牧司以聞，而徙涖他監焉。

其廄牧之政，則自太祖置養馬務二，葺舊務四，以爲牧放之地始。

太平興國四年，太宗觀兵于幽，得汾晉、燕薊之馬四萬二千餘疋，內皂充牣，始分置諸州〔七〕牧養之。時殿直李諤坐贓，監牧許州，盜官菽，馬多死，并主吏斬於市。又詔擇豐曠地置牧龍坊八，以便牧養。

淳化二年十二月，詔圉人取善馬數十疋，於便殿設皂棧，教以秣飼，且以其法諭宰執，仍頒于諸軍。復以醫馬良方賜近臣。嘗從趙守倫之請，於諸州牧龍坊畜牝馬萬五千疋，逐水草牧放，不費芻秣，生駒蕃息，足資軍用。至是，守倫復言：「諸坊牧馬萬疋，歲當生駒四千，今歲止二千五百，典司失職，當嚴責罰。若馬百疋歲得駒七十，則加遷擢。諸坊產駒，即籍以聞。牧放軍人，當募少壯充役。」並從之。

眞宗大中祥符元年，立牧監賞罰之令，外監息馬，一歲終以十分爲率，死一分以上勾當官罰一月奉，餘等第決杖。牧倍多而死少者，給賞緡有差。凡生駒一疋，兵校而下賞絹一疋。當是時，凡內外坊、監及諸軍馬凡二十餘萬疋，飼馬兵校一萬六千三十八人。每歲京城〔八〕草六十六萬六千圍，麩料六萬二千二百四石，鹽、油、藥、糖九萬五千餘斤、石，諸州軍不預焉。左右騏驥六坊、監止留馬二千餘疋，皆春季出就牧，孟冬則別其羸病，就棧皂養飼。其尙乘之馬，唯備用者在焉。

凡牧監之在河南北，天禧後，靈昌監爲河決所衝。至乾興、天聖間，兵久不試，言者多以爲牧馬費廣而亡補，乃廢東平監〔九〕，以其地賦民。五年，廢單鎭監〔一〇〕。六年，廢洛陽監。於是河南諸監皆廢，悉以馬送河北。既而詔取原武監馬赴京師，移河北孳生馬牧於原武。

八年，羣牧司上言：原武地廣而馬少，請增牧數。詔以淇水第二監四歲馬屬原武，歲取河北孳生四歲馬分屬淇水第二幷原武監，移原武下等馬牧于靈昌鎭廢監，仍隷原武。

九年，詔諸監孳生駁馬，四時遊牧，勿復登廐。

明道元年，議者謂：「自河南六監廢，京師須馬，取之河北，道遠非便。」詔遣左廂提點王舜臣往度利害。舜臣言：「鎭寧、靈昌、東平、淳澤四監雖廢，然其地猶牧本監幷騏驥院馬，洛陽、單鎭去京師近，罷之非便。」乃詔復二監，以牧河北孳生馬。

景祐二年，揀河北諸監馬一千九百牧於趙州界，隷安陽監。既而詔廣平廢監留其一，以趙州界牧馬復隷焉，所餘一監，毋毀廐舍。

四年，復以原武第二監爲單鎮，移于長葛縣，以縣令、都監兼領之。三年，詔院坊、監馬歲留備用外，餘爲兩羣，牧于咸豐門外牟駝岡。

凡收養病馬，估馬司、騏驥院取病淺者送上監，深者送下監，分十槽醫療之。天聖六年，詔月以都監、判官一人提舉。八年，言者謂上監去京城遠，送病馬非便。詔廢之，以病淺馬分屬左右騏驥院六坊、監，季較拋死數，歲終第賞罰。更以騏驥院官迭往提舉。明道二年，復置上監，易名天坰，養無病馬，病馬并屬下監。景祐二年，詔以牧養監〔二〕馬團羣牧于陳、許州界鳳凰陂，免耗芻菽，歲以爲常。治平二年，詔院坊、監馬之病不堪估賣者，送淇水第一監，別爲一羣以牧養之。

凡馬之孳生，則大名府、洺衞相州七監多擇善種，合牝牡爲羣，判官歲以十二月巡行坊、監，閱二歲駒點印，第賞牧兵〔三〕。諸軍收駒及二歲，即送官。天聖七年，羣牧司言：「舊制，知州軍、通判領同羣牧事，歲終較馬死數及分已上，并生駒不及四分，並罰奉。死數少，生駒多，即奏第賞。三歲都比，以該賞者聞。今請申明舊制，通判始到官，書所轄馬數，歲一考之，官滿，較總數爲賞罰。」詔從之。

嘉祐八年，羣牧司言：「孳生七監，每監歲定牝馬二千，牡馬四百，歲約生駒四百，以爲定數。」

治平二年，詔：「諸監生駒滿三十月已上，每歲點印，選牡之良者送淇水第二監，餘雜大馬悉送河南三監。其淇水第二監馬，候滿六十月，給配諸監。諸監牝馬，滿三十月，本監別立羣牧放，候滿五十月，乃撥配他監。」

凡收市馬，戎人驅馬至邊，總數十、百爲一券，一馬預給錢千，官給芻粟，續食至京師，有司售之，分隸諸監，曰劵馬。邊州置場，市蕃漢馬團綱，遣殿侍部送赴闕，或就配諸軍，曰省馬。陝西廣銳、勁勇等軍，相與爲社，每市馬，官給直外，社衆復裒金益之，曰馬社。軍興，籍民馬而市之以給軍，曰括買。

宋初，市馬唯河東、陝西、川峽三路，招馬〔三〕唯吐蕃、回紇、党項、藏牙族，白馬、鼻家、保家、名市族諸蕃。至雍熙、端拱間，河東則麟府豐嵐州、岢嵐火山軍、唐龍鎭、濁輪砦，陝西則秦渭涇原儀延環慶階州、鎭戎保安軍、制勝關、浩亹府，河西則靈、綏、銀、夏州，川峽則益文黎雅戎〔四〕茂夔州、永康軍，京東則登州。自趙德明據有河南，其收市唯麟府涇原儀渭秦階環州、岢嵐火山保安保德軍。其後置場，則又止環慶延渭原秦階文州、鎮戎軍而已。

太祖時，歲遣中使詣邊州市馬。先是，兩河之民入蕃界盜馬入中國，官給其直。時方留意撫綏，詔禁之。

太平興國四年，詔市吏民馬十七萬疋。六年，詔內屬戎人驅馬詣闕下者，首領縣次續食，且禁富民無得私市。十二月〔一五〕，詔：「蕃部鬻馬，官取良而棄駑，又禁其私市，歲入數既不充，且無以懷遠人。自今委長吏謹視馬之良駑，駑即印識之，許民私市焉。」先是，以銅錢給諸蕃馬直。八年，有司言戎人得錢，銷鑄爲器，乃以布帛茶及他物易之。

天禧中〔一六〕，宰相向敏中言國馬倍於先朝，廣費芻粟。乃詔以十三歲以上配軍馬估直出賣〔一七〕。先是，市馬以三歲已上、十三歲已下爲率。天聖中，詔市四歲已上、十歲已下。既而所市不足，羣牧司以爲言。乃詔入券幷省馬市三歲已上、十二歲已下。明年，詔府州、岢嵐軍自今省馬三歲、四歲者不以等第，五歲已上十二歲已下、骨格良善行者，悉許綱送估馬司，餘非上京省馬並送幷州揀馬司。

景祐元年，御史中丞韓億言：「蕃部以馬抵永康軍中賣，所得至少，徒使羌人知蜀山川道路，非計之得。」乃詔罷之。

四年，羣牧司奏河北諸軍闕馬，請製等杖六，付天雄軍、眞定府、定瀛貝滄州，市上生馬十二歲以下，視等第給直。馬自四尺七寸至四尺二寸，凡六等。其直自二萬五千四百五十至萬六千五百五十，課自萬三千四百五十至八千九百五十九，六等，取備邊兵戸絕錢充直。以第一等送京師，餘就配諸軍。

康定初，陝西用兵，馬不足。詔京畿、京東西〔八〕、淮南、陝西路括市戰馬，馬四尺六寸至四尺二寸，其直自五十千至二十千，凡五等。宰臣、樞密使聽畜馬七，參知政事、樞密副使五，尚書、學士至知雜、閤門使已上三，升朝官閤門祗候已上一，餘命官至諸司職員、寺觀主首皆一。節度使至刺史，殿前馬步軍都指揮至軍頭司散員、副兵馬使皆勿括。並邊七州軍免。出內庫珠償民馬直。又禁邊臣私市，闕者官給。二年，詔：「河北州軍置場市馬，雖除等様，如聞所得不廣，宜加增直。第一等二萬八千，第二等二萬六千，第三等二萬四千，第四等以下及牝馬即依舊直，仍自第二等以下遞減一寸。」

慶曆四年，詔：「河北點印民間馬，凡收市外，見餘二萬七百，除坊郭戸三等、鄉村三等已上養飼如舊，餘點印者悉集揀市。」五年，出內藏庫絹二十萬，市馬于府州、岢嵐軍。六年，詔陝西、河東社馬死者，本營鬻錢以助馬直。

至和元年，詔：「蜀馬送京師，道遠多病瘠。自今以春、秋、冬部送陝西四路總管司。」二年，修陝西蕃馬驛，羣牧司每季檄沿路郡縣察視之。邊州巡檢兵校，聽自市馬，官償其直。又詔陝西轉運使司以銀十萬兩市馬于秦州，歲以爲常。

嘉祐元年，詔三司出絹三萬，市馬于府州以給河東軍。五年，薛向言：「秦州券馬至京師，給直并路費，一馬計錢數萬。請於原渭州、德順軍置場收市，給以解鹽交引，即不耗度支縑錢。其券馬姑存，以來遠人。歲可別得良馬八千，以三千給沿邊軍騎，五千入羣牧司。」七年，陝西提舉買馬監牧司奏：「舊制，秦州蕃漢人月募得良馬二百至京師，給綵絹、銀椀、腰帶、錦襖子，蕃官、回紇隱藏不引至者，並以漢法論罪。歲募及二千，給賞物外，蕃部補蕃官，蕃官轉資，回紇百姓加等給賞。今原、渭、德順軍置場市馬，請如秦州例施行。」詔從之。先是，詔議買馬利害。吳奎等議於秦州古渭、永寧砦及原州、德順軍各令置場，京師歲支銀四萬兩、紬絹七萬五千疋充馬直，不足，以解鹽鈔并雜支錢給之。詔行之。八年，宰臣韓琦言：「秦州永寧砦舊以鈔市馬，自修古渭砦，在永寧之西，而蕃漢多互市其間，因置買馬場，凡歲用緡錢十餘萬，蕩然流入虜中，實耗國用。」詔復置場永寧，罷古渭砦中場。蕃部馬至，徑鬻于秦州。

治平元年，薛向請原渭州、德順軍買馬官，永興軍養馬務，如原州、德順軍并渭州同判，三年爲任，悉以所市馬多少爲殿最。又言：「秦州山外蕃部至原渭州、德順軍、鎮戎軍鬻馬，充豪商錢，至秦州，所償止得六百。今請於原渭州、德順軍，官以鹽鈔博易，使得輕齎至秦州，易蜀貨以歸。蜀商以所博鹽引至岐、雍，換監銀入蜀，兩獲其便。」羣牧司請如向言施行。是歲，詔河東陝西廣銳、蕃落闕馬，復置社買，一馬官給錢三十千。久之，馬不至，乃增直如慶曆詔書，第三等三十五千，第四等二十八千。四年，以成都府路歲輸紬絹三萬給陝西監牧司。自是蕃都馬至者衆，官軍仰給焉。先是，以陝西轉運使兼本路監牧買馬事，後又以制置陝西解鹽官同主之。

大抵國初市馬，歲僅得五千餘疋。天聖中，蕃都省馬至三萬四千九百餘疋。嘉祐以前，原、渭、德順凡三歲市馬至萬七千一百疋，秦州券馬歲至萬五千疋。

凡牧地，自畿甸及近郡，使擇水草善地而標占之。淳化、景德間，內外坊、監總六萬八千頃，諸軍班又三萬九百頃不預焉。歲久官失其籍，界堠不明，廢置不常，而淪於侵冒者多矣。

淳化二年十二月，通利軍上十牧草地圖，上慮侵民田，遣中使檢視疆理。

嘉祐中，韓琦請括諸監牧地，留牧外，聽下戶耕佃。遣都官員外郎高訪等括河北，得閒田三千三百五十頃募佃，歲約得穀十一萬七千八百石，絹三千二百五十疋，草十六萬一千二百束。羣牧司言：「諸監牧地間有水旱，每監牧放外，歲刈白草數萬束，以備冬飼。今悉賦民，異時監馬增多，及有水旱，無以轉徙牧放。」詔遣左右廂提點官相度，除先被侵冒已根括出地權給租佃，餘委羣牧司審度存留，有閒土即募耕佃。五年，羣牧司言：「凡牧一馬，往來踐食，占地五十畝。諸監既無餘地，難以募耕，請存留如故。廣平廢監先賦民者，亦乞取還。」乃詔：「河北、京東牧監帳管草地，自今毋得縱人請射，犯者論以違制。」

羣牧使歐陽脩言：「唐之牧地，西起隴右金城、平涼、天水，外暨河曲之野〔一九〕，內則岐、豳、涇〔二〇〕、寧，東接銀、夏，又東至于樓煩。今則沒入蕃界，淪於侵佃，不可復得。惟河東嵐、石之間，山荒甚多，汾河之側，草地亦廣，其間水草最宜牧養，此唐樓煩監地。迹此推之，則樓煩、元池、天池三監舊地，尚冀可得。臣往年出使，嘗行威勝以東及遼州、平定軍，其地率多閑曠。河東一路，水草甚佳，地勢高寒，必宜馬性。又京西唐、汝之間，荒地亦廣。請下河東、京西轉運司遣官審度，若可興置監牧，則河北諸監，尋可廢罷。」

治平末，牧地總五萬五千，河南六監三萬二千，而河北六監則二萬三千。

凡支配，騏驥院、估馬司以當配軍及新收馬閱于便殿，數毋過二百。凡配軍，視其奉錢之數，馬自四尺六寸至四尺三寸，奉錢自一千至三百，爲四等，差次給之，至五月權止。外州軍士闕馬，先奏稟乃給。荆湖路歸遠、雄武軍士，配以在所土產馬。凡闕馬軍士，以分數配塡。

慶曆四年，詔陝西、河北、河東塡五分，餘路塡四分。他州軍、府界巡檢兵校聽自市，官償其直，毋過三十千。是歲，詔諸路以馬給軍士，比試武技，優者先給，比試兩給；闕馬十疋以下全給，十四以上如舊數支。

至和元年，詔軍士戍陝西、河東、河北塡七分，餘路塡六分。凡主兵官當借馬者，至罷兵權。殿前馬步軍都指揮使賜所借馬三，都虞候、捧日天武龍神衞四廂都指揮使二，軍都指揮使一。外州在官當借馬者，經略使三，總管、鈐轄二，路分都監、承受、極邊砦至監押、都巡檢、把截、保丁指使一，毋得乘之他州，并以假人，犯者論以違制。

寶元元年，詔羣臣例賜馬者，宰相至樞密直學士，使相至正任刺史，并皇族緣姻事當賜者，如舊制；餘給以馬直，少卿監已上三十五千，內殿承制已下二十三千。凡羣臣假官馬進奉者，置籍報左藏庫，償直四十千，其後多負不償。乃詔借馬者先輸直，久逋不償者剋其奉料。

熙寧以來，有保馬、戶馬，其後又變爲給地牧馬。

神宗嘗患馬政不善，謂樞密使文彥博曰：「羣牧官非人，無以責成效。其令中書擇使，卿舉判官，冀國馬蕃息，以給戰騎。」於是以比部員外郎崔台符權羣牧判官，又命羣牧判官劉航及台符刪定羣牧敕令，以唐制參本朝故事而奏決焉。

熙寧元年，又手詔彥博等曰：「今諸州守貳雖同領羣牧，而未嘗親涖職事，其議更制。應監牧、郡守貳並朝廷選授，與坊、監使臣皆第其能否，制賞罰而升黜之，宜立法以聞。」又手詔曰：「方今馬政不修，官吏無著效，豈任不久而才不盡歟？是何監牧之多，官吏之衆，而乏才之甚也！昔唐用張萬歲三世典羣牧，恩信行乎下，故馬政修舉，後世稱爲能吏。今上自提總官屬，下至坊、監使臣，既非銓擇，而遷徙迅速，謂之『假道』，欲使官宿其業而盡其能，不可得也。爲今之計者，當簡其勞能，進之以序。自坊、監而上至於羣牧都監，皆課其功而第進之，以爲任事者勸焉。」於是，樞密副使邵亢〔三〕請以牧馬餘田修稼政，以資牧養之利。而羣牧司言：「馬監草地四萬八千餘頃，今以五萬馬爲率，一馬占地五十畝，大名、廣平四監餘田無幾，宜且仍舊。而原武、單鎮、洛陽、沙苑、淇水、安陽、東平等監，餘良田萬七千頃，可賦民以收芻粟。」從之。

已而樞密院又言：「舊制，以左右騏驥院總司國馬。景德中，始增置羣牧使副、都監、判官，以領廐牧之政。使領雖重，未嘗躬自巡察，不能周知牧畜利病，以故馬不蕃息。今宜分置官局，專任責成。」乃詔河南北分置監牧使，以劉航、崔台符爲之，又置都監各一員。其在河陽者，爲孳生監。凡外諸監並分屬兩使，各條上所當行者。諸官吏若牧田縣令佐，並委監牧使舉劾，專隸樞密院，不領於羣牧制置。先是，羣牧司請於河北、河東、陝西都總管治所各置一監，以便給軍，乃遣官下諸路詳度。既又以知太原唐介之請，發沙苑馬五百，置監於交城。又分置河南、河北兩使。時上方留意牧監地，然諸監牧田皆寬衍，爲人所冒占，故議者爭請收其餘資以佐芻粟。言利者乘之，始以增賦入爲務。

二年，詔括河南北監牧司總牧地。舊籍六萬八千頃，而今籍五萬五千，餘數皆隱於民。自是，請以牧地賦民者紛然，而諸監尋廢。是歲，天下應在馬凡十五萬三千六百有奇。

初，內外班直、諸軍〔三〕馬以四月下槽出牧，迄八月上槽，風雨勞逸之不齊，故多病斃。圉人歲被榜罰，吏緣牧事害民，棚井科率無寧歲。四年十月，乃命同修起居注曾孝寬較度其利害。孝寬請罷諸班直、諸軍馬出牧，以田募民出租。詔自來年如所請，仍令三司備當牧五月芻粟。

五年，廢太原監。七年，廢東平、原武監，而合淇水兩監爲一。八年，遂廢河南北八監，惟存沙苑一監，而兩監司牧亦罷矣。沙苑先以隸陝西提舉監牧，至是，復屬之羣牧司。始議廢監時，羣牧制置使文彥博言：「議者欲賦牧地與民而收租課，散國馬於編戶而責孳息，非便。」詔元絳、蔡確較其利害上之。於是中書、樞密院言：「河南北十二監，起熙寧二年至五年，歲出馬一千六百四十匹，可給騎兵者二百六十四，餘僅足配郵傳。而兩監牧吏卒雜費及所占地租，爲緡錢五十三萬九千有奇，計所出馬爲錢三萬六千四百餘緡而已。今九監見馬三萬，若不更制，則日就損耗。」於是卒廢之，以其善馬分隸諸監，餘馬皆斥賣，收其地租，給市易茶本錢〔三〕，分寄籍常平、出子錢，以爲市馬之直。監兵五千，以爲廣固指揮，修治京城焉。後遂廢高陽、眞定、太原、大名、定州五監。凡廢監錢歸市易之外，又以給熙河歲計。

諸監既廢，淤田司請廣行淤溉，增課以募耕者。而河北制置牧田所繼言，牧田沒於民者五千七百餘頃。乃嚴侵冒之法，而加告獲之賞，自是利入增多。元豐三年，廢監租錢遂至百一十六萬，自羣牧使而下，賜賚有差。乃命太常博士路昌衡、秘書丞王得臣與逐路轉運司、開封府界提點司按租地，約三年中價以定歲額。若催督違滯，以擅支封樁法論。

初，經制熙河邊防財用司奏於岷州床川〔三四〕荔川閭川砦、通遠軍熟羊砦置牧養十監，議者繼言蕃馬法，帝欲試之近甸。六年，手詔樞密院：「牧馬重事，經始之際，宜得左右近臣以總其政。今自霧澤陂牧馬所造法，始於畿內置十監，以次推之諸路。宜令樞密院都承旨張誠一〔三五〕、副都承旨張山甫經度制置，權不隸尚書駕部及太僕寺。有當自朝廷處分者，樞密院主之。」已而其說皆不效。八年，同提舉經度制置曹誦言：「自崇儀副使溫從吉建議創孳生監，迨今二年，駒不蕃而死者益衆。」乃命御史臺校覈，自置監以來，得駒不及一分四釐，馬死已十分之六。於是責議者及提舉官，而罷畿內十監。

元祐初，議興廢監，以復舊制。於是詔庫部郎中郭茂恂往陝西、河東所當置監〔三六〕，尋又下河北陝西轉運、提點刑獄司按行河、渭、并、晉之間牧田以聞。時已罷保甲，教騎兵，而還戶馬於民。於是右司諫王巖叟言：「兵之所恃在馬，而能蕃息之者，牧監也。昔廢監之初，識者皆知十年之後天下當乏馬。已而不待十年，其弊已見，此甚非國之利也。乞收還戶馬三萬，復置監如故，監牧事委之轉運官，而不專置使。今鄆州之東平，北京之大名、元城，衞州之淇水，相州之安陽，洺州之廣平監，以及瀛、定之間棚塞草地疆畫具存，使臣牧卒大半猶在，稍加招集，則指顧之間措置可定，而人免納錢之害，國收牧馬之利，豈非計之得哉？又況廢監以來，牧地之賦民者，爲害多端，若復置監牧而收地入官，則百姓戴恩，如釋重負矣。」自是，洛陽、單鎮、原武、淇水、東平、安陽等監皆復。

初，熙寧中，併天駟四監爲二，而左、右天廄坊亦罷。至是，復左、右天廄坊。時又有旨，內外馬事並隸太僕寺，不由駕部而達尙書省。兵部尙書王存、右司諫王覿言：「先帝講求歷代之法，正省、臺、寺、監之職，上下相繼，各有統制。其間或濡滯不通，宜量加裁正，不可因而隳紊。」言不果行。又詔舊屬羣牧司者專隸太僕寺，直達樞密院，不由尙書省及駕部。至崇寧中，始詔如元豐舊制。

紹聖初，用事者更以其意爲廢置，而時議復變。太僕寺言，府界牧田，占佃之外，尙存三千餘頃，議復畿內孳生十監。詔以莊宅副使麥文昞、內殿崇班王景儉充提舉。後二年而給地牧馬之政行矣。

先是，知任縣韓筠等建議，凡授民牧田一頃，爲官牧一馬而蠲其租。縣籍其高下、老壯、毛色，歲一閱，亡失者責償，已佃牧田者依上養馬。知邢州張赴上其說，且謂授田一頃爲官牧一馬，較陝西沿邊弓箭手既養馬又戍邊者爲優，試之一監一縣，當有利而無害。樞密院是其請，且言：「熙寧中，罷諸監以賦民，歲收緡錢至百餘萬。元祐初，未嘗講明利害，惟務罷元豐、熙寧之政，奪已佃之田而復舊監。桑棗井廬多所毀伐，監牧官吏爲費不費，牧卒擾民，棚井抑配，爲害非一。蓋自復監以來，臣僚屢陳公私之害。若循元祐倉卒更張之法，久當益弊。且左右廂今歲籍馬萬三千有奇，堪配軍者無幾，惟沙苑六千疋愈於他監。今赴等所陳授田養馬，既蠲其租不責以孳息，而不願者無所抑勒，又限以尺寸，則緩急皆可用之馬矣。」乃具爲條畫，下太僕寺，應監牧州縣悉行之。

時殿中侍御史陳次升言：「給地牧馬，其初始於邢州守令之請，未嘗下監司詳度。諸路各有利害，既不可知。民居與田相遠者，難就耕牧。一頃之地所直不多，而亡失責償，爲錢四五十千，必非人情所願。」言竟不行。時同知樞密院者，曾布也。

四年，遂廢淇水、單鎭、安陽、洛陽、原武監，罷提點所及左右廂，惟存東平、沙苑二監。曾布自敍其事曰：「元祐中，復置監牧，兩廂所養馬止萬三千疋，而不堪者過半。今既以租錢置蕃落十指揮於陝西，養馬三千五百。又人戶願養者亦數千，而所存兩監各可牧萬馬。馬數多於舊監，而所省官吏之費非一，近世良法，未之能及。」時三省皆稱善。其後，沙苑復隸陝西買馬監牧司，而東平監仍廢。

崇寧元年，有司較諸路田養馬之數，凡一千八百疋有奇，而河北西路占一千四百，他路自二百疋以下，至河東路僅九疋，而開封府界、京西南路、京東東路皆無應募者。蓋法雖已具，而猶未及行也。

大觀元年，尚書省言：「元祐置監，馬不蕃息，而費用不貲。今沙苑最號多馬，然占牧田九千餘頃，芻粟、官曹歲費緡錢四十餘萬，而牧馬止及六千。自元符元年至二年，亡失者三千九百。且素不調習，不中於用。以九千頃之田、四十萬緡之費，養馬而不適於用，又亡失如此，利害灼然可見。今以九千頃之田，計其磽瘠，三分去一，猶得良田六千頃。以直計之，頃爲錢五百餘緡，以一頃募一馬，則人得地利，馬得所養，可以紹述先帝隱兵於農之意。請下永興軍路提點刑獄司及同州詳度以聞。俟見實利，則六路新邊閑田，當以次推行。」時熙河蘭湟路〔三七〕牧馬司又請兼募願養牝馬者，每收三駒，以其二歸官，一充賞，詔行之。是歲，臣僚言岷州應募養馬者至萬餘疋，於是自守貳而下，遞賞有差。明年，詔熙河路應縣、鎮、城、砦、關〔三八〕、堡官並兼管幹給地牧事。四年，復罷京東西路給地牧馬，復東平監。

政和二年，詔諸路復行給地牧馬，復罷東平監。五年，提舉河東給地牧馬尚中行以奏報稽違，且欲擅更法，詔授遠小監當官。於是人皆趣令，牧守、提舉以率先就緒遷官第賞者甚衆。七年，有司言給地增牧，法成令具，諸路告功。乃下諸路春秋集教，以備選用。令下，奉行之者益力。

蔡京既罷政，新用事者更言其不便。宣和二年，詔罷政和二年以來給地牧馬條令，收見馬以給軍，應牧田及置監處並如舊制。又復東平監。凡諸監興罷不一，而沙苑監獨不廢。自給地牧馬之法罷，三年而復行。時牧田已多所給占，乃詔見管及已拘收，如官司輒復請占者，以違制論。

六年，又詔立賞格，應牧馬通一路及三千疋，州通縣及一千，縣及三百，其提點刑獄、守令各遷一官，倍者更減磨勘年。於是諸路應募牧馬者爲戶八萬七千六百有奇，爲馬二萬三千五百。既推賞如上詔，而兵部長貳亦以兼總八路馬政遷官。然北方有事，而馬政亦急矣。

靖康元年，左丞李綱言：「祖宗以來，擇陝西、河東、河北美水草高涼之地，置監凡三十六所，比年廢罷殆盡。民間雜養以充役，官吏便文以塞責，而馬無復善者。今諸軍闕馬者太半，宜復舊制，權時之宜，括天下馬，量給其直，不旬日間，則數萬之馬，猶可具也。」然時已不能盡行其說矣。

保甲養馬者，自熙寧五年始。先是，中書省、樞密院議其事於上前，文彥博、吳充言：「國馬宜不可闕。今法，馬死者責償，恐非民願。」安石以爲令下而京畿投牒者已千五百戶，決非出於驅迫，持論益堅。五月，詔開封府界諸縣保甲願牧馬者聽，仍以陝西所市馬選給之。

六年，曾布等承詔上其條約：凡五路義勇保甲願養馬者，戶一疋，物力高願養二疋者聽，皆以監牧見馬給之，或官與其直令自市，毋或彊與。府界毋過三千匹，五路毋過五千匹。襲逐盜賊外，乘越三百里者有禁。在府界者，免體量草二百五十束，加給以錢布；在五路者，歲免折變緣納錢。三等以上，十戶爲一保；四等以下，十戶爲一社，以待病斃逋償者。保戶馬斃，保戶獨償之；社戶馬斃，社戶半償之。歲一閱其肥瘠，禁苛留者。凡十四條，先從府界頒焉。五路委監司、經略司、州縣更度之。於是保甲養馬行於諸路矣。

時河東騎軍馬萬一千餘疋，番戍率十年一周。議欲省費，乃行五路義勇保甲養馬法。兵部言：「河東正軍馬九千五百疋，請權罷官給，以義勇保甲馬五千補之以合額。俟正軍馬不及五千，始行給配。」下中書、樞密院。樞密院以爲：「官養一馬，歲爲錢二十七千。民養一馬，纔免折變緣納錢六千五百，折米而輸其直，爲錢十四千四百，餘皆出於民，決非所願。況減軍馬五千疋，邊防事宜何所取備？若存官軍馬如故，漸令民間從便牧馬，不以五千爲限，於理爲可。」中書謂：「官養一馬，以中價率之，爲錢二十七千。募民牧養，可省雜費八萬餘緡。計前二年官馬死，倍於保甲馬。而保甲有馬，可以習戰禦盜，公私兩便。」帝卒從樞密院議。九年，京畿保甲養馬者罷給錢布，止免輸草而增馬數。

元豐六年，取河東路保甲十分之二以教騎戰，且以本路鹽息錢給之。每二十五千令市一馬，仍以五年爲限。

七年，詔京東、西路保甲免教閱〔二九〕，每都保養馬五十疋，疋給錢十千，限京東以十年，京西十五年而數足。置提舉保甲馬官，京西以呂公雅，京東以霍翔領之。罷鄉村物力養馬之令，養戶馬者免保甲馬，皆翔所陳也。

翔及公雅既領提舉事，多所建白。請借常平錢，每路五萬緡，付州縣出息，以賞馬之充肥及孳息者。願以私馬印爲保馬者聽。養馬至三匹，蠲役外，每疋許次丁一人贖杖罪之非侵損於人者。詔悉從之。公雅又令每都歲市二十疋，限十五年者促爲二年半。京西不產馬，民貧乏益不堪，上慮有司責數過多，百姓未喻上意，詔如元令，稍增其數。公雅乃請每都歲市八疋，限以八年，山縣限以十年。翔又奏本路馬已及萬疋，請令諸縣弓手各養一疋，以贖失捕之罪。

哲宗嗣位，言新法之不便者，以保馬爲急。乃詔曰：「京東、西保馬，期限極寬。有司不務循守，遂致煩擾。先帝已嘗手詔詰責，今猶未能遵守。其兩路市馬年限並如元詔。」尋又詔以兩路保馬分配諸軍，餘數付太僕寺，不堪支配者斥還民戶而責官直。翔、公雅皆以罪去，而保馬遂罷。

戶馬者，慶曆中，嘗詔河北民戶以物力養馬，以備官買。熙寧二年，河北察訪使曾孝寬以爲言，始參考行之。是時，諸監既廢，仰給市馬，而義勇保甲馬復從官給，朝廷以乏馬爲憂。

元豐三年春，以王拱辰之請，詔開封府界、京東西、河北、陝西、河東路州縣戶各計資產市馬，坊郭家產及三千緡、鄉村五千緡、若坊郭鄉村通及三千緡以上者，各養一馬，增倍者馬亦如之，至三疋止。馬以四尺三寸以上，齒限八歲以下，及十五歲則更市如初，籍於提舉司。於是諸道各上其數，開封府界四千六百九十四，河北東路六百一十五，西路八百五十四，秦鳳等路六百四十二，永興路一千五百四十六，河東路三百六十六，京東東路七百一十七，西路九百二十二，京西南路五百九十，北路七百一十六。

時初立法，上慮商賈乘時高直以病民，命以羣牧司驍騎以上千疋出市，以平其直。熙寧中，嘗令德順軍蕃部養馬，帝問其利害。王安石謂：「今坊、監以五百緡得一馬，若委之熙河蕃部，當不至重費。蕃部地宜馬，且以畜牧爲生，誠爲便利。」已而得駒庳劣，亡失者責償，蕃部苦之，其法尋廢。至是，環慶路經略司復言已檄諸蕃部養馬，詔閱實及格者一疋支五縑，鄜延、秦鳳、涇原路準此。

時西方用兵，頗調戶馬以給戰騎，借者給還，死則償直。七年，遂詔河東、鄜延、環慶路各發戶馬二千以給正兵，河東就給本路，鄜延益以永興軍等路及京西坊郭馬，環慶益以秦鳳等路及開封府界馬。

戶馬既配兵，後遂不復補。京東、西既更爲保馬，諸路養馬指揮至八年亦罷。其後給地牧馬，則亦本於戶馬之意云。

至於收市，則仍嘉祐之制，置買馬司於原渭州、德順軍，而增爲招市之令。後開熙河，則更於熙河置買馬司，而以秦州買馬司隸焉。八年，遂置熙河路買馬場六〔三〇〕，而原、渭、德順諸場皆廢。繼又置熙河岷州、通遠軍、永寧砦等場，而德順軍置馬場亦復。先是，麟府路上所市馬三百，以其直增於熙河而又多羸憊，乃罷本路博易，令軍馬司自市。時又以邊臣之議，市嵒嵐、火山軍土產馬以增戰騎。既又以邊人盜馬越疆以趣利，尋皆罷之。自是，國馬專仰市於熙河、秦鳳矣。

熙寧七年，熙河用兵，馬道梗絕。乃詔知成都府蔡延慶〔三一〕兼提舉戎、黎州買馬，以經度其事。明年，延慶言：「威、雅、嘉、瀘、文、龍州，地接烏蠻、西羌，皆產善馬。請委知州、砦主，以錦綵、茶、絹招市。」未及施行，會威、茂州夷人盜邊，及西邊馬已至，八月，遂詔罷提舉戎、黎買馬。

元豐中，軍興乏馬。六年，復命知成都呂大防同成都府、利州路轉運司，經制邊郡之可市馬者，遂制嘉州中鎭砦、雅州靈關〔三〕等買馬場，而馬皆不至。元祐初，乃罷之。元祐中，嘗詔以蜀馬給陝西軍，以陝西馬赴京師。崇寧五年，增黎州市馬至四千疋。然凡云蜀馬者，惟沈黎所市爲多，其他如戎、瀘等州，歲與蠻人爲市，第存優恤，數馬以給其直。大觀初，又詔播州夷界巡檢楊榮，許歲市馬五十疋於南平軍，其給賜視戎州之數。

熙寧中，罷劵馬而專於招市，歲省三司錢二十萬緡。自馬不下槽出牧，三司復給芻秣之費，更相補除，而三司歲償羣牧者，爲緡錢十萬，以增市馬。劵馬之罷已久，紹聖初，提舉買馬陸師閔奏復行之，令蕃漢商人願以馬結劵進賣者，先從諸場驗印，各具其直給劵，送太僕寺償之。其說以爲劵馬既盛行，則綱馬可罷。行之三年，樞密院言劵馬死不及耋，而綱馬之死十倍。乃賜師閔金帛，加集賢修撰，以賞其功。時議既不以劵馬爲是，主管買馬閤令亦言其枉費。然曾布力行之。崇寧中，乃詔買馬一遵元豐法。

市馬之官，自嘉祐中，始以陝西轉運使兼本路監牧買馬事，後又以制置陝西解鹽官同主之。熙寧中，始置提舉熙河路買馬，命知熙州王韶爲之，而以提點刑獄爲同提舉。八年，提舉茶場李杞言：「賣茶買馬，固爲一事。乞同提舉買馬。」詔如其請。十年，又置羣牧行司，以往來督市馬者。

元豐三年，復罷爲提舉買馬監牧司。四年，羣牧判官郭茂恂言：「承詔議專以茶市馬，以物帛市穀，而併茶馬爲一司。臣聞頃時以茶易馬，兼用金帛，亦聽其便。近歲事局既分，專用銀絹、錢鈔，非蕃部所欲。且茶馬二者，事實相須。請如詔便。」奏可。仍詔專以雅州名山茶爲易馬用。自是蕃馬至者稍衆。六年，買馬司復罷兼茶事。七年，更詔以買馬隸經制熙河財用司。經制司罷，乃復故。

自李杞建議，始於提舉茶事兼買馬，其後二職分合不一。崇寧四年，詔曰：「神宗皇帝厲精庶政，經營熙河路茶馬司以致國馬，法制大備。其後監司欲侵奪其利以助糴買，故茶利不專，而馬不敷額。近雖更立條約，令茶馬司總運茶博馬之職，猶慮有司苟於目前近利，不顧悠久深害。三省其謹守已行，毋輒變亂元豐成法。」自是職任始一。

市馬之數，以時增損。初，原、渭、德順凡三歲共市馬萬七千一百疋，而羣牧判官王誨言：「嘉祐六年以前，秦州券馬歲至者萬五千疋。今券馬法壞，請令增市，而優使臣之賞。」熙寧三年，乃詔涇、原、渭、德順歲買萬疋，三年而會之，以十分爲率，及六分七釐者進一官，餘分又析爲三等，每增一等者更減磨勘年。自是，市馬之賞始優矣。時誨上馬政條約，詔頒行之。其後，熙河市馬歲增至萬五千。紹聖中，又增至二萬疋，歲費五十萬緡。後遂以爲定額，特詔增市者不在此數。

崇寧四年，提舉程之邵、孫鼇抃以額外市戰馬及二萬疋，各遷一官。鼇抃仍賜三品服。大觀元年，龐寅孫等又以買御前良馬及三萬疋，推恩如之邵例。宣和中，宇文常、何漸等更以邊用元豐成法，省費不貲，各加職遷官。時如此類頗衆。賞典優濫，官屬利於多市馬，取充數而已。

支配。舊制，自御馬而下，次給賜臣僚，次諸軍，而驛馬爲下。

熙寧初，樞密院言：「祖宗時，臣僚任邊職者，或賜帶甲馬，示不忘疆埸之事。承平日久，僥倖滋長。請應使臣閤門祗候以上，充三路路分州軍總管、鈐轄之類，賜馬價如故，餘皆罷給。」奏可。十年，羣牧司又言：「去歲給安南行營及兩省、宗室、諸班直及諸軍、諸司馬總三千餘疋，未支者猶二千。請裁宗室以下所給馬，諸司停給。」從之。自罷監至此，始闕馬矣。

熙寧初，詔河北騎軍如陝西、河東社馬例立社，更相助錢以市馬，而遞增官直。尋出奉宸庫珠十餘萬以充其費。其後，陝西馬社苦於斂率。元豐中，乃詔本路罷其法，更從買馬司給之。時又諸路置將，馬不能盡給，則給其直，而委諸將自市。其在熙河蘭會路者，即以爲買馬之數。

初，內外諸軍給馬，例不及其元額，視其闕之多寡，以分數塡配。元豐更立爲定制，凡諸軍闕馬應給者，在京、府界、京東西、河東、陝西路無過十之七，河北路十之六。然其後諸軍闕馬者多，紹聖三年，乃詔提舉陸師閔於歲額外市馬三萬疋，給鄜延、環慶路正兵，餘支弓箭手，仍權不限分數。

宣和初，眞定、中山、高陽等路乏馬，復給度僧牒，令帥臣就市，以補諸軍之闕。

高宗紹興二年，置馬監於饒州，守倅領之，擇官田爲牧地，復置提舉。俄廢。四年，置監臨安之餘杭及南蕩。

十九年，詔：「馬五百疋爲一監，牡一而牝四。監爲四羣。歲產駒三分及斃二分以上，有賞罰。」帝謂輔臣曰：「議者言南地不宜牧馬。昨自牧養，今二三年，已得馬數百。」先是，川路所置馬，歲牧於鎭江。是年春，上以未見蕃息，遂分送江上諸軍〔三〕。後又置監郢、鄂間，牝牡千，十餘年僅生二十駒，且不可用，乃已。故凡戰馬，悉仰秦、川、廣三邊焉。

秦馬舊二萬，乾道間，秦、川買馬額歲萬一千九百有奇，川司六千，秦司五千九百。益、梓、利三路漕司，歲出易馬紬絹十萬四千疋。成都、利州路〔三四〕十一州，產茶二千一百二萬斤。茶馬司所收，大較若此。慶元初，合川、秦兩司爲萬一千十有六。嘉泰末，合兩司爲萬二千九十四。

然累歲市易，多不及額。蓋南渡前，市馬分而爲二：其一曰戰馬，生於西郵，良健可備行陣，今宕昌、峯貼峽、文州所產是也；其二曰羈縻馬，產西南諸蠻，短小不及格，今黎、敍等五州所產是也。羈縻馬每綱五十，其間良者不過三五，中等十數，餘皆下等，不可服乘。守貳貪賞格，以多爲貴。經涉險遠，且綱卒盜其芻粟，道斃者相望。

成都府馬務，歲發江上諸軍馬凡五十八綱，月券錢米二百緡，歲計萬一千六百緡。興元府馬務〔三五〕，歲發三衙馬百二十綱，其費稱是。率未嘗如數，蓋茶馬司靳錢帛，馬至，價不即償致然也。

舊蕃蠻中馬，良駑有定價。紹興中，張松爲黎倅，欲馬溢額覬賞，乃高直市之。夷人無厭，邀求滋甚。後邛部川蠻恃功，趙彥博始以細茶、錦與之。而夷人每貿馬，以茶、錦不堪藉口。

慶元中，金人既失冀北地，馬至秦司亦罕。舊川、秦市馬赴密院，多道斃者。紹興二十七年，詔川馬不赴行在，分隸江上諸軍〔三六〕，鎭江、建康、荆、鄂軍各七百五十，江、池軍各五百，殿前司二千五百，馬司、步司各千，川馬良者二百進御。此十九年所定格也。

廣馬者，建炎末，廣西提舉峒丁〔三七〕李棫請市馬赴行在。紹興初，隸經略司。三年，卽邕州置司提舉，市於羅殿、自杞、大理諸蠻。未幾，廢買馬司，帥臣領之。七年，胡舜陟爲帥，歲中市馬二千四百，詔賞之。其後馬益精，歲費黃金五鎰，中金二百五十鎰，錦四百，絁四千，廉州鹽二百萬斤，得馬千五百。須四尺二寸已上乃市之，其直爲銀四十兩，每高一寸增銀十兩，有至六七十兩者。土人云，尤駔駿者，在其產處，或博黃金二十兩，日行四百里，第官價已定，不能致此。

自杞〔三八〕諸蕃本自無馬，蓋轉市之南詔。南詔，大理國也。乾道九年，大理人李觀音得等二十二人至橫山砦求市馬，知邕州姚恪盛陳金帛誇示之。其人大喜，出一文書，稱「利貞二年十二月」，約來年以馬來。所求文選、五經、國語、三史、初學記及醫、釋等書，恪厚遺遣之，而不敢上聞也。嶺南自產小駟，疋直十餘千，與淮、湖所出無異。大理連西戎，故多馬，雖互市于廣南，其實猶西馬也。每擇其良赴三衙，餘以付江上諸軍。

寶慶四年，兩淮制府貿易北馬五千餘，而他郡亦往往市馬不輟。咸淳末，有紀智立者獻謀，以爲兩淮軍將、武官、巨室皆畜馬，率三借二，二借一，一全起，團結隊伍，借助防江，各令飼馬役夫自乘之官，優給月錢一年，以半年爲約，江面寧即放歸。又云，陳巖守招信，團馬至七千，出沒張耀，此其驗也。臣僚言：宜倣祖宗遺意，亟謀和市馬，如出一馬，則免其某色力役。惟是川、秦之馬，遵陸則崇岡複嶺，盤回斗絕；舟行則峽江湍急，灘磧險惡。每綱運，公私經費十倍，而人馬俱疲。上則耗國用，下則困州縣。綱兵所經，甚於寇賊。雖臣僚條奏更迭，終莫得其要領。豈馬政各因風土之宜，而非東南之利歟？

校勘記

〔一〕收市　原作「牧市」。按下文係就「官司之規」等五事分別敍述，與此處相應者爲「凡收市馬」；又長編卷一〇四、玉海卷一四九都作「收市」，據改。下文同。

〔二〕引駕　原作「別駕」，據宋會要兵二四之二、羣書考索後集卷四四改。

〔三〕雜使　原作「雜吏」，據宋會要兵二四之三、羣書考索後集卷四四改。

〔四〕羣號之字十有七　按下文所列十七字中「官」字複出，宋會要兵二四之三所列與此不同，其在「立」字上尚有「上」字一目，而下文又有「小官」字一目，疑志文「曰千」下脫「曰上」二字，「曰小曰官」的下一「曰」字衍。

〔五〕驄　原作「駿」。按宋會要兵二四之四、羣書考索後集卷四四都作「驄」。此處九十二種係指馬的毛色，當以作「驄」爲是，據改。

〔六〕天廄坊　玉海卷一四九作「天廄院」。

〔七〕諸州　原作「諸坊」，據宋會要兵二四之一、通考卷一六〇兵考改。

〔八〕京城　原作「京坊」，據同上書同卷同篇改。

〔九〕乃廢東平監　承上文，東平監似廢於乾興、天聖間，但據宋會要兵二一之五、羣書考索後集卷四四，東平監先廢於天禧五年，後復置，又廢於熙寧七年，疑志文有誤。

〔一〇〕五年廢單鎮監　按宋會要兵二一之五、玉海卷一四九，都繫此事於天聖五年，此處失書「天聖」二字。

〔一一〕牧養監　原作「收養監」。按當時設置牧養上下監以養療病馬，上文及長編卷一〇四、玉海卷一四九都作「牧養監」，據改。

〔一二〕牧兵　原作「收兵」，據長編卷一〇四、玉海卷一四九改。

〔一三〕招馬　原作「詔馬」。按宋會要兵二四之二、羣書考索後集卷四四，都載有市馬、招馬處，與志文以下所列地名基本相同，「詔」字乃「招」字之訛，據改。

〔一四〕戎　原作「成」，據宋會要兵二四之一、長編卷一〇四改。

〔一五〕十二月　按太宗實錄卷二七、長編卷二四繫此詔於太平興國八年十二月，此上當有「八年」二字，疑志文將此二字誤𢍁至下文「有司言」句上。

〔一六〕天禧中　通考卷一六〇兵考作「天禧初」。按向敏中建言，長編卷九〇繫於天禧元年，下文出賣配軍馬事亦同，當以作「天禧初」爲是。

〔一七〕詔以十三歲以上配軍馬估直出賣　「十」字原脫，據宋會要兵二四之一四、長編卷九〇補。

〔一八〕京東西　「東」字原脫，據長編卷一二六、太平治蹟統類卷八補。

〔一九〕外暨河曲之野　「外」字原脫，據歐陽文忠公集卷一一二論監牧劄子、長編卷一九二補。

〔二〇〕涇　原作「涿」，據同上書同卷同篇改。

〔二一〕邵亢　原作「邵元」，據本書卷三一七本傳、通考卷一六〇兵考改。

〔二二〕諸軍　原作「騎軍」，據下文和宋會要兵二四之一九改。

〔二三〕市易茶本錢　「茶」字原脫，據長編卷二六二、編年綱目卷二〇補。

〔二四〕床川　原作「床川」，據本書八七地理志、九域志卷三改。

〔二五〕張誠一　「誠」原作「承」，據宋會要職官二三之一七、長編卷三三五改。

〔二六〕詔庫部郎中郭茂恂往陝西河東所當置監　按宋會要兵二四之二六、長編卷三六六都作：「詔郭茂恂往陝西、河東路按行相度以聞。」此處「河東」下當有脫文。

〔二七〕熙河蘭湟路　「路」字原置「蘭湟」上，據宋會要兵二一之三〇、通考卷一六〇兵考改。

〔二八〕關　原作「闕」，據宋會要兵二一之三一，參考本書卷八七地理志改。

〔二九〕詔京東西路保甲免教閱　「保甲」二字原脫，據宋會要兵二四之二四、長編卷三四三補。

〔三〇〕買馬場　「場」原作「坊」，據宋會要兵二二之八、編年綱目卷一九改。

〔三一〕蔡延慶　原作「秦延慶」，據本書卷二八六本傳、編年綱目卷一九改。

〔三二〕靈關　原作「靈闕」，據本書卷八九地理志、羣書考索後集卷四四改。

〔三三〕分遣江上諸軍　「遣」字原脫，據繫年要錄卷一五九、玉海卷一四九補。

〔三四〕成都利州路　「利州」二字原脫，據朝野雜記甲集卷一八川秦買馬條、通考卷一六〇兵考補。

〔三五〕興元府馬務　原脫，據同上書同條同卷補。

〔三六〕分隸江上諸軍　「諸」字原脫，據同上朝野雜記三衙沿江諸軍取馬數條、同上通考補。

〔三七〕峒丁　原作「峒下」，據同上朝野雜記廣馬條、同上通考改。

〔三八〕自杞　原作「自北」，據同上書同條同卷改。